하나님의 자기 주심의 선물: 성례전

Sacraments as God's Self Giving

by James F. White
copyright ⓒ 1983 by Abingdon Press
All right reserved.
Korean translation copyright ⓒ 2006 by Worship & Preaching Academy
through the arrangement of KCBS

본 저작권의 한국어판 저작권은 KCBS, INC.를 통해 Abingdon Press와
독점계약한 예배와 설교 아카데미에 있습니다.
저작권법에 의해 한국 내에서 보호를 받는 저작물이므로
무단 전재와 복제를 금합니다.

하나님의 자기 주심의 선물: 성례전

지은이	제임스 화이트
옮긴이	김운용
초판 1쇄	2006년 9월 9일
5쇄	2018년 10월 23일
펴낸이	김현애
편 집	최창숙
책임편집	선한이웃
펴낸곳	예배와 설교 아카데미
주 소	서울특별시 광진구 광장동 272-12
전 화	02-457-9756
팩 스	02-457-1120
홈페이지	www.wpa.or.kr
등록번호	제18-19호(1998.12.3)
디자인	디자인집 02-521-1474
총판처	비전북
전 화	031-907-3927
팩 스	031-905-3927
ISBN	978-89-88675-51-9

값 11,000원

■ 잘못 만들어진 책은 교환해 드립니다.

하나님의 자기 주심의 선물: 성례전

제임스 화이트 저 · 김운용 역

인간의 권리가 무엇인지를
잘 이해할 수 있도록,
그에 대한 기독교적 뿌리를 가르쳐 준
셀톤 스미스(H. Shelton Smith)에게
이 책을 드립니다.

목 차

저자 서문 · 11
역자 서문 · 18

1장 성례전의 인간적 측면 · 23

기독교 성례전의 기초 · 23
자기 나눔의 삶 · 26
자기 나눔의 구성 요소 · 28
언어: 가장 정확한 표현 형태 · 31
예배와 구두 언어 사용 · 33
행동: 가장 강한 외침 · 37
상징행동 · 39
말씀과 행동, 성례전 · 41
성육신: 하나님의 행동 표현 · 44
성례전: 하나님 사랑의 가시화 · 45
말씀과 행위를 통하여 · 47
성례전과 말씀 선포 · 49
성례전에서의 행동 · 51
성례전과 인간학적 차원 · 55
공동체와 성례전 · 57
성례전의 경험 · 58
성례전의 의미 탐구 · 60
성례전과 상징가치 · 61
성례전과 효율성 · 63
성례전의 규칙성과 적법성 · 67
하나님의 은혜의 수단 · 68

2장 하나님의 선물인 세례　73

하나님의 자기주심의 선물, 세례 · 73
기쁨으로 받아들이는 선물 · 79
세례의 이미지 · 78
　· 그리스도와의 연합
　· 그리스도의 몸에 접붙임
　· 성령님의 은사
　· 죄의 용서
　· 새로운 탄생
세례의 실행 · 90
세례 연구와 관련된 논점들 · 92
유아세례 논쟁 · 94
교회론과 세례 · 97
새로운 삶에로의 여정 시작점 · 102
계속되는 유아세례 논쟁 · 104
견신례와 믿음의 훈련 과정 · 106
기독교 입교의식 · 108

3장 하나님의 선물인 성만찬　113

하나님의 자기주심의 반복적 경험 · 113
성만찬에 대한 기본적 이해 · 115
　· 감사예전으로서의 성만찬
　· 회상의 사건으로서의 성만찬
　· 하나됨을 위한 성도의 교제와 성만찬
　· 그리스도의 희생으로서의 성만찬

· 그리스도의 임재로서의 성만찬
· 성령의 역사하심으로서의 성만찬
· 최종적 성취로서의 성만찬

성만찬 실행 횟수 · 135
성만찬과 설교 · 139
성만찬 참여 자격 · 142
유아세례 어린이 성만찬 참여 · 145
오픈 성만찬 · 146
하나 됨의 성만찬 · 149

4장 사도적 성례, 자연적 성례 153

다양한 성례 · 154
성례의 조건: 주님의 성례 · 157
사도적 성례 · 160
자연적 성례 · 162
화해의 성례 · 164
참회와 성례 · 167
화해의 두 가지 차원 · 169
치유의 성례 · 171
치유에 대한 성경적 증언 · 172
치유 사역과 의학 · 175
성직 수임식 · 177
성직과 성령의 은사 · 179
성직 수임과 성령님 · 182
기독교의 결혼 · 185
교회가 축복하는 계약 · 187
언약으로서의 결혼 · 189

기독교 장례예식 · 191
장례와 부활 신앙 · 192
기독교 장례가 선포하는 것 · 194
죽음과 하나님 사랑 · 196
기독교 장례의 목적 · 197
산 자와 죽은 자를 위한 기도 · 198

5장 성례전과 공의   201

예언적 사역, 제사장적 사역 · 201
언약적 사랑과 공의 · 204
두 가지 기능성 · 206
관계성의 본질의 추론 · 207
세례: 공의를 위한 기초 · 209
평등의 성례전 · 212
왕같은 제사장 사역 · 213
모든 차별의 거부 · 215
공의를 위한 기초 · 219
성례전의 행동 영역과 언어 영역 · 221
성례, 복장, 집례 · 223
성례전과 다양한 문화 · 225
성례전에서 언어 활용과 공의 · 227
세상을 향한 성례전의 영향력 · 233
지속성의 원리 · 236
성만찬: 하나님의 자기주심의 원천 · 237
세상의 정의를 위한 등대 · 239
사회 정의 수립 · 242
화해와 사회 정의 · 243

6장 성례전 실행의 개혁 · 247

그리스도의 광대한 힘의 원천 · 247
그리스도인의 제사장 사역 · 299
특별한 사역을 위한 구분 · 251
목회적 돌봄과 성직 존중주의 · 253
효과적 집례를 위해 · 256
규범과 자유로움 · 258
고려해야 할 세 가지 원칙 · 261
 · 목회적 규범
 · 신학적 규범
 · 역사적 규범과 전통
성례전 개혁 방향 제시 · 267
성례전에 대한 일반적 개혁 사항 · 269
세례 예식에 대한 개혁 지침 · 271
성만찬을 위한 개혁 지침 · 276
성직 수임식을 위한 개혁 지침 · 283
혼인 예식에 대한 개혁 지침 · 285
화해 예식을 위한 개혁 지침 · 288
치유 예식을 위한 개혁 지침 · 289
기독교 장례를 위한 개혁 지침 · 290

7장 로마 가톨릭 교회의 응답 · 293

Ⅰ. 성례전: 자기주심의 표현 · 294
Ⅱ. 신학적 자원으로서의 예전 · 299

지속적인 연구를 위한 참고문헌 · 305

서문

　말씀과 성례전의 새로운 개혁은 오늘날 미국의 개신교회의 형태를 조용하게 바꾸어 놓고 있다. 제 2 바티칸 공의회 이후 로마 가톨릭 교회가 주도해 온 개혁과는 또 다른 측면에서 행해진 이러한 개혁은, 요란한 과시 없이 조용하게 진행되어 왔다. 오늘날 인간 삶의 모든 행위들에 변화가 일어나고 있는 것과 같이 예배에서의 변화도 불가피하게 되었다. 그러나 이러한 변화는 너무 미미한 움직임이며, 널리 주목을 받기에는 그다지 인상적으로 보이지 않는다. 그렇지만 이러한 움직임은 그리스도인들이 하나님과 다른 사람들과의 관계를 이해하는 방식에 있어서 중요한 변화를 보이고 있다. 이 변화의 중요성을 인식하는 것은 항상 교회의 중심적인 요소가 무엇인지를 분명하게 분별하는 데 있어서 매우 중요한 일이다.

　그동안 교회는 교회 안에서 행해지는 제반 예배 행동들에 대해 깊이 숙고하는 데 소홀했던 것이 사실이다. 우리는 세상이 교회에 대해 비판하는 소리를 어렵지 않게 듣는다. 더욱이 교회는 세상으로 하여금 교회에 대해 충고하도록, 즉 교회가 어떠해야 하며, 교회가 꼭 실천해야 할 의무(agenda)는 무엇인지를 말하게 하는 지경에까지 이르렀다. 그러나 이렇듯 여러 비판과 충고들이 있지만, 정작 우리 자신의 문제가 무엇인지를 스스로 성찰해 보는 일에는 실패하고 있다.

우리가 지금 인식하고 있는 것에 대해 이제는 새롭게 신학적인 우선권을 두어야 할 때가 되었다. 예컨대, 언젠가는 미국의 개신교회가 성례전을 도덕신학(moral theology) 연구의 중심 요소로 간주하게 될 때가 올 것이다. 천천히, 그것도 아주 천천히 세상에 대한 증언과 선교에 대한 사역을 형성함에 있어서 교회의 예배가 그 중심을 차지한다는 사실을 인식하기 시작하는 징후들이 나타나고 있다.

본서를 통해 본인은 개신교회들이 성례전을 거행함에 있어서 무엇이 진행되고 있는지를 정확히 보고, 들을 수 있도록 돕고자 한다. 본서는 초대교회 그리스도인들이 당시 사회 속에 복음을 증거하여 그리스도인이 되게 하는 과정으로 성례전의 초기 영향력을 드러내기 시작하면서 어떻게 성례전을 경험했는지 이해하려고 할 것이다. 그들의 경험이 오늘날 우리에게 어떠한 의미를 가지는지에 대해서도 깊이 숙고하려고 한다. 우리는 성례전을 연구함에 있어서 16세기 종교개혁을 넘어설 수 있어야 한다. 왜냐하면 당시 그들이 가졌던 성만찬에 대한 이해와 실행이 가장 온전한 것이었다고 하더라도, 오늘날에는 그것을 그대로 받아들일 수 없고 그대로 만족할 수도 없기 때문이다. 또한 로마 가톨릭 교회가 트렌트 종교회의에서 결정했던 내용 정도로 만족할 수도 없다.

진정한 보편적 교회는 어떤 시대나 문화에 제한되어서는 안 되기 때문이다. 여기에서 우리의 관심사는 과거에 주어졌던 종교개혁에 안주하는 것이 아니라, 오늘의 상황에 맞추어 새롭게 개혁해 나가는 것이다. 그러므로 현대를 위한 연구가 필요하다면 성례전에 대한 어떤 주장들을 제시하는 데 있어 망설이지 않을 것이다.

분명히 개신교는 현대 로마 가톨릭 교회의 개혁의 흐름을 통해서 많은 것을 배울 수 있다. 그들은 성만찬의 실행과 확신하는 바에 있어서 거대한 변화를 가져왔다. 물론 다양한 개신교회의 예배 전통에도 풍부한 부요함이 있으며, 우리가 그러한 가치를 인식하게 된다면 더욱 귀중함을 알게 될 것이다. 하지만 겉으로 드러나는 것에만 눈길을 두고 발굴되지 않은 전통들에 대해서는 무관심하게 한쪽으로 밀어놓기 십상이다.

이것은 각각에 이점이 있고 없고의 문제가 아니라, 그러한 예배 전통에 대한 깊이 있는 관심의 문제다. 이러한 예배 전통은 자체의 실행을 점검하고 해석해 왔는데, 이제 아직 점검되지 않고 해석되지 않은 것에 대해 마음이 끌려야 한다. 이 책이 많은 변화들에 대해 주의를 환기시키고 있음에도 불구하고, 그동안 너무 친숙하여 과소평가해 왔던 많은 성례전 실행에 대해서는 다소 보수적인 입장에서 방어하고 옹호하는 입장을 취하고 있음을 알 수 있을 것이다.

이 책에서 본인이 주장하는 것들은 예배 예전적(**liturgical**) 경향을 추구하는 진영에서 취해왔던 방식을 견지하게 될 것이다. 우리가 예배하기 위해서 모일 때 교회는 무엇을 말하며(**says**), 무엇을 행하는지(**does**)에 대한 관찰로부터 시작하려고 한다. 이러한 경험들은 교회의 믿음을 드러내는 데 있어서 중요한 요소로 간주되기 때문이다. 그러한 관찰을 기초로 하여, 우리는 성례전을 신학적 이해의 장으로 나아가게 될 것이다. 이것은 그동안 교회가 고백해 온 믿음의 의미를 살펴보는 것이 된다. 이 책에서는 주로 우리가 어떻게 하면 우리의 믿음을 보다 효과적인 방식으로 표현할 수 있을 것인가에 관심을 두면서 예배 개혁을 제시하게 될 터인데, 다음과 같은 방법을 사용하여 이 책의 논지가 전개될 것이다. 예배의 실행(practice)은 신학(theology)으로 인도한다. 다시 신학은 실행으로 되돌아간다. 목회에 있어서 우리가 경험해 온 내용으로부터 이해를 추구하는 방향으로 움직이게 된다. 이러한 예전적인 경향은 교회력에 대한 연구서였던 『복음의 절기들(Seasons of the Gospel)』[1]에서 일찍이 적용했던 방법인데, 본서의 2장에서 4장까지에서 그러한 방식을 적용하고자 한다. 여기에서는 주로 개인을 위한 성례전을 다루는 내용으로 전개되며, 어떤 점에서는 전체적인 책의 구조 가운데서 적용되기도 한다.

이러한 방식들을 구태여 분류한다면 이것을 기능적 접근방법(functional approach)이라고 할 수 있을 것이다. 이 접근방법은 성례전이 그것을 사용하는 공동체를 위해서 행해진다는 사실을 주장할 것이다. 그리고 각 성례에서 무엇이 일어나며, 보다 공동체를 잘 섬기기 위해 어떻게 개혁되어야 할지에 대해 탐구하게 된다. 이러한 방법론은 성례전에 대한 추상적인 신학을 제시하기보다는 성례전으로부터 신학을 추론해 낼 것이다. 어떤 사람들은 이러한 방식에 대해 별다른 부담을 느끼지 않겠지만, 어떤 사람에게는 그것이 쉽게 느껴지지 않을 수도 있다. 유그브 브릴리오스(Yngve Brilioth)의 널리 알려진 책 제

---

[1] James F. *White, Seasons of the Gospel* (Nashville: Abingdon Press, 1979)

목인 『성만찬 신앙과 실행(Eucharistic Faith and Practice)』에서 힌트를 얻어 이 책의 부제를 "성만찬 실행과 믿음(Sacramental Practice and Faith)"으로 했다.

이 책은 2장에서 4장까지는 각기 교회가 무엇을 행하였는지에 대한 간단한 서술과 함께 시작된다. 그리고 교회에서 어떻게 성례전이 실행되어야 하는지에 대한 개혁을 다루는 장(章)과 함께 끝을 맺는다. 마지막 장은 개혁교회, 감리교회, 자유교회와 같은 미국의 개신교회 예배 전통 안에서 행해진 예전적 스펙트럼의 중심에 있는 성례전 실행을 중심적으로 살펴보게 될 것이다. 그러나 그 외의 다른 예배 전통도 관심을 가지고 조망해 볼 것이다.

이 책에서는 의도적으로 몇 군데를 제외하고는 역사적인 연구는 피하려고 하였다. 예배학과 관련하여 '변화 시리즈'로 기획되었던 나의 첫 번째 책, 『기독교 예배학 입문(Introduction to Christian Worship)』[2]에서 이미 언급했던 내용들을 다시 반복한다는 것은 독자들에게 옳지 않다고 믿기 때문이다. 성만찬에 대한 역사적인 변천 과정을 추적해 보기 원하는 사람은 앞에 언급한 책이나 그러한 주제를 다루고 있는 다른 책들을 참조하면 좋겠다.

이 책이 출판되어 나올 수 있도록 도움을 준 사람들에게 경의를 표하는 것은 언제나 나의 커다란 즐거움이다. 앞의 헌사에서도 밝혔지만, 현재 90세가 되는 H. 셸톤 스미스 교수에게 깊은 감사를 보낸다.

---

2) James F. White, *Introduction to Christian Worship* (Nashville: Abingdon Press, 1980). 역주-1판은 1980년에 아빙돈 출판사에서 나왔으며, 1992년에 개정판이 나왔다. 이 책은 정장복, 조기연에 의해서 한국에서 『기독교 예배학 입문』(서울: 예배와 설교 아카데미, 2002)으로 번역 출판되었다.

그의 가르침과 삶 그리고 우정은, 기독교적인 삶의 방식에서 공의(justice)를 중심으로 하여 살아야 함을 나의 삶에서 깊이 경험하도록 도와주었다. 그는 자신의 삶을 통해 증언하고 있는데, 그것은 그의 최고의 가르침의 방식이었다.

한겨울에 있었던 E. C. 웨스터벨트 강연(E. C. Westervelt Lectures)의 주강사로 초대하여 준 오스틴 장로교신학대학원(Austin Presbyterian Seminary)의 잭 맥스웰(Jack Maxwell) 총장과 교수회에 감사를 보낸다. 이 책의 첫 세 장의 초본은 1981년 2월에 이 강연에서 행해진 내용이다. 나머지 장은 1982년 3월 에즈베리 신학대학원(Asbury Theological Seminary)의 프라이타스 강연(Freitas Lectures)과 이든 신학대학원(Eden Theological Seminary)의 1982년 4월 봄, 졸업식에서 발표한 내용이다.

이 책에서 언급된 내용과 관련하여 나의 생각들을 보다 예리하게 정리할 수 있도록 도와준 많은 분들이 있다. 특히 아를로 두바, 리처드 에슬링거, 호이트 힉만, 레로이 하우, 폴 훈, 돈 샐리어스, 데처드 터너, 그리고 찰스 우드가 준 도움에 대하여 진심으로 감사를 드린다. 나의 원고는 마치 정글에 흩어져 있는 나무와 같았는데, 이러한 모든 것에 품위와 질서가 부여된 것은 샐리 스노우의 뛰어난 작업 덕분이다. 역시 구스타브 말러, 에드워드 엘가, 찰스 아이브즈, 에론 코프랜드에게 심심한 감사를 드린다. 이 책을 쓰는 동안 이들은 아름다운 음악을 통해 큰 기쁨을 주었다. 그들의 음악이 나의 기억들 가운데 오래 오래 남아 있기를 바라는 마음이다.

이러한 연구의 본래적 가치보다 정의와 에큐메니즘은 기독교 예배의 연구를 위한 부대적인 이유였던 것 같다. 따라서 마지막 장에서 "로마 가톨릭의 응답"이라는 제목으로 자신의 의도들을 표현하고 있는 에드워드 킬마틴(Edward J. Kilmartin) 신부의 에큐메니칼 관심에 대해 특히 감사를 보낸다. 킬마틴 신부는 노틀담 대학교에서 예전 연구 대학원 프로그램을 운영하고 있는데, 그는 기독교 성례전 연구에 있어서 뛰어난 학자다.

이 작업을 위해서 타자기에 얽매여 가정으로부터 몸과 마음이 떠나 있을 때에도 뜨거운 사랑과 인내로 기다려 준 나의 가족에게 가장 깊은 감사를 보내야 할 것 같다.

1982년 6월 28일
버몬트 주 패섬프식에서
제임스 화이트

역자 서문

성례전: 하나님의 자기 주심의 선물

예수님 이후 1세기 때부터 기독교의 예배는 변함없이 말씀의 예전과 성만찬 예전이라는 중요한 골격을 근간으로 하여 행해져 왔다. 그것은 사람이 세운 제도가 아니라 구약에서는 제사장 전통과 예언자 전통으로, 성전 전통과 회당 전통으로 이어져 오다가 예수님께서도 직접 말씀 예전을 배설하셨을 뿐만 아니라 성만찬 예전을 제정하시기도 하셨다. 또한 부활의 아침에 엠마오 예배 가운데로 부르신 예수님께서는 그들에게도 친히 말씀 예전과 성만찬 예전을 배설하셨다. 그때 그들의 마음은 뜨거워졌고, 영의 눈은 활짝 열리게 된다. 이러한 예배 전통을 따라 초대교회는 아주 초기부터 말씀 예전과 성만찬 예전을 중심으로 예배를 드리는 전통을 수립하였고, 그 전통은 변함없이 이어져 오게 되었다.

그러나 종교개혁 이후 개신교회는 예배의 많은 변화를 경험하였는데, 그중에서도 가장 커다란 변화 가운데 하나가 성만찬 예전은 외면한 채 주로 말씀 예전을 중심으로만 예배를 드리게 되었다는 점이다. 이것은 물론 츠빙글리를 제외한 모든 종교개혁자들의 생각과는 근본적으로 달랐던 것임을 생각하면, 개신교회 시작의 본래적인 의도와 원리에서도 크게 벗어나 있는 것임을 쉽게 알 수 있다. 이것이 청교도들, **18-19세기의 부흥기와 변방예배(frontier worship)** 영향을 받으면서 개신교회 예배에서는 거의 주변으로 밀려나 일 년에 두서너 번 시행하는 정도의 잊혀진 예전으로 자리매김을 해가고 있는 것은 실로 안타까운 일이 아닐 수 없다. 최근에 들어와서 기독교 예배 가운데 성례전의 중요성을 깨닫고 이것에 대한 복고적 경향으로 나아가는 것은 시의적절한 움직임이며, 때늦은 감이 있다고 할 수 있겠다.

이것은 성례전 가운데 성만찬이라는 한 부분에 대해서만 언급한 내용이지만, 세례의 경우에도 의례적으로 행해지는 현장을 생각할 때 이에 대한 바른 신학적 이해를 정립하는 것은 참으로 중요한 일이라고 생각이 된다. 그런 점에서 제임스 화이트의 책은 성례전의 중요한 부분들을 현대 교회에 일깨워 주는 소중한 책이다. 예전 신학 연구의 산실이라고 할 수 있는 노틀담대학교에서 개신교를 대표하는 예전 신학자로 오랫동안 봉직한 화이트 박사는, 은퇴한 후에도 드루대학교 신학부의 초빙을 받아 강의를 계속하다가 2004년 72세의 나이에 암으로 세상을 떠났다. 그의 많은 책들이 예배학 연구의 중요한 저서들로 자리잡아가고 있고, 국내에도 대표적인 예배학 개론서인 『기독교예배학입문』, 개신교 전반의 예배의 흐름들을 역사적, 신학적 측면에서 다룬 『개신교 예배』, 『예배의 역사』 등의 책이 번역 소개되었다. 화이트 박사는 가톨릭의 예전 신학과의 계속적인 대화를 통해 그의 예배 신학을 개진한 학자로서, 특별히 본서에서 그는 성례전을 하나님의 "자기 주심"(self-giving)이라는 모티브를 통해 설명해 가고 있다. 그러므로 성례전이 바르게 이해되고, 바르게 행해지며, 바르게 받는 곳에서는 이러한 놀라운 은혜를 새롭게 경험하게 된다는 그의 논지는, 익숙함으로 인해 감격을 잃고, 소중한 보물을 잃어버리고 있는 오늘의 예배 현장에 중요한 지침과 교훈을 줄 것으로 기대된다.

2005년 미국의 루이빌신학대학원에서 연구학기를 보내면서 본서의 번역 작업을 감당할 수 있었다. 연구학기를 허락하신 장로회신학대학교와 김중은 총장님께 감사를 드리고, 연구의 여건들을 풍성하게 허락해 주신 루이빌신학대학원과 딘 탐슨(Dean K. Thompson) 총장님께 깊이 감사를 드리고 싶다. 본서의 출판을 허락해 주신 WPA의 김현애 목사와 교정을 위해 수고해 주신 연구조교 황대연 전도사와 이종순 전도사에게 깊이 감사를 드린다. 모처럼 안식의 시간을 얻은 때에도 연구의 짐을 벗지 못하는 아빠를 잘 이해해 준 세 아이들, 한솔, 한결, 한빛과 사랑하는 아내에게 감사의 마음을 전한다.

번역하면서 각 단락을 보다 쉽게 이해할 수 있도록 하기 위해 단락을 나누어 소제목을 부과하는 일은 독자들의 이해를 돕기 위해 역자가 임의로 부여한 것임을 밝힌다. 기존의 기독교 예배학 저서와는 달리 저자가 인간 삶의 순례 여정에서 경험하게 되는 통과 의례들도 성례에 포함시키고 있는 것은 가톨릭의 7성례의 경향을 받아들여서도 아니고, 그가 개신교의 성례전 신학에서 예수님이 직접 제정하신 성만찬과 세례만을 성례로 인정하는 입장을 이해하지 못해서도 아니다. 다만 기본적으로 행해지는 통과 의례가 가지는 신학적 의미를 수립하기 위해 다루고 있는 것으로 이해하면 좋을 것 같다. 본서의 번역상의 문제점이 있다면 그것은 철저히 본인의 부족함에서 기인된 것임을 밝힌다.

부디 소개되는 이 도서를 통해 하나님께서 당신 자신을 내어주시는 위대한 기독교의 상징적 의미를 담고 있는 성례전을 통해 한국 교회의 예배 현장마다 감격과 풍성함이 넘칠 수 있기를 간절히 비는 마음이다. 이 모든 작업들이 오직 하나님의 영광을 드러내는 것들이기를 간절히 빌면서, 존 스토트(John R. W. Stott)의 기도문으로 맺고자 한다.

하늘에 계신 아버지여,
주님의 임재 앞에 엎드립니다.
주님의 말씀이 우리를 다스려 주시고
주의 성령님이 우리의 스승이 되시며
주님만을 더욱 영화롭게 하는 일이
우리의 최고의 관심이 되게 하옵소서.

-John R. W. Stott, *I Believe in Preaching*
(London: Hodder & Stoughton, 1982).

2006년 여름,
폭염 가운데서도 춤추는 싱그러운 숲을 바라보며
장신대 광나루 연구실에서
김 운 용

하나님의 자기 주심은 사람들이 볼 수 있는 인간의 모습으로
나타나신 사건이다. 그분이 바로 나사렛 예수님이시다.

1장
성례전의 인간적 특성(Humanity)

기독교 성례전의 기초

하나님의 '자기 주심(God's self-giving)'은 기독교 성례전의 기초이다. 서구 문화의 역사를 통해서 볼 때 희생적인 자기 주심은 이교도들에게나 그리스도인들에게 있어서 인간의 표현 중 가장 고상한 형태로 높임을 받아왔다. 마라톤의 영웅들, 다리 위의 호레이쇼(Horatio), 기독교 순교자들, 샤르망 대제 휘하의 용사들은 극적으로 자신을 던져 업적을 이루었던 영웅적인 모델로 제시된다. 그렇게 돋보이는 것은 아니지만 가끔 보게 되는 '자기 나눔(self-giving)'[3]은 우리들 삶에서 수없이 많은 예들을 찾을 수 있다. 우리는 매일같이 시간과 물질과 정을

---

3) 역주-여기에서 self-giving은 하나님의 행동을 표현할 때는 '자기 주심'으로, 하나님과 관련하여 인간의 행동을 표현할 때는 '자기 드림'으로, 사람과 관련하여 인간의 행동을 표현할 때는 '자기 나눔'으로 번역하였다.

서로 나누며 산다. 어린 자녀들에게 먹이는 매일의 음식은 단순한 음식 이상의 것이다. 음식 속에 우리의 사랑과 마음을 담아 전하는 자기 나눔의 한 형태이다.

자기 나눔은 인간의 삶을 표현하는 일반적인 수단인데, 그것이 일어나는 다양한 형태를 통하지 않고서는 인간의 삶을 생각할 수 없을 정도다. 또한 이러한 현상들은 그리스도인들이 하나님을 알아가는 주요 수단을 제공해 준다. 특히 그리스도의 사건을 통해 우리는 하나님의 놀라운 사랑을 깨닫게 된다. "하나님이 세상을 이처럼 사랑하사 독생자를 주셨으니"(요 3:16). 성육신은 우리와 같은 모습이 되셔서 우리 가운데 거하시는 하나님의 자기 주심의 이야기다. 하나님의 자기 주심은 다른 사람들이 일상의 삶에서 그것을 인식할 수 있도록, 볼 수 있고 들을 수 있는 형태를 취해야 했다. 그리스도인들이 믿는 바와 같이 역사의 클라이맥스가 1세기에 나타났는데, 하나님의 자기 주심은 사람들이 볼 수 있는 인간의 모습으로 나타나신 사건이다. 그분이 바로 나사렛 예수님이시다.

그러나 하나님의 자기 주심은 예수님이 역사적으로 나타나심 이후에도 사람들 가운데 오늘도 계속해서 나타나고 있다. 하나님 말씀의 선포가 하나님의 자기 주심을 들을 수 있게 해준다면, 성례전은 말씀과 실행을 통해 들을 수 있게 하고, 볼 수 있도록 해준다. 그리스도인들은 이렇게 각 시대 속에서 하나님의 자기 주심을 새롭게 경험한다. 왜냐하면 하나님은 그들의 삶 속에 계속해서 선포되는 말씀과 실행된 예전을 통해 자기 주심을 나타내시기 때문이다. 하나님 사랑의 실재는 과거와 마찬가지로 오늘도 계속해서 그리스도 안에서 보게 되고, 들을 수 있도록 해주는 이러한 행동들을 통해 새롭게 인식된다.

이 장에서 우리는 말씀과 실행을 통해 성례전이 보여주는 하나님의 자기 주심이 어떻게 인간적 경험이 될 수 있었는지에 대해 살펴보게 될 것이다. 또한 우리는 믿음의 공동체인 교회에서 성례전이 어떻게 행해지는지를 살펴보려고 한다.

이 책 전반을 통하여 '자기 주심'이라는 모티프는 하나님께서 성례전을 어떻게 사용하시는가를 살펴보는 데 있어서 가장 만족할 만한 주제가 될 것이다. 각 성례전에서 교회의 경험을 살펴보기 전에 우리는 그것을 일반적인 측면에서 살펴보는 것이 도움이 될 것 같다. 각 성례전이 가지는 독특성에도 불구하고, 우리들에게 자기 주심으로 알려진 성례전의 표현 형태에서 가장 일반적인 기초를 발견할 수 있다는 것이 본인의 논지이다. 성례전의 인간적 특성(the humanity of the sacraments)이란 사람들과 같이 하나님께서도 자기 주심을 사람들이 알 수 있는 방식으로 표현하고 계시고, 성례전을 사용하고 계신다는 측면과 관련된 용어다. 하나님의 자기 주심을 더 잘 이해하는 것은 우리의 과제이며, 가장 좋은 접근방법은 이러한 개념이 어떻게 인간 삶에서 병행하여 사용되는가를 면밀히 검토하는 것이다.

I

하나님의 역사하심을 언급하기 위해 인간적인 유비를 사용해야 한다는 것은 새로운 사실이 아니다. 신약과 구약에는 하나님의 성품과 역사를 나타내기 위해 사용된 의인화된 용어들이 가득하다. "하나님의 손"은 하나님의 의지와 행동을 인간적인 용어로 해석해 주는 많은 메타포 중의 하나다(예를 들어 삼상 5:11, 대하 30:12, 벧전 5:6에서 그것을 찾을 수 있다). 기독교 신학이 하나님에 대해 논의하기 위해 필요한 도구로서 유비를 사용해 온 것은 아주 오래된 일이다. 최근에는 인간과 관련된 학문인 문화인류학, 사회학, 심리학, 커뮤니케이션 이론 등과 같은 연구를 통하여 인간 자신에 대한 지식을 탐구해 왔다. 여기에는 성례전에서 하나님께서 사람과 관련을 짓고 있는 방식을 이해하기 위한 수많은 결론들이 도출된다.[4] 인류학적인 관점에서 성례전을 연구한다는 것은 생소한 작업이 아니다. 신학적으로 성례전을 연구해야 하는 것처럼 우리는 성례전을 인류학적으로도 연구해야 할 필요가 있다.

자기 나눔의 삶

이와 같이 중심적인 방식을 따라 보다 심도 있게 살펴볼 터인데, 사람들은 서로 깊이 연결되어 있으며, 서로 자기 나눔(self-giving)을 통해 살아간다. 그리고 이것을 다양한 방식으로 표현하며 살아간다. 또한 사람들에게는 타인과 관련하여 반응하는 다양한 방식들이 있다. 예를 들면, 경쟁, 증오, 무관심, 착취, 초조 등이 그것이다. 자기 나눔이라는 단어는 주는 사람이 다른 사람을 위하여 자기 자신을 내어주는 것

---

4) 1960년대 이러한 발전의 역사를 참조하기 위해서는 Joseph Powers, *Eucharistic Theology* (New York: Herder & Herder, 1967), 111-54쪽을 보라. 인간과 관련된 학문에 대한 뛰어난 최근의 저작을 위해서는 George Worgul, *From Magic to Metaphor*(New York: Paulist Press, 1980), 47-120쪽을 참조하라.

이기 때문에 그 안에 독특한 의미를 담고 있다. 자기 나눔은 그것이 불과 몇 분에 지나지 않는 짧은 시간일 수도 있고, 아주 작은 가치의 선물일 수도 있지만, 이 말 속에는 자기 자신을 주고 나누려는 깊은 의도를 담고 있다.

이와 같이 자기 나눔은 본질적으로 다시 되돌려 받을 것을 기대하지 않고 타자를 위하여 자기 자신을 아낌없이 내놓는 '아가페' 사랑의 표현이라는 의미를 담고 있다. 신약 성경은 이러한 사랑에 대해 다양한 단어를 사용하고 있다. 이 아가페 사랑을 의미하는 단어들은 신약 성서 기자들이 아주 중요하게 여기던 단어로, 그들은 사랑에 대해서 언급할 때면 이 단어를 즐겨 사용했다. 특별히 이 단어는 바울 서신이나 요한복음에서 자주 사용된다.[5] 예수님께서도 자기 주심이라는 표현을 통하여 가장 깊은 사랑을 표현하고 계신다. "사람이 친구를 위하여 자기 목숨을 버리면 이보다 더 큰 사랑(아가페)이 없나니"(요 15:13). 예수님께서는 이러한 사랑을 말씀하셨을 뿐만 아니라, 그분의 전 생애와 죽으심을 통해 자기 주심으로 이 사랑을 구체적으로 실천하시고 나타내셨다.

자기 나눔은 종종 보다 극적인 방식으로 나타난다. 어떤 사람이 "시간을 조금만 내주실 수 있겠습니까?"라고 물을 때, 사실 누구도 그 질문처럼 시간을 새로 만들어 내거나 다른 사람에게 떼어 줄 수는 없다. 그러나 짧은 시간이라도 그에게 주의를 기울여 줌으로써 우리 자신을 내줄 수 있다. 이것이 시간을 내달라는 요청이 담고 있는 의미다. 다른 사람에게 관심을 기울임으로써 우리 자신을 타인에게 나눌 수 있다.

---

5) Victor Paul Furnish, *The Love Commands in the New Testament* (Nashville: Abingdon Press, 1972), 230.

반대로, 우리가 너무 바쁘다고 말한다면 우리는 누군가에게 우리 자신을 나누어 줄 수 없다고 말하는 것과 같다.

우리는 매일의 삶 속에서 다양한 방식으로 우리 자신을 줄 수도 있고, 거절하면서 살 수도 있다. 깊은 우정을 가지고 누군가에게 전화를 하거나 편지를 쓰는 것은 일상 속에서 자주 만나게 되는 자기 나눔의 형식이다. 숙제를 하는 어린아이를 돕거나, 설거지를 하거나, 차 한 잔을 누군가에게 대접하는 것, 이 모든 것은 의미 없는 단순한 동작들이 아니다. 바로 자기 나눔의 사랑의 행동들이다. 그러한 동작을 거부하는 것은 자기 나눔의 표현이 담겨 있는 사랑을 나눌 마음이 결여되어 있는 것이라고 할 수 있다.

더 나아가 자기 나눔의 영웅적인 특성이 담긴 극적인 행동들도 있다. 우리는 이것을 희생이라고 말하는데, 그러한 행동은 기대와 요구를 뛰어넘어 그 모든 것을 던져 버리는 희생적인 특성을 담고 있기 때문이다. 희생적인 자기 나눔은 모든 정상적인 기대를 뛰어넘어 독특한 차원의 것까지 주는 것을 의미한다. 이와 같은 희생적인 사랑은 참으로 고귀하고 풍성한 것이지만, 생명과 그들의 안전을 다 던져 버리면서까지 우리에게 베풀어 주기를 요구할 수는 없다. 사람들은 때때로 자신의 번영(well-being)과 다른 사람의 유익을 위하여 생명까지도 주어 버릴 수 있다. 이러한 경우의 자기 나눔은 진실로 이타적인 사랑에 대해 증언하는 것이 된다.

자기 나눔의 구성 요소

자기 나눔은 대략 세 가지 요소로 구분할 수 있는데, 모든 것을 줄 수 있는 자아, 수혜자, 주는 수단이 그것이다. 이것들에 대해 간략하게 살펴보자.

첫 번째 요소는 다른 사람으로부터 분명하게 구분되는 요소인, '모든 것을 줄 수 있는 자아'이다. 아직 아무 분별력이 없는 신생아의 경우에는 무엇을 줄 수 있다고 말하는 것 자체가 어려울 것이다. 하지만 그가 성장하여 성인이 되면 다른 사람의 필요에 응할 수 있고, 미소를 보내며 긍휼히 여기는 마음으로 응답하게 될 것이다. 자기 나눔의 행동은 그 내용들이 날로 더욱 늘어나게 된다. 우리는 다른 사람에게 무엇인가를 제공하기 전에 우선 다른 사람으로부터 떨어져 존재한다. 그렇지 않을 경우 같은 유기체 안에서 다른 사람으로부터 도움을 필요로 하지만 아무런 도움도 받지 못한 채로 살아가는 역할 바꿈 행동으로 나타나게 될 것이다.

두 번째 요소는 무엇인가를 줄 때 받을 수 있는 수혜자다. 우리는 사랑을 나눌 대상인 누군가를 필요로 한다. 어쩌면 그 대상은 물리적으로 이곳에 현존하는 존재가 아닐 수도 있다. 그러나 그들이 이곳에 현존하는 존재가 아니라면 우리 자신을 줄 수는 없다. 사랑하기 위해서는 사랑할 대상이 필요하다. 사랑은 추상적 의미로만 존재하는 것이 아니다. 사랑은 구체적인 현실이며, 사랑받을 수혜자를 필요로 한다. 자기 나눔은 어떤 개인에게 있어 구체화되는 원인과 관련된다. 우리는 추상적으로 교회를 사랑하는 것이 아니라, 구체적인 의미에서 교회를 구성하는 사람들을 사랑한다. 이와 같이 자기 나눔은 개별적으로, 다른 사람과 구분하여 존재하는 개체들을 서로 연결시키며 관계시키는 수단이 된다. 자기 나눔은 우리와 다른 사람 사이의 큰 간격을 뛰어넘을 수 있도록 해주는 사랑의 수단이 된다.

자기 나눔의 세 번째 요소는 자기 나눔을 표현하는 수단이다. 이것은 한 개인과 개인의 나눔에 있어서, 즉 주는 자와 수혜자 사이의 새로운 관계를 창조하기 위해 필요한 요소이다. 표현하는 수단이 없다면 그러한 관계가 형성되는 것을 결코 인식할 수 없다. 사랑은 다른 사람이 인식할 수 있도록 표현되어야 한다. 우리는 종종 입맞춤을 사랑 자체와 동일시하려는 경향을 본다. 하지만 입맞춤은 사랑이 아니라, 사랑을 표현하는 수단일 뿐이다. 그러므로 때로는 입맞춤이 가룟 유다가 그랬던 것처럼 사랑을 배신하는 수단으로 왜곡되어 사용될 수도 있다.

앞서 언급한 대로, 자기 나눔은 아가페 사랑을 표현하는 수단이다. 자기 나눔을 통해 사람들은 사랑을 볼 수 있고 들을 수 있으며 만질 수 있게 된다. 이것은 다른 사람들로 하여금 사랑을 구체적으로 인식할 수 있게 해준다. 사랑은 표현할 수 있게 해주는 수단을 요구하는데, 자기 나눔은 사랑을 가시적으로 볼 수 있도록 필요한 사랑의 표징을 제공해 준다.

다른 사람에게 우리는 사랑을 어떻게 표현하는가? 어떻게 우리 자신을 내어 줄 수 있는가? 자기 나눔은 두 가지 수단을 통해서 표출되는데, 그것은 '말'과 '행동'이다. 사실 말과 행동은 자주 함께 묶여서 표현된다. 그러나 이 두 가지는 각기 혹은 하나로 묶여서 자기 나눔이 일어나게 하거나 또는 그것을 인식하게 하는 필수 요소가 된다. 가끔 이 두 가지 수단은 서로 배치되기도 한다. 예수님께서 들려 주신 두 아들의 비유(마 21:28-31)에서, 한 아들은 약속을 했지만 행동으로 옮기지 않았고, 다른 아들은 아버지의 부탁에 대해 거절했으나 나중에 돌이키고 행동으로 옮긴다. 이 경우에 있어서는 행동이 자기 나눔의 가장 최고의 수단임이 분명해진다. 하지만 때로는 적당한 시간에 바르게 말할 수 있는 것도 아주 중요하다. 왜냐하면 우리가 사랑한다고 말함으로써 우리는 그것을 보여줄 수 있기 때문이다. 말과 행동은 어느 것이랄 것 없이 필요한 요소다. 이것들은 사람들이 어떻게 자기 나눔을 할 수 있는가와 관련되어 있으며, 우리는 '말'과 '행동'을 통해 우리 자신을 줄 수 있다.

언어: 가장 정확한 표현 형태

이 두 가지 요소가 함께 갈 수 있음에도 불구하고, 자기 나눔을 위해 말이 어떻게 사용될 수 있는지 그리고 어떻게 행동으로 나타날 수 있는지를 살펴보겠다. 언어로 제시된 말은 가장 분명하고도 정확한 표현의 형태다. 말을 사용해서 우리는 특정 시간 안에서 아주 다양한 이미지를 그려낼 수 있다. 우리는 수없이 많은 경험과 기억, 아이디어를 말하는 그 시간을 통해서 회상할 수 있다. 수사학은 가장 공통점이 적은 이미지들을 함께 묶을 수 있도록 해주며, 전혀 새로운 실재를 만들어내기도 한다. 표현된 언어 속에 우리는 마음을 나타내게 되는데, 그것을 통해 우리가 생각하고 느끼는 것을 다른 사람에게 드러낼 수 있게 된다. 우리는 다른 사람에게 우리의 생각을 나눔으로써 자신을 노출하게 되고, 우리가 비밀로 간직하고 있던 것들을 포기하게 된다. 반대 현상도 가능한데, 말하기를 거절하는 것은 다른 사람이 우리의 마음과 감정의 세계로 침입해 들어오는 것을 거부하는 동작으로 이해할 수도 있다.

어떤 면에 있어서 일반적인 인사는 다른 사람의 존재를 인식하게 해주는 일종의 자기 나눔이라고 볼 수 있다. 그것은 다른 사람의 존재 가치를 인식하게 만드는 요소가 된다. 전혀 낯선 사람은 우리가 전혀 인식하지 못하는 사람으로 볼 수도 있다. 그러나 이러한 분류는 절대적인 것은 아니다. 우리는 보통 복잡한 도시에서 산책을 하면서 만나게 되는 낯선 사람은 외면하게 된다. 하지만 한적한 등산로에서 만나는 낯선 사람과는 간단한 눈인사를 나누기도 한다. 이때 "안녕하세요!(Hi)" 정도로 간단하게 나누는 인사라 할지라도, 말은 어떤 의미를 담은 중요한 수단이 된다. 즉, "당신은 내 세계의 일부분을 차지하는 사람이며, 나 역시 당신의 세계 중에 일부에 속하는 존재입니다"라는 의미를 표현하는 것이다. 이처럼 아주 사소한 인사를 나누는 것이지만, 그로부터 자기 나눔의 다른 차원이 가능하게 된다.

말은 자기 나눔의 아주 소중한 수단이 된다. 결혼식 순서 가운데 결혼 서약은 가장 중요한 순간인데, 그 시간은 나 자신을 배우자에게 주는 시간이 된다. 또한 말을 통해서 상대방을 나의 배우자로 맞아들이는 시간이 된다.[6] 어떤 경우에는 하나님과 우리 사이에 언약을 체결하기 위해서, 혹은 그것을 새롭게 갱신하기 위해서 언어를 사용한다. 또한 합법적인 상황에서 기록된 계약서를 사용하여 재산을 사고팔기 위해 말을 사용한다. 하나님의 창조의 역사도 스피치(speech)의 형태로 묘사된다. "하나님이 가라사대 빛이 있으라 하시매 빛이 있었고…"(창 1:3).

언어는 우리가 다른 사람과 나누는 의미의 공동체를 전제한다. 그러

---

[6] J. L. 오스틴은 이 서약을 주고받는 것을 가리켜 "수행적인 언설"(performative utterance)이라고 칭한다. 왜냐하면 "이 서약하는 말은 그렇게 하겠다는 행동을 수행하는 것이기 때문이다. 그것은 무엇인가를 단순히 말만 하는 어떤 사고의 작용이 아니라 행동으로 연결되는 말이기 때문이다." *How to Do Things with Words* (New York: Oxford University Press, 1972), 6-7.

므로 연설과 글쓰기는 커뮤니케이션의 형태를 취하게 된다. 모든 말은 정의(definition)를 필요로 하며, 각 구문은 명확한 기능을 가진다. 그렇지만 어느 정도의 모호성은 언제나 존재한다. 우리가 전달하고자 하는 의미가 반드시 상대방에게 그대로 전달되는 것은 아니다. 가끔 우리는 우리가 의도했던 것 이상의 말을 전하기도 한다. 결정적인 말의 실수는 자기도 모르는 사이에 자기 자신을 노출하기도 한다. 그러한 때에 우리는 사람들을 혼동하게 만들고, 결과적으로 제시하려고 했던 것을 인지하지 못하게 할 수도 있다. 그러나 일반적으로 우리의 언어는 다른 사람이나 어떤 특정 그룹에게 우리 자신을 나누는 분명하고도 연속적인 수단이 된다.

예배와 구두 언어 사용

공적인 예배에서 사용되는 언어들은 기독교 믿음의 공동체의 삶에서 가장 중심적인 것이다. 외적인 행동들을 중요하게 생각하지 않는 퀘이커 교도들도 그들의 공동 예배에서는 구두 언어(spoken word)를 아주 필수적인 요소로 생각한다. 예배에서의 구두 언어 사용은 세 가지 다른 방식으로 나타난다. 우리는 '하나님께'(to God) 아뢴다. 우리는 '하나님에 대해'(for God) 말한다. 우리는 '하나님의 이름으로 서로에게' 말한다. 이 모든 경우에서 그리스도인들은 자신을 창조와 구속하심을 통해 증거된 하나님의 말씀에 응답하는 존재로 이해한다. 예배는 이러한 하나님의 창조와 구속 사역에 대한 응답이며, 또한 이것을 계속해 가는 것이다. 기독교 예배에서 이러한 구두 언어가 자기 주심의 수단으로 어떻게 사용되는가?

첫째로, 그리스도인들은 기도의 형태로 하나님께 직접 아뢴다(speak to God). 성체 봉헌(oblation)과 같이 자신을 드리는 분명한 형태 외에도, 기도를 통해 하나님께 우리 자신을 드리는 것은 아주 다양한 형식으로 이루어질 수 있다. 우리는 탄원(petition)의 형태로 우리의 관심사와 염려를 하나님 앞에 내놓음으로써 하나님께서 그것을 상기하시게 한다. 혹은 중보기도(intercession)의 형태로 다른 사람을 위해 그렇게 할 수도 있다. 그리스도께서 우리를 위해 행하신 것을 하나님 앞에서 기도의 형태(offer)로 기억할 수 있고, 그리스도께서 우리를 위해 행하시기로 약속하신 것을 이루어 주시도록 탄원(supplication)할 수 있다. 기도를 통해 때로는 우리를 방어하기도 하고, 하나님의 깨끗케 하심을 위한 견고한 삶을 고백(confession)으로 올려드릴 수도 있다. 하나님의 구원의 행동을 기억하며 우리의 감사와 찬양을 드림으로써 '우리의 찬양과 감사의 희생제사'를 올려드릴 수도 있다.

삼위 하나님의 첫 번째 위격이신 성부 하나님께 그러한 고백(speech)을 드림에 있어서, 우리는 그리스도의 이름과 성령의 능력을 통해 말씀드릴 수 있다. 초기 교회 이래, 기독교의 기도는 예수 그리스도를 통해 성부 하나님께 드려졌다. 바울은 이렇게 기록하고 있다. "이와 같이 성령도 우리 연약함을 도우시나니 우리가 마땅히 빌 바를 알지 못하나 오직 성령이 말할 수 없는 탄식으로 우리를 위하여 친히 간구하시느니라 마음을 감찰하시는 이가 성령의 생각을 아시나니 이는 성령이 하나님의 뜻대로 성도를 위하여 간구하심이니라"(롬 8:26-27). 우리의 자기 드림은 또한 기도의 언어들을 통하여 하나님의 자기 주심을 선포하는 일을 포함하고 있다. 우리는 단지 우리만 기도하는 것이 아니라 하나님의 참여를 통하여, 하나님에 의해 기도한다.

둘째로, 마치 성경의 선지자들과 말씀의 종들이 증거하였던 것처럼 그리스도인들은 예배 안에서 하나님에 대해 증언한다. 성경 가운데서 발견하는 하나님의 말씀을 봉독하는 것과 설교를 통해 그 말씀을 해석해서 들려주는 것은 우리가 하나님의 이름으로 말하는 수단이다. 모든 회중들 역시 시편 교송이나 찬송을 통해 하나님의 말씀을 선포하는 일에 동참한다. 사람의 일상적인 말을 통해 증거되는 것이지만, 하나님은 인간의 말을 하나님의 자기 주심의 수단으로 사용하신다. 성경적인 신앙은 하나님께서 남자들과 여자들을 하나님을 증거하는 일에 사용하신다는 사실을 주장하고 있다. "내가 내 말을 네 입에 두었노라"(렘 1:9), "내가 네 입과 그의 입에 함께 있어서 너의 행할 일을 가르치리라"(출 4:15). "내가 다시는 여호와를 선포하지 아니하며 그 이름으로 말하지 아니하리라 하면 나의 중심이 불붙는 것 같아서 골수에 사무치니 답답하여 견딜 수 없나이다"(렘 20:9). 이와 같이 하나님을 증언하는 것은 우리의 말을 통하여 하나님의 자기 주심을 가능하게 하는 연설이다.

셋째로, '하나님의 이름으로 각자에게 하나님에 대해 증언' 하는데, 이것은 예배의 일부가 되고 있다. 그들은 서로 인사를 나누기도 하고, 용서의 확신을 나누기도 하고, 서로의 믿음을 격려하고 보충해 주기 위한 말들도 서로 나눈다. 그리고 일반적으로 우리가 예배에 적극적으로 참여할 수 있도록 해주는 예배서에 나오는 말들을 서로 나누기도 한다. 이러한 것들은 실용적인 내용일 수도 있고, 어떤 것은 용서받고 하나님과 화해한 하나님의 백성들을 위한 자기 드림의 깊은 표현 수단이 될 수도 있다. 이와 같이 예배의 수직적인 차원(사람과 하나님의 관계)은 언제나 수평적인 차원(사람과 사람의 관계) 안에서 나타난다. 예배 공동체로 나아오면서 사람들은 '같은 성령으로 하나 되게 하심'(고전 12:11)을 따라 각기 다른 은사들과 선물을 가지고 나아온다. 안부를 묻거나 인사를 나누는 등 친교를 나누면서, 인간의 자기 나눔의 차원이 하나님의 자기 주심으로 연결된다.

요컨대, 우리의 자기 드림, 혹은 자기 나눔은 예배 안에서 말이라는 수단을 통해 하나님의 자기 주심과 함께 연합된다. 우리들의 이러한 언어 표현의 원천과 목표는 언제나 하나다. 예배에 대해 루터는 다음과 같이 아주 적절한 설명을 해주고 있다. "예배는 하나님께서 거룩한 말씀을 통해 우리에게 말씀하시고, 우리는 그 말씀을 받고 기도와 찬양을 통해 다시 하나님께 아뢰는 것, 그 이상도 이하도 아니다."[7] 예배 가운데 하나님께서 우리에게 말씀하시고, 우리 또한 그분께 아뢴다. 성령님께서 내주하시는 공동체 가운데서 우리는 언어를 통해 자신을 하나님께 드리며, 하나님도 우리에게 당신을 송두리째 주신다. 성령님의 역사를 통해서 우리들의 일상적인 언어는 하나님의 말씀과 예배라는 독특한 언어로 바뀐다. 이러한 일상의 언어를 변화시키는 능력을 체험하지 못한다면 기독교 공동체는 지속될 수 없다. 그러한 언어는 우리를 하나 되게 하고, 치유하며, 회복시키고, 교화시키며, 다른 사람들을 위해 우리를 줄 수 있는 언어이다. 일상의 언어라도 예배 가운데서 그것들이 사용될 때는 가장 독특한 능력을 가진다.

---

7) Peter Brunner, *Worship in the Name of Jesus Christ* (St. Louis: Concordia Publishing House, 1968), 123쪽에서 재인용.

행동: 가장 강한 외침

언어만이 사람들이 자기 드림을 표현하기 위해 사용하는 수단은 아니다. 행동도 필수적인 요인이 된다. 행동은 어떤 말보다도 강한 외침이 된다는 말을 들어왔다. 실제로 우리가 행하는 것은 말하는 것보다 훨씬 더 우리 자신을 잘 드러나게 한다. 자기 드림의 두 가지 수단인 말과 행동은 서로 상치되는 것이 아니라, 항상 함께 주어져야 하는 것이다. 말과 행동이 일치하지 않을 때 우리는 그것이 적절하지 않다고 생각한다. 그러므로 말과 행동이 일치하는 것은 성실성의 징표가 된다.

자기 드림의 수단으로써 우리가 말 대신 사용할 수 있는 행동에는 어떤 것들이 있을까? 사랑을 나타내는 행동으로는 집안일을 돕는 것 같은 사소한 일에서부터 궁극적인 희생까지 다양한 일들이 있을 것이다. 예수님께서 말씀하신 대로 가장 온전한 사랑은 다른 사람을 위해 자기의 생명을 내어주는 것이다(요 15:13). 가장 사소한 것과 가장 온전한 것 사이에는 우리가 다른 사람을 위해 자신을 내어줄 수 있는 수많은 행동들이 있다. 다른 사람의 즐거움을 위해 우리의 시간과 에너지를 사용할 때 우리는 온전히 행하고 있는 것이다. 또한 자신의 것을 내어줌으로써 다른 사람을 돕는 방식도 있다. 그러한 행동은 우리의 사랑을 보여주는 것이며, 그렇게 함으로써 자기 드림을 가시화할 수 있다.

자기 나눔의 가장 중요한 행동은 선물을 주는 것이다. 우리는 단지 말하는 것만으로 다른 사람에게 우리 자신을 내어줄 수는 없다. 작은 선물이라도 주는 희생적인 행동을 통해 구체적으로 우리 자신을 내어

줄 수 있다. 우리는 오직 우리의 손에 마음을 담을 수 있다. 우리가 다른 사람에게 작은 선물이라도 주게 될 때, 그것은 바로 자기를 주는 것이다. 어떤 목적이 있어서가 아니라 오로지 다른 사람의 즐거움과 유익을 위해 선물을 건네게 될 때 그것은 바로 우리 자신을 나누는 징표가 된다. 우리의 일부분은 다른 사람의 삶을 고양시키는 일에 사용될 수 있어야 한다.

선물은 그것을 주는 사람의 마음을 표현하는 징표가 된다. 선물은 그것을 주는 사람의 마음 자체이다. 그것을 통하여 받는 사람은 주는 사람의 뜻과 의도를 온전히 깨닫게 된다. 우리가 다른 사람에게 선물을 줄 때, "이것은 내 몸이요"라고 말하거나, "이것은 바로 나 자체입니다"라고 말하지는 않는다. 그렇지만 그것은 우리 마음의 표현이므로 선물을 받는 사람은 그 선물의 의미를 이해할 것이다. 비록 그것이 이름을 밝히지 않고 건네진 것이라 할지라도, 그것을 단지 정체 미상의 물건으로만 인식하지는 않을 것이다. 우리 집은 여기저기에 걸어 놓은 선물들로 가득 차 있다. 그것들은 별로 소용이 없는 물건들이 아니다. 우리를 사랑하는 누군가가 준 귀한 것들로, 그들 자신을 우리에게 주었음을 의미하는 소중한 선물들이다. 그것들을 내던져 버린다면 그것을 준 사람을 잊어버리는 것과 같은 일을 하는 것이다.

우리 가운데는 깜짝 선물을 잘하는 재주가 있는 사람들이 있다. 그들은 우리가 필요로 하는 것을 잘 알고 있다. 그러기에 가끔 그들의 선물은 우리들을 충분히 놀라게 하기도 한다. 하지만 일반적으로 그것들은 곧 별로 중요하지 않은 것이 되고 마는데, 그것이 우리 삶에 적절하거나 적합한 것이 아니기 때문이다. 적절한 선물을 잘 해주기 위해서는 받는 사람에 대해 잘 알고 있어야 하며, 그들을 이해할 수 있어야 한다. 적절한 선물을 잘 받는 사람은 다른 사람에게 자신을 주는 것도 잘 감당하게 될 것이다. 그러한 선물을 통해 우리들에 대한 지식과 관심을 다시 나눌 수 있을 것이기 때문이다.

행동하는 것이야말로 사랑을 가시적으로 표현하거나, 때에 따라 구체적으로 그것을 느낄 수 있게 하는 데 있어서 가장 만족스러운 형태가 된다. 다양한 행동을 통해 사랑은 그 자체로 전해지며, 표현을 통해 자라게 된다. 남녀가 성관계를 통해 자신을 주는 것과 같은 가장 친밀한 형태를 사랑이라고 표현하는 것은 우연이 아니다. 길게 설명하지 않아도 성관계는 사랑하는 이들 사이에 있게 되는 행위로, 그것은 자기 나눔의 수단이 될 수 있다.

공적인 예배는 우리에게 허락하시는 하나님의 자기 주심을 표현하고, 하나님과 서로에게 우리 자신을 나누는 수단으로 사용되는 바, 이것은 지속적으로 자기를 주는 행동으로 사용된다. 여기서도 우리는 말과 행동을 대조적으로 생각할 필요가 없다. 예배의 대부분은 구두 언어로 행해진다. 말과 행동들, 즉 기술적으로 말해서 의식(rites)과 경축(ceremonial)은 삶에 있어서와 마찬가지로 예배에 있어서도 상호 보완적이다. 예배 가운데 우리의 어떤 행동들은 말씀과 같이 정말 실리적이다. 우리는 하늘의 평안을 위해 예배의 자리에 나와 있으며, 찬양을 통해 그 사실을 알린다.

상징행동

그러나 예배 가운데 함께 행하게 되는 어떤 행동들은 특별히 의미를 전달하는 데 있어서 중요한 요인이 된다. 최근에 기호행동, 혹은 상징

행동(sign-acts)을 통해 의미 있는 행동을 하는 것이 일반화되고 있다. 우리가 하루하루 살아가는 삶 속에도 이러한 상징행동들이 가득하다. 악수를 하는 것도 인사의 형식을 표현하는 가장 보편적인 상징행동이다. 어떤 상징행동은 그것이 예배 공동체 속에서 행해질 때 중요한 의미를 전달한다. 이러한 목록 중 가장 중요한 것 가운데 하나는 성례전이다. 모든 상징행동 중에서 가장 중요한 것이 성례전이다. 물론 우리의 예배 가운데는 성례전이라고 불리지 않는 많은 상징행동들이 있다. 헌금, 발 씻기, 축도를 하는 동작 등도 일종의 상징행동이다. 그러나 성례전은 아니다.[8]

예배에서 사용되는 상징행동 가운데 성례전과 여타의 행동 사이의 주요 차이점은, 지난 역사 가운데서 소위 성례전이라고 부르는 상징행동을 통해 역사하는 하나님과 사람의 경험에 의해 만들어진다. 사람들은 그러한 행동을 성례전 가운데서 행하지만, 그것들을 통해 하나님의 자기 주심을 경험한다. 인간은 단지 행동만을 하는 존재는 아니다. 루터는 다음과 같이 말한다. "사람이 세례를 베푼다. 그러나 엄밀한 의미에서 그들이 세례를 베푸는 것은 아니다. 사람들은 단지 세례를 베푸는 일을 행하는 그러한 방식으로 세례를 베푼다. 그것은 자신의 권위로 행하는 것이 아니라 하나님을 대신해서 행하는 것이기 때문이다. 그렇게 하여 우리는 마치 그리스도께서 행하셨던 것과 같이 인간의 손을 통해서 세례를 받는다. 하나님이셨던 그리스도께서는 그분의 손으

---

8) 그리스도의 이름으로 예배를 위해 모이는 행위는 기독교 예배의 가장 중요한 상징행동이다. 하지만 그것도 성례전은 아니다. 이에 대해 보다 상세한 내용을 위해서는 본인의 논문, "Coming Together in Christ's Name," *Liturgy*, vol. 1 (Fall, 1981) 7-10쪽을 참조하라.

로 우리에게 세례를 베푸신다."⁹⁾ 우리는 세례의 현장에서 우리의 손으로 물을 얹지만, 진정으로 세례를 베푸시는 분은 하나님이시다. 인간은 단지 외적인 행동을 하는 것이다. 그것은 가시적인 행동일 뿐이다. 자신을 주심을 통해 내적인 열매를 허락하시는 분은 바로 하나님이시다. 바로 이러한 내적 열매가 성례전을 성례전답게 만든다. 바로 그때, 인간의 행동을 통한 세례는 다른 어떤 상징행동이 아니라 성례전이 되는 것이다.

말씀과 행동, 성례전

성례전은 말씀과 행동을 포함한다. 개신교회와 가톨릭교회는 오랜 기간 동안 성례전에서 어떤 행동에 역점을 두기보다는 말씀에 역점을 두는 것으로 전환하려는 시도를 해 왔다. 그러므로 어떤 행위를 통하여 그 의미를 전달하려 했던 것은 이제 말하는 것으로 대치되기에 이르렀다. 실제로 물로 씻는 것보다는 그것에 대해 말하는 것이 쉬운 일이다. 그래서 이제 자주 행동이 말로 형식화 되거나 대치되었다. 이러한 경향은 단지 말만 할 것이 아니라 평신도들에게도 잔이 주어지는 온전한 성만찬의 행동이 회복되어야 한다는 인식이 일기까지 계속되었다. 말만으로는 온전히 그것을 행할 수 없으며, 또한 어떤 행동만을 한다고 해서 성례전이 온전히 행해지는 것도 아니다. 어거스틴은 이렇게 주장한다. "성례전의 요소(행동)들에 말씀을 더하라. 그때에야 온

---

9) "Babylonian Captivity of the Church", *Luther's Works* (Philadelphia: Fortress Press, 1959), XXXVI, 62.

전한 성례전이 될 것이다."¹⁰⁾ 그동안 성례전에 있어서 말이 아닌 행동은 다소 외면되어 온 것이 사실이다. 이제 우리 시대에서 논의되고 있는 성례전의 개혁은, 의미 있는 행동에 대해 무관심했던 것을 어떻게 극복할 것인가 하는 점이다. 성례전에 있어서 하나님의 자기 주심을 살펴보면서 성례전의 행동에 대해 탐구해 보는 것은 성례전 언어와 함께 충분히 연구해 볼 가치가 있는 영역이다. 이 행동의 차원은 성례전에 있어서 똑같이 강조되어야 할 가치가 있음에도 불구하고 그동안 너무 간과되어 왔기 때문이다.

성례전의 언어적 차원에 의해 우리가 하나님의 이름으로 서로에게 말하고 있다면, 성례전의 행동적 차원에 의해 우리는 '하나님의 이름으로 서로를 어루만진다' (touch each other in God's name). 우리는 서로에게 이렇게 행동함으로써 하나님께 우리의 행동을 올려드린다. 성례전의 중심에는 손을 올려놓는 행동이 사용되곤 하는데, 힘, 축복, 권위가 전달됨을 의미하는 행동이다. 중세 시대에는 어루만짐의 상징으로 예전에서 올리브기름이 사용되었다. 그것은 치유와 입교, 임직 등을 위한 기름 부음에 흔히 사용되었다. 우리의 예배는 이렇게 손으로 하는 행동들로 가득 차 있다. 평화의 나눔, 세례, 강복 선언, 예수 그리스도의 몸과 보혈을 나눔에 있어서, 그리고 사랑하는 사람의 손을 잡아 주는 일이나 하관식 취토 순서에서 흙을 관 위에 뿌리는 것도 손을 사용하여 행한다. 서로를 어루만지며, 떡과 포도주를 나누고, 세례식에서 물을 사용하는 데에도, 그리고 거룩한 기름을 바르는 일에도 손을 사용한다. 이처럼 우리가 말로 할 수 있는 것을 보완하는 행동을

---

10) "Tractus on John", LXXX, 3, *Nicene and Post-Nicene Fathers,* Frist Series(New York: Charles Scribner's Sons, 1908), VII, 344.

사용하여, 어떤 실제를 보다 강력하게 기호화한다.

그러나 인간은 어떤 행동들을 사용함에 있어서 단순하게 행동하는 것이 아니다. 이러한 상징행동들을 통하여 그리스도인들은 하나님의 자기 주심을 경험하기 때문에 그것은 아주 중요한 행동들이 된다. 우리가 취할 수 있는 이러한 인간의 행동들은 하나님의 행동이 이 땅에 구체적으로 화육화 되도록 하기 위해 가시적인 형태로 주어질 필요가 있다. 우리의 인간성은 외적으로 보이는 행동을 필요로 하며, 또한 자기 나눔의 가시적인 표징을 필요로 하기 때문에 하나님은 우리에게 성례전을 허락하셨다. 그리하여 그것을 행함으로 내적이고 영적인 의미를 알 수 있도록 하였다. 이것은 우리가 행동을 통하여 우리의 이웃을 알게 되는 것과 다르지 않다. 하나님은 이러한 행동을 통하여 하나님 자신을 우리에게 주신다. 성령님께서는 말씀과 함께 그리스도인 공동체가 하나님의 이름으로 행하는 행동들을 통하여 역사하신다. 그러므로 우리가 세례를 받을 때 모든 성례전의 행동들은 성령님의 허락하시는 은혜로써 경험된다.

II

성례전에 있어서 말과 행동이, 모든 사람이 자기 나눔을 통해 다른 사람에게 그들의 사랑을 표현하는 데 사용되는 가장 필수적인 수단이라면, 그것은 인간 존재를 향한 하나님의 사랑에 대한 그분의 자기표현에 있어서도 아주 중요하다.

성육신: 하나님의 행동 표현

그리스도인의 믿음은 예수 그리스도 안에서 성육하신 하나님의 행동에 견고하게 초점을 맞추고 있다. 예수 그리스도 안에서 우리는 하나님의 사랑을 가시적으로 보게 되며, 하나님은 역사 속에서 볼 수 있도록 우리 가운데 거하신다. 자기 주심의 행동은 사람이 하나님의 사랑을 알 수 있는 가장 최고의 수단이 된다. "본래 하나님을 본 사람이 없으되 아버지 품속에 있는 독생하신 하나님이 나타내셨느니라"(요 1:18). 성육신을 통해서 나타내신 이러한 하나님의 행동으로 인해 인간을 향한 하나님의 희생적 사랑에 대해서 의심할 수 없게 되었다. 숨겨졌던 하나님께서 성육신 사건을 통하여 모든 사람들에게 나타나게 된 것이다.

플랑드르(역주-현재의 벨기에 서부, 네덜란드 남서부, 프랑스 북부를 포함한 북해에 면한 중세의 국가)의 도미니칸 신학자인 에드워드 쉴레벡(Edward Schillebeeckx)이 예수 그리스도를 "가장 최초의 성례전"(primordial sacrament)이라고 지칭한 것이 바로 이러한 의미다. 그는 이렇게 주장한다. "인간 예수는 하나님의 구속의 은혜가 인간 세상에서 가시적으로 볼 수 있도록 구체화되신 분인데, 그분은 바로 유일한 성례전(the sacrament)이시며, 가장 최초의 성례전이시다."[11] 그러

---

11) Edward Schillebeeckx, *Christ the Sacraments of the Encounter with God* (New York: Sheed & Ward, 1963), 15. 쉴레벡의 책은 로마 가톨릭교회의 성례전 신학에 있어서 가장 대표적인 이정표를 제시하고 있다. 그것에 대해 비판이 없는 것은 아니지만,

므로 그리스도와의 만남(encounter)은 하나님과 만나는 성례전이 된다. 그분을 통하여 하나님은 유한한 인간의 시간과 공간 안에 하나님의 사랑을 가시화하시기 위해 성육신의 형태로 행동하신다.

가장 최초의 성례전으로서 그리스도는 그분이 직접 제정하신 모든 성례전을 수행하는 모든 각개 성례전의 원천이 되신다. 쉴레벡은 교황 레오 1세의 승천일에 행하였던 유명한 설교에서 이렇게 주장한다. "그리스도 안에서 가시화 된 것은 이제 교회의 성례전으로 전해져 우리로 하여금 계속해서 볼 수 있도록 한다."[12] 이 땅에서 역사적으로 어느 한 시대 가운데 사셨던 예수 그리스도 안에서 활동하셨던 하나님께서 이제 성만찬을 통해 '이 땅에서 볼 수 있고, 모두가 그것을 받을 수 있도록' (earthly visibility and open availability) 특정한 시간과 장소 가운데서 우리에게 그것을 주고 계신다. 그리스도께서는 1세기에 시작하셨던 그 사역을 지금까지 모든 세기 가운데서 계속해 오셨으며, 오늘도 계속하고 계신다. 성만찬을 통해 허락하시는 하나님의 자기 주심의 역사는 '외적으로 우리가 인식할 수 있는 형태로' 우리에게 주어지는, 우리를 위한 하나님 사랑의 지속적인 표징이다.

성례전: 하나님 사랑의 가시화

이렇게 그리스도 안에서 인간을 향한 하나님의 사랑이 가시화 되었다. 매해마다 그리스도인들은 주현절 절기를 지키면서 그것을 확인하

그는 그의 성례전 신학을 오도 카젤(Odo Casel) 신부(1886-1948)의 저작, *The Mystery of Christian Worship and Other Writings,* ed. Burkhard Neunheuser, trans. I T. Hale (Westminster, MD: Newman, 1962)을 바탕으로 하여 발전시키고 있다.

12) 위의 책, 45.

게 되며, 예수 그리스도 안에서 하나님께서 현현하시는 사건들을 이러한 절기를 통해 계속해서 경험하게 된다. 주님의 수세주일은 그리스도께서 많은 사람들에게 자신을 드러내신 그날을 우리에게 증언해 준다. 요한복음은 갈릴리 가나 혼인 잔치 집에서 예수님께서 처음으로 행하신 기적에 대해 기록하는데, "예수께서 이 처음 표적을 갈릴리 가나에서 행하여 그 영광을 나타내시매 제자들이 그를 믿으니라"(요 2:11)고 말씀한다. 인간의 사랑은 반드시 나타내 보여야 할 필요가 있는 것은 아니다. 때론 은밀한 사랑이 필요하기도 하다. 그러나 하나님의 사랑은 나타남의 수단을 필요로 한다.

하나님께서는 우리를 향한 하나님의 사랑을 드러내시는 지속적인 수단으로 성례전을 우리에게 허락하셨다. 칼빈은 우리의 믿음이 연약하기 때문에 하나님의 사랑의 가시적인 표징을 필요로 한다고 강조하였다. 그러므로 그는 우리에게 이렇게 일러 준다. "우리의 자비로우신 주님은 우리의 능력에 맞게 그분의 모든 것을 적절하게 조절하시는데, 이러한 지상의 요소들을 통해 하나님께로 우리를 이끄시기 위해 자신을 낮추셨다. 그리고 우리들 앞에서 영적 축복을 환히 볼 수 있도록 육신 가운데 자신을 담으셨다."[13] 우리의 창조주께서는 우리를 가장 잘 아시는데, 하나님은 무엇보다도 우리가 가진 능력을 통해 그것을 깨달을 수 있게 해주셨다. 이처럼 하나님은 우리가 우리 자신을 알고 있는 것보다 더 우리를 잘 아신다. 우리와 관계된 하나님의 방식은 창조주 하나님의 지식을 반영하는데, 하나님은 아주 인간적인 지식으로 깨달

---

13) John Calvin, *Institutes of the Christian Religion*, IV, xiv, 3. edited by John T. McNeill, translated by Ford Lewis Battles (Philadelphia: The Westminster Press, 1960), 1278.

을 수 있도록 자신을 드러내신다. 칼빈은 아주 중요한 통찰력을 우리에게 제공해 준다. 하나님은 성례전을 통해 우리의 용어로 우리에게 접근해 오신다는 것이다. 그것들을 통해 하나님께서는, "영적인 일들을 사람들이 눈으로 볼 수 있도록 가시적인 것으로 우리에게 전해 주신다." 하나님은 인간의 능력에 대해 지나칠 정도로 높이 취급하고 있는 것이 아니다. 그분에게 있어서 성례전은 '우리의 작은 능력에 가장 적합한 가시적 표징'이며, 그리스도께서는 그것을 통해 역사하신다. "성례전은 우리 눈으로 직접 보게 되며, 주님께서 우리와 연합하신다는 것을 확실하게 해주는 보증과 징표가 된다."[14] 그러나 칼빈은 사람들의 믿음이 연약하며, 하나님의 사랑의 현현에 대한 우리들의 간절한 갈망이 약하다는 것을 명확하게 이해하고 있다.

성례전에 있어서 인간적인 차원은 인간의 능력과 필요에 대해 밀접한 연관성을 가진다. 인간의 사랑도 다른 사람을 위해 자기를 내어 주는 희생으로 표현될 때 그것을 인지할 수 있는 것처럼, 하나님의 사랑도 인식할 수 있는 수단을 통해 표현될 때 우리가 그것을 알 수 있게 된다. 이렇게 하나님의 사랑이 사람들에게 알려지도록 우리의 인지 능력에 걸맞은 방식을 통하여 주어지는 것이 바로 성례전이다.

말씀과 행위를 통하여

성례전의 말씀과 행위들을 통하여 하나님께서는 자기 주심의 방식으로 우리에게 다가오신다. 그리하여 하나님의 사랑을 새롭게 기억하게 하시며, 경험할 수 있도록 해주신다. 우리 믿음의 능력이 제한되어

---

14) 위의 책, 1361.

있음에도 불구하고, 하나님은 말씀의 선포와 성례전의 집례를 통하여 우리에게 적합하게 맞춰 주신다. 이러한 상징행동(sigh-acts)은 오늘도 변함없이 하나님의 사랑이 우리에게 주어지며, 그것이 우리에게 얼마나 중요한 것인지를 인식할 수 있게 해준다. 하나님께서 이렇게 인간적인 수단을 동일하게 사용하시는 것이 우연은 아니다. 무엇보다도 하나님은 우리를 가장 잘 알고 계신다. 이제 우리는 하나님께서 성례전 가운데 말씀과 집례의 행위를 사용하시는 것을 깊이 주시할 필요가 있다.

여기에서 '말씀'이라는 개념은 유대 그리스도인 공동체의 일원들에게는 아주 강한 의미를 가지고 있었다. 구약에서 '다바르(dabar)'라는 용어는 하나님의 말씀에 나타나는 하나님의 자기 주심을 강조하는 말이다. 하나님이 말씀하시니 그때 창조의 역사가 계속된다. 하나님이 말씀하시니 말씀대로 되었다고 성경은 기록하고 있다. 하나님의 말씀은 권능 있는 말씀으로, 앞으로 나아간다. "그런즉 너희는 알라 곧 여호와께서 … 하신 말씀은 하나도 땅에 떨어지지 아니하리라"(왕하 10:10). 하나님의 말씀은 새롭게 창조하며, 생명을 가져다주는 말씀이다. 말씀은 하나님께서 그분의 뜻을 이 땅에 나타내시기 위하여 친히 취하신 방식이다.

신약에서 '말씀'(logos)이라는 용어는 요한복음이 보여주는 대로 예수 그리스도를 지칭하기 위해 사용된 용어다. 그 말씀은 창조와 구속의 능력을 동시에 가지고 있다. "태초에 말씀이 계시니라 이 말씀이 하나님과 함께 계셨으니 이 말씀은 곧 하나님이시니라 … 그 안에 생명이 있었으니 이 생명은 사람들의 빛이라"(요 1:1, 4). "말씀이 육신이 되었다." 그리고 그 말씀이 사람들 가운데 거하시며, 이제 사람들은 그분 안에서 하나님의 영광을 보게 된다. 말씀은 성육신 되신 하나님이시며, 인간의 역사 가운데서 오늘도 역사하고 계시는 분이시다.

그러나 '말씀' 이라는 용어는 성경에서 사용된 세 번째 신학적 의미를 가지고 있다. 말씀은 우리가 공적인 예배에서 하나님의 말씀 봉독과 설교를 통해 경험하게 되는 현재적인 사건이 된다. 기록된 증언과 선포된 증언은 모두 예수 그리스도의 생생한 실재에 의해 결정된다. 성령님께서 예배 공동체 안에서 우리로 하여금 그 말씀을 들을 수 있게 하시며, 인식할 수 있도록 해주신다. 성령님의 역사를 통하여, 예수 그리스도께서 과거의 역사 가운데 행하셨던 사역들과 그리스도의 영원하신 실재가 예배 가운데서 현재적인 사건으로 경험된다.

성례전과 말씀 선포

모든 예배는 하나님 말씀의 선포를 통하여 새로운 창조의 사건이 된다. 그것은 예배 가운데 사용되는 그리스도의 자기 주심을 드러내는 여러 수단들을 생생하게 만들어 준다. 성경을 봉독하고 설교가 행해지는 예배 가운데 서 있을 때마다 거기에는 생생한 현현(a fresh epiphany)이 주어지는데, 그곳에 하나님의 사랑이 구체적으로 나타나게 된다. "그리스도는 그분의 말씀 가운데 임재하시며, 교회에서 하나님의 말씀인 성경이 봉독될 때 거기에서 말씀하시는 분은 예수 그리스도이시다."[15] 그리스도는 공적인 예배에서 하나님의 말씀이 봉독되고 선포될 때에, 그러한 순서들을 통해 새롭게 우리에게 당신을 주고

---

15) *Constitution on the Sacred Liturgy*, 7 (Collegeville: Liturgical Press, 1963), 9.

계신다. 그분은 1세기 때 이 땅에 자신을 주시기 위하여 성육신하신 것처럼 이 예배 가운데서도 자신을 주고 계신다. 처음 그리스도를 만났던 증인들이 경험했던 것과 같은 동일한 구원의 능력이 우리의 예배 가운데서도 주어진다.

간단히 말해서, 모든 성례전은 성경에서 경험되는 것처럼, 하나님의 말씀이 선포되는 형태와 함께 주어진다. 말씀과 성례전이 이렇게 함께 주어지는 일체성의 회복은, 모든 교회에서 필요로 하는 개혁 목록 가운데 가장 선두에 세워야 할 제목이다. 말씀과 성례전은 서로 분리되는 것이 아니라 동일한 사건의 부분들이다. 그것은 하나이며, 설교와 성례전의 행동들 가운데서 우리에게 주어지는 분도 동일한 그리스도이시다. 같은 성령님께서 각기 다른 수단들을 통해 이 두 행위들 속에서 그리스도가 나타나도록 하신다. 이와 같이 말씀과 성례전은 다양성보다는 동일성에 의해서 특징 있는 사건이 된다. 그것은 서로 경쟁적인 요소가 아니라 서로 의존적이며, 온전한 인간적인 특성을 반영하고 있다.

성경을 통하여 하나님의 말씀을 봉독하고 설교하는 것은 특별히 주님의 성만찬에서 분명하게 나타난다. 루터는 "기독교 회중은 하나님의 말씀의 설교와 기도 없이 모여서는 안 된다"[16]는 사실을 강조하였다. 칼빈 역시 이와 같은 내용을 주장한다. "성만찬의 바른 집례는 설교와 분리되어서는 주어질 수 없으며, 성만찬을 통해서 우리에게 주어질 모든 유익들은 말씀의 선포인 설교를 필요로 한다. 우리가 믿음 가운데 견고히 서 있는지, 신앙고백대로 행하는지, 맡겨진 사명을 잘 감당하

---

16) "Concerning the Order of Public Worship," *Luther's Works* (Philadelphia: Fortress Press, 1965), LIII, 11.

고 있는지는 설교의 필요성과 깊은 연관을 가진다."[17] 설교단과 성찬상은 하나의 실재이신 예수 그리스도를 지향한다. 우리가 사용하는 성만찬(the eucharist)이라는 용어 자체도 의미상으로 자명하게 설교를 포함하는 단어이다.

성례전은 성경 봉독과 설교 외에도 많은 말씀을 사용하게 된다. 우리가 이미 살펴본 대로, 성례전은 기도 가운데서 하나님께 드리는 말씀을 포함하며, 설교를 통해 하나님에 대해 증거 하는 말씀을 포함한다. 또한 평화의 인사를 나누면서 서로에게 평안을 전하는 말을 포함한다. 이 모든 말씀들은 성례전 사건의 일부가 된다. 오늘날 사람들은 마치 자신들이 모든 순간들을 창조할 수 있는 것처럼, 그리고 그 모든 행위들은 임시적인 것처럼, 성례전 형식의 강조를 회피하려는 경향을 보인다. 예배에서 주어지는 모든 말씀들은 하나님의 자기 주심의 일부로서 주어진다. 그것들을 통하여 성령님께서는 예배 공동체를 세우는 일을 계속해 가신다.

성례전에서의 행동

성례전에서는 행동하는 것 역시 동일하게 중요하다. 개신교회는 보여주고 만질 수 있게 하는 인간적 욕구에 대해서는 등한시 하는 경향이 있다. 그러나 칼빈의 경고는, 인간적인 특성이 성만찬에 있어서 그러한 수단들을 강하게 요구하고 있음을 깨닫게 해준다. 우리는 한쪽으로 치우쳐 있는 인간학에 안주하고 있다. 마치 어떤 동작들보다는 말

---

17) *Institutes*, IV, xvii, 39, 1416.

씀만이 영적인 것이라고 생각하는, 그렇게 한쪽으로 치우쳐 있는 특징을 가지고 있다. 떡과 포도주를 통하여 그리스도의 자기 주심을 표현하는 동작들이 어떻게 설교 말씀보다 덜 생생하다고 말할 수 있겠는가? 설교나 성만찬이나 서로 다른 행위들이지만, 이것들을 통해 드러나시는 분은 예수 그리스도이시다. 우리의 모든 삶이 그렇듯이, 우리는 예배 가운데서도 어떤 사실을 인식하기 위해 말씀과 행동들을 동일하게 의존하게 된다.

개신교 예배 가운데서 행위를 소홀히하는 것은 성례전이 신약의 교회에서 얼마나 중요했는지를 보여주는 성경의 증언에 상치되는 방향으로 흐르는 것이다. 16세기 이전까지는 성례전이 예배에서 가장 중심적인 위치를 차지했다. 그러나 이를 바르게 하려던 개신교 예배에서도 잃어버린 것이 있었다. 매주일 성만찬을 더 적게 갖는 것은 충분치 못한 것이라고 주장한 칼빈의 분명한 요청에도 불구하고 개신교 예배에서는 그러한 것들을 상실하게 되었다. 16세기 어떤 종교개혁자들의 이성주의 경향과 18세기 계몽주의 경향들은, 물리적인 요소와 행동들은 어떤 영적 효력을 가진다는 주장에 대해 반대하는 생각을 가졌다. 1525년에 츠빙글리는 유아세례를 변호하는 그의 글에서 이렇게 쓰고 있다. "어떤 외적인 요소나 행동들이 우리의 영혼을 정결케 할 수 없다는 사실은 자명하며, 논쟁할 여지도 없다."[18] 행동을 별로 중요하게 생각하지 않는 경향이 인간적인 측면(human)을 강조하는 것에 대해서는 다소 왜곡된 관점을 갖게 하였다. 중요한 것은 보다 적절한 인간학이 필요하다는 사실이다.

---

18) "Of Baptism", *Zwingli and Bullinger*, edited by G. W. Bromiley (Philadelphia: The Westminster Press, 1953), 156.

안타깝게도 어떤 것을 행하는 것(to do)보다는 그것에 대해 말하는 것이 훨씬 쉽게 다가온다. 우리는 너무 쉽게, 행동에 대해서는 별로 강조하지 않는 경향 가운데 서 있기를 좋아한다. 이러한 인간적인 측면은 하나님과의 관계와 교제에 있어서 상징행동의 온전한 형태를 필요로 한다. 상징의 기능을 축소하려는 경향은 위협이 되고 있는데, 인간적인 것이 무엇을 의미하는지에 대해서는 거의 무시하기 때문이다. 우리가 성만찬을 행할 때, 그것은 조용히 중얼거리는 말로 설교하는 것과 동일한 행동이다. 사람들은 어떤 하나에서만 공급받는 것이 아니라 설교와 성만찬의 행동 두 가지 모두에서 공급받는다. 삶의 많은 부분에서 말씀이 제대로 역할을 하지 못할 때는 행동을 통해서 메시지를 받게 된다. 중병에 걸린 사람이나 최근에 가족을 잃은 사람들에게는 명확한 표현을 통해 논리적으로 어떤 사실을 말해 주는 것은 그리 중요치 않다. 그저 따뜻하게 손을 한번 잡아 주는 행동이 훨씬 효과적일 수 있다. 이와 같이 행동은 말이 적절한 역할을 하지 못하는 곳에서 필수적인 요소가 된다. 그러므로 행동 역시 인간 삶에 있어서 중요한 한 부분을 차지한다.

　최근 들어 신학자들은 성례전이 중요한 행동이라는 사실에 보다 관심을 집중하면서 연구한다. 토마스 아퀴나스가 주장한 성례전에 대한 전통적인 진술은, "신약 성경에 나오는 성례전은 무엇인가를 상징적으로 보여줄 뿐만 아니라(signify) 은혜를 불러일으킨다"(cause grace)[19]는 것이었다. 그러나 과거의 이러한 전통적인 진술은 주로 어떻게 은혜를 불러일으키는가에 관심을 집중하는 반면, 무엇을 표시하

---

19) Aquinas, *Summa Theologica*, III, 62, a. 1 (New York: Benziger Brothers, 1947), II, 2356.

는가에 대해서는 크게 관심을 갖지 않았다. 그러나 오늘날 성례전 연구의 관심은 그동안 도외시해 왔던 또 다른 단어, '드러내는 것' (signify)에 집중되고 있다. 이것은 성례전의 이해와 우리가 그것을 경축하는 것과 관련하여 가히 혁명적인 변화를 가져왔다.

성례전을 추상적인 은혜의 수단으로 생각하는 한 성례전이 어떻게 행해지는가에 대해서는 크게 관심을 갖지 않게 된다. 그동안 성만찬이 어떻게 행해지는가에 대해서 성직자들이 크게 관심을 갖지 않는 것은 흔한 일이었고, 심지어는 그것이 사소한 것이라는 생각에 사로잡혀 있기까지 했다. 그렇게 하면서 우리는 스스로를 아주 '영적'인 목회자라고 생각하였다. 많은 사람들은 영적인 목회자가 되기 위해서는 현세적이고 인간적인 특성과는 아주 반대되는 개념으로 행하여야 한다고 생각한다.

물론 그것은 성경적인 신앙이 아니다. 성경은 하나님이 어떻게 실제적인 행동들을 사용하고 계시며, 하나님의 뜻을 계시하기 위한 수단으로 얼마나 많은 물리적 대상들을 사용하고 계시는지에 대한 설명들로 가득 차 있다. 예레미야는 멍에를 메기도 했고, 토기를 깨뜨리기도 했다. 예수님께서는 사람들 한가운데에 어린아이를 세우기도 하셨다. 행동(actions)은 하나님이 우리에게 다가오시는 수단으로 사용되었다. 유대주의는 하나님을 초월적인 분이실 뿐만 아니라 어떤 대상에 의해서도 결코 제한되는 법이 없는 분이라고 믿었기 때문에, 구약 성경은 어떤 사건과 함께 행동하시는 하나님의 역사에 대해 깊은 확신을 가지고 있음을 알 수 있다. 기독교는 이러한 초월 신앙 위에 세워졌으며, 하나님은 이 세상 어떤 것으로도 형상화할 수 없다고 믿기 때문에 우상숭배에 대한 두려움으로부터 자유로울 수 있었다. 그리고 행동들과 일들을 자연스럽게 받아들일 수 있었다. 기독교는 가시적인 것들을 회피하면서 하나님을 지나치게 영적인 차원으로만 이해하려고 하지 않았다. 오히려 기독교는 우리를 향한 하나님의 사랑의 표현들을 행동(action)을 통하여 발견하려고 하였다.

성례전과 인간학적 차원

이와 같이 성례전에 있어서 현대 신학은 상당부분 인간학적 차원이 강조되었다. 신학자들은 사람들이 다른 사람과 어떻게 연결되어 있는지와 성례전을 통해 하나님께서 어떻게 관계를 만들어 가시는지에 관심을 기울이게 되었다. 이 두 가지는 서로 차원이 다르지만, 그렇다고 전혀 다른 차원의 것들은 아니다. 사람들은 이 두 경우에 있어 자기 나눔(self giving)을 인식해야 한다. 이것은 성례전에서 사람들의 행동에 대해 유의하는 것과 성례전에 참여하는 사람들에게 그러한 행동들이 나타내 주는 것(signify)이 무엇인지를 묻는 것이 얼마나 중요한지에 대한 통찰력을 갖게 해준다. 그러한 사실을 바탕으로 하여, 성례전에 '관한'(about) 신학이나 성례전 '위에'(upon) 올려놓는 신학보다는 성례전으로 '부터'(from) 파생되는 신학을 이야기한다.[20] 따라서 전통적인 성례전 신학이 제공하는 친숙한 언어를 일부러 피하려고 한다. '은혜'(grace)라는 용어는 마치 우리에게 어떤 비밀 주사약을 주입하는 것과 같은 경향을 가지며, 기계에 동전을 넣고 뽑아내는 될 어떤 물건과 같이 취급되기도 한다. 어떤 실재를 설명할 때도 너무 쉽게 은혜

---

20) 오도 카젤은 성례전적인 삶을 그것에 대한 어떤 신학적 사고에 우선하여 하나님의 구원의 역사를 나누는 것으로 강조한다.

를 사람들의 경험이나 살아 있는 어떤 실재로부터 분리하여 설명하려는 경향이 있다. 마치 은혜는 추상적인 개념이기 때문에 신학 연구소에서나 그 진정한 의미를 발견할 수 있고, 자연적인 상태에서는 도무지 찾아볼 수 없는 것처럼 이해하려 든다. 그래서 여기서는 '은혜'라는 말 대신 '자기 주심'(self-giving)이라는 용어를 더 즐겨 사용하는데, 그것은 개인적인 방식으로 우리에게 허락하시는 하나님의 행동을 표현하려고 할 때 사용하는 단어다.

이와 같이 우리가 성례전에 대해 말할 때는, 하나님께서 지금 이곳에서 개인적인 관계를 새롭게 세워 주고 갱신하면서 우리와 관련하여 행하시는 행동을 말하는 것이다. 분명히 하나님께서는 본질적 성례전이신 그리스도 안에서 행동하셨다. 그리스도께서는 이 세상에 하나님 아버지를 알려 주시기 위해 이 땅에 오셨다. 은혜는 비인격적인 실체가 아니다. 또한 은혜는 온전함으로 그에게 나아오는 사람들에게 어떻게 작용하며, 어떻게 주어지는지를 분석할 수 있는 것도 아니다. 이와 마찬가지로 우리는 성례전에서 피와 살의 실재를 다루게 되는데, 그것을 통하여 사람들이 어떻게 생명을 얻게 되었고, 감사를 표현할 수 있게 되었는지를 살펴보게 된다.

하나님은 결코 부족하게 행하시는 분이 아니다. 하나님의 행동에 대한 적당한 이미지는 친구의 이미지다. 그 친구는 저 멀리에서 나에게 소리치는 사람이 아니다. 그 친구는 길 건너편에서 인사하면서, 그것이 나에게 한 것인지 다른 사람에게 한 것인지를 구분할 수 없게 손을 흔드는 사람도 아니다. 성례전은 하나님의 행동들인데, 그것을 통하여 하나님의 권능이 우리들에게 전해져 온다. 하나님께서는 역사의 어느 한 시점에서 인간이 되셨을 뿐만 아니라, 성례전의 말씀과 행동 속에서 하나님의 자기 주심을 통해 인간의 용어로 계속해서 우리를 만나 주시는 분이다. 우리의 창조주는 사람들이 어떤 상황 가운데 있는지를 잘 아시는 분이다.

III

공동체와 성례전

말과 행동은 모든 인간 삶에서 행해지는 일반적인 현상이다. 말과 행동은 우리가 성례전이라고 부르는 독특한 상징행동을 구성하는 요소가 되는데, 이것은 교회 안에서 주어지는 것이다. 우리는 믿음의 공동체의 현장을 떠나서는 성례전을 생각할 수 없다. 개인적으로 행해지는 성례전은 어떤 의미에서는 그 본래의 의미와 상반되는 것이다. 공동체에서 행해지지 않는 개인적인 안수식은 우스운 익살극에 가까우며, 개인적인 세례도 바람직하지 못하다. '성례전은 그 본질에 있어서 공동체 속에서 행해지는 것(communal)이다.' 우리가 실행하는 성만찬은 본질적으로 사회적인 특성을 따라 행하는 것이어야 하는데, 그것은 성만찬이 개인이나 혹은 하나님만을 모시고 홀로 행해지는 것이 아니라 공동체와 함께 행하는 것이기 때문이다.

성례전에서 일어나는 것이 무엇이든지 간에 그것은 사람들의 모임 가운데서 행해진다. 성례전을 구성하는 가시적(visible)이고, 가청적

(audible)인 요소들을 통해 다양한 개인들이 모인 공동체의 의사소통이 이루어진다. 이것은 개인적인 언어가 아니라 함께 공유된 의미, 즉 모두가 공유하는 말과 행동의 언어를 필요로 한다. 성례전에서 말하고 행하는 것에는 공유된 의미가 있어야 하는데, 그것은 모두가 성례전에 참여하게 하기 위함이다. 성례전에 참여하는 사람들은 이제 그들이 공통으로 지닌 공유된 의미들을 가지고 성례전을 행하며 경축하는 것이다.

이 책에서 우리의 관심은, 가능하면 이러한 공유된 의미들이 기독교의 믿음과 실행에 대해 언급하고 있는 바를 상세하게 살펴보는 것이다. 우리가 성례전에 대해 물어야 할 질문은, "여기에서 지금 무엇이 진행되고 있는가?" 하는 것이다. 각 성례전마다 참여자들을 위한 수많은 공유된 의미를 가지고 있기 때문에 이것은 복합적인 질문이다. 그러므로 아무리 단순한 질문을 한다 해도 공동체에서 경험되는 사건을 바르게 나타내지는 못한다. 그러한 사건에 대한 이해는 현존하는 각기 다른 사람들을 위해 다양하게 주어진다. 그들은 그러한 경험의 중심적인 부분을 잘 간직하고 있는데, 그것은 아주 중심적이면서도 생생한 것들이거나 혹은 곧 중단될 수 있는 것들이다. "여기에서 지금 무엇이 진행되고 있는가?"를 명확하게 발견한다는 것은 우리가 성만찬에 나아와야 한다는 것이며, 우리가 그것을 보고 들을 준비가 되어 있다는 사실을 의미한다.

성례전의 경험

여기에서 우리는 성례전의 경험들이 무엇을 의미하는지, 특히 신약

시대 교회의 성도들과 같은 첫 번째 세대들에게는 무엇을 의미하였는지를 살펴보고자 한다. 물론 그들은 성례전에 대한 기록을 거의 남기고 있지 않은데, 특히 성례전의 의미에 대해 명확하게 기록하고 있는 문서는 없다. 그들은 단지 성례전을 실행했고, 그 실행한 것들이 그들에게 무엇을 의미했는지에 대해서만 기록하고 있을 뿐이다. 신약 성경은 성례전에 대해 기본적으로 즉각적인 언급만 하고 있는데, 독자들이 바로 인식할 수 있게 하는 내용만 간단하게 언급하고 있다. 가령, "너희는 알지 못하였느냐?"와 같은 표현을 쓴다든지, 바울이 고린도 교회라는 어떤 특정 상황에서, 혹은 모든 상황과 연결하여 "내가 너희에게 전한 것은 주께 받은 것이니…"라는 표현을 통해 그의 독자들의 주의를 환기시키고 있다. 그들이 함께 경축하는 성례전의 신비는 신학적 분석의 주제가 아니었으며, 오직 일상적인 삶의 이야기(**casual illustration**)였다. 가끔은 그 당시 가치관과는 전혀 다른 관점들이 제시되기도 했는데, 그리스도인들이 몸의 지체와 같으며 한 몸을 이루었다는 사실이나 신분을 뛰어넘어서 누구나 평등하다는 사실이 함께 강조되기도 했다.

　사도시대의 교회가 경험했던 이러한 성례전은 사도행전과 서신서들에서 간결하게 설명되고 있지만, 차후에 이어지는 교회의 역사에서는 교회를 위해 성례전에 대한 명확한 이해와 정의를 내리는 것이 필요했으며, 그렇게 진행되고 있음을 알 수 있다. 종교개혁자들은 언제나 사도시대의 교회가 경험했던 성례전에 대한 이해를 중심으로 그들의 주장을 펼쳐가려고 했다. 이와 같이 초기 교회가 가졌던 성례전의 경험들은 이어지는 세대의 성례전 이해에 있어서 가장 중요한 사항이 되었다. 종종 성경의 용어들이 성례전 예식 순서의 내용이 되기도 했지만,

성례전에서 지금 무엇이 진행되고 있는지를 설명하려는 표현들이 그 순서들을 증강해 가기 시작했다.

성례전의 의미 탐구

교회는 여러 세기 동안 개인적으로든 일반적으로든, 성례전의 의미를 조직신학적으로 탐구하기 전에 그 의미를 탐구하려는 움직임들이 있었다. 예를 들어, 9세기까지는 성만찬에서의 그리스도인들의 경험을 조직신학적으로 설명하는 것에 대해 전혀 긴박성을 갖지 않았다. 그때까지는 깊은 신학적 의미를 탐구했던 수도사들도 그것에 대해 심각하게 토론하지 않았다. 그러나 그로부터 2세기 후, 한 신학자의 지나치게 과격한 주장으로 인해 논쟁이 뜨겁게 일기 시작했다. 그러나 기본적으로 전반적인 경건의 내용을 필요로 하는 주요 내용들이 성례전으로부터 나왔으며, 그것이 당시 우세하던 신학의 경향들을 결정지었다. 12-13세기, 스콜라 신학자들의 때가 되기까지는 신학적 패턴들을 성례전에 부과하였고, 그것을 중심으로 조직화하였다.

오늘날 우리는 전혀 다른 트랙에 서 있다. 즉, 사변적인 구조로부터 성례전에 '관한'(about) 신학을 추구하기보다는, 성례전을 수행하는 공동체의 경험으로 '부터'(from) 주어지는 신학을 추구하는 경향 가운데 서 있다. 성례전 연구에 있어서 그것을 실행하는 공동체의 사회적 역동성 안에서의 경험이 우리의 주요한 자료가 되고 있다. 이와 같이 성례전의 실행(practice)은 우리의 신학에 생기를 불어넣는 것이 되어야 한다. 물론 이때 신학은 우리가 성례전을 적절하게 실행하고 있는지를 평가할 수 있도록 돕는 역할을 하게 된다. 이와 같이 성례전을 수

행하는 것(celebration)과 그 수행을 숙고(reflection)해 보는 것은 상호 호혜적인 관계를 갖는다. 예전을 연구하는 데 있어서 성례전의 실행은, 그것을 새로이 할 수 있게 하고 개혁하도록 하는 신학적 숙고로 인도한다.

이렇게 성례전에 대해 살펴볼 때, 우리는 말씀과 함께 성례전의 행동(actions)의 차원에 대해서도 동일한 주의를 기울여야 한다. 물론 우리는 언어적 차원에서 신학을 다루는 것에 익숙해 있지만, 어떻게 실행할 것인지에 대해서도 깊은 관심이 필요하다. 성례전을 행할 때는 다양한 방식을 따라 실행하는 것은 중요하다. 우리는 자주 "성례전에 대한 이 개념은 무엇을 의미하는가?"에 대해 묻지만, 그보다는 "이러한 성례전을 수행하는 행동이 무슨 의미를 나타내는가?"를 우리 자신에게 계속해서 물어야 한다.

성례전과 상징가치

이렇게 할 때 우리는 어떤 행동의 '상징가치'(sign value)라고 부르는 것의 다양한 차원을 집중적으로 발견하게 될 것이다. 가령 성만찬에서 떡을 떼는 것은 가장 웅변적인 행동이 될 수도 있고, 별다른 의미 없이 실제적으로 행해질 수도 있다. 상징가치는 어떤 행동의 특별한 형태가 전하려고 하는 것을 보다 강력하게 전달하게 해준다. 그것은 아주 중요한 것이 되게도 하지만, 어떤 경우에는 별로 중요하지 않은 것으로 경험되게 할 수도 있다. 불행하게도 최근 몇 세기 동안 대부분의 성만찬 신학은 성례전을 어떻게 효과적으로 수행하며, 어느 정도 정기적으로 수행하여 하나님의 은혜를 전해줄 수 있을까에 대한 문제에만 집중해 왔다. 기본적으로 효율성(validity)은 극히 한정된 의미만을 갖는 소극적 자세(minimalism)로부터 오는 개념이다.[21] 어떻게 적게 행할 수 있으며, 어떻게 가장 정확한 의미의 성례전을 가질 수 있겠는가? 세례는 물을 필요로 한다. 그러나 어떤 사람들은 필요할 경우 극소량의 물을 사용하면서도 의미를 살려 세례식을 잘 해낸다. 침례조(浸禮槽)에 물이 가득 넘치게 해놓고 세례를 베푸는 것이 가시적이며, 물을 만질 수 있고, 물소리의 효과까지 있어 상징가치가 더 뛰어나다는 주장에 대해서도 긍정하지만, 극소량의 물도 효율성을 위해 필요한 모든 것을 충족시킬 수 있다. 트렌트공의회 이후 성례전 신학의 많은 차원이 그러했지만, 어떤 차원에서 특정 행동이 가지는 상징가치는 넉넉하게 주의를 끌지 못했다. 우리가 계속 살펴보겠지만, 유효성은 분명한 그 자리를 가지고 있다. 가끔 극히 한정된 의미만을 추구하는 소극적 자세로부터 벗어날 필요가 있지만, 물이 없이는 세례도 있을 수 없음은 분명한 사실이다.

그러나 가끔 우리는 훨씬 더 중요한 사항을 쉽게 간과할 때가 있는데, 그것은 바로 성례전에 있어서의 인간적 차원(the humanity of the sacraments)이다. 성례전은 피와 살을 가진 인간 공동체 안에서 행해진다. 실로 중요한 것은 성례전이 나타내고자 하는 것이 무엇인지를 명확하게 인지하는 것이다. 추상적으로 얼마나 은혜를 받느냐 하는 차원이 아니라, 성례전이 우리에게 나타내고자 하는 것을 명확하게 이해할 필요가 있다. 이와 같이 성례전을 행함에 있어서 상징가치는 가장 중요한 요소다. 참여하는 사람들의 인간적인 특성을 무시한 채 행해지

---

[21] 효율성 개념의 부정적인 측면에 대해 보다 더 구체적인 설명을 위해서는 Robert W. Jensen, *Visible Words* (Philadelphia: Fortress Press, 1978), 8쪽을 참조하라.

는 성례전도 효과적이며, 규칙적 혹은 정기적으로 행해질 수 있다. 그러나 만약 그렇게 하고 있다면, 하나님의 백성들을 목양하는 데 있어서는 완전히 실패하고 있는 것이다.

성례전과 효율성

이제 우리는 성례전에 대해서 말할 때 보다 중요한 새로운 범주가 무엇인지에 대해서 인식하게 되었다. 그것은 소위 그 성례전을 수행하는 '특성' 혹은 '질'(quality)에 대한 것이다. 여기에서 '특성'은 성례전을 행함에 있어서 무엇을 새롭게 해야 하는지에 대한 보다 중요한 개념을 제시해 준다. 효율성(validity)과 규칙성(regularity)의 관점에서 보면 대부분이 행하는 성례전은 동일하다. 그러나 하나님의 자기 주심을 표현하는 적절성의 관점에서 보면 어떤 것은 다른 것에 비해 성공적으로 수행하는 경우가 있다. 즉, 보다 높은 특성을 가지고 행해질 수 있다.

효율성은 적당한 형태와 재료, 그리고 봉사자들이 있는가 하는 일반적인 차원에서 결정된다. 그러나 여기에서는 예배 공동체의 역동성이 간과되고 있다. 즉, 그리스도인들은 수천 년 동안 계속해 왔던 성만찬 기도(the Eucharistic prayer)를 잊어버릴 가능성이 있는 것이다. 그리고 제정의 말씀을 읽었기 때문에, 공동체로 하여금 하나님이 베푸신 은혜를 기억하고 감사하도록 만드는 것은 잊어버릴 수 있다.

한때 어떤 그룹들이 효율성에 깊이 사로잡혔던 때가 있었고, 개신교회도 이러한 관심에 깊이 사로잡혀 있었던 것이 사실이다. 성례전이 나타내고자 하는 바를 깊이 숙고하는 것이야말로 성례전을 생명력 있게 한다고 생각하는 그룹이 있었는데, 그들은 어떻게 행하면 빈곤해지고, 어떻게 행하면 풍성해지는가에 깊은 관심을 기울였다. 성례전을 행함에 있어서 그 질은 표현의 적절성을 추구하는 데 있어서 가장 생생한 관심사가 되었다.

성례전을 어떻게 행하느냐를 결정하는 질은 언제나 그 성례전의 사회적 특성과 관련이 있다. 여기에서는 개인이 체험할 수 있는 어떤 신비 코드를 다루려는 것이 아니다. 오히려 공동체 속에서 성례전이 표현하고자 하는 것을 적절하게 수행하고 있는가를 다루려는 것이다. 이것은 쌍방 통행로와 같다. 성례전에 참여하는 사람들은 공동체를 이루고, 동시에 이미 존재하는 공동체는 성례전을 행함으로 보다 견고해지며, 가시적(visible)이 되면서 든든히 서 가게 된다. 성례전 실행에 있어서 질은 두 방향성을 증강시켜 준다. 즉, 성례전이 공동체를 세우는 힘이 되게 하며, 공동체에 성만찬의 진정한 의미를 깨닫게 해주는 힘이 되도록 하는 것이다. 이와 같이 주님의 만찬을 나눔으로써 일체감을 형성할 수 있게 된다. 그러나 고린도 교회는 성만찬을 행함에 있어서 얼마나 문제가 많았고 빈곤했는가를 잘 보여주는데, 그 교회에서 행해진 성례전은 공동체의 일체감을 오히려 파괴하고 헤치는 역할을 했다.

기독교 공동체의 일체감은 믿음에 있어서 만장일치를 이루는 것보다 훨씬 더 복합적인 것이다. 신약 성경에서 성례전을 설명하는 가장 좋은 용어는 '미스테리온'이다. 영어의 **mystery**(신비)라는 말이 이에 상응하는 것으로, 성만찬을 이해하는 데 도움을 준다. 이것은 성경의 신비에 대해 말할 때, 하나님께서 택한 사람마다에게 당신을 드러내시는 방식을 나타내는 단어다. 또한 우리가 온전히 이해할 수 있는 능력을 훨씬 뛰어넘는 차원인 하나님의 자기 주심을 드러내는 말이다. 그러므로 그것은 경이로움과 놀람으로 받아들일 수밖에 없는 것이다. 하나님의 자기 주심은 우리의 지적 능력을 훨씬 뛰어넘는 '미스테리온'이다. 성례전의 행함을 통해 공동체를 하나로 묶으시는 하나님의 자기 노출이 바로 성례전이다.

성경은 반복해서 이러한 거룩한 신비가 택한 백성들의 공동체에 속한 것임을 분명하게 언급하고 있다. 하나님의 약속은 공동체에 주어진 언약이며, 그것은 결코 개인적인 사유물이 아니다. 가끔 성례전을 개인에게 주어진 어떤 특권이나 권세로 생각하는 경향이 있다. 세례와 관련되어 발생하는 많은 문제점은, 세례를 받은 사람은 공동체로부터 어떤 유익을 얻게 됨을 과도하게 강조하는 데서 생겨난다. 그러나 개인이 공동체 안으로 들어오도록 공동체가 행하는 세례는 공동체 자체를 위한 것임이 강조되어야 한다.

이렇게 성례전은 사회적인 특성을 가지고 있으며, 모든 사회적 행동을 해야 하는 분명한 관습을 요구한다. 야구를 예로 들어 본다면, 모든 사람은 야구에 대한 규칙을 알고 있다. 즉, 한 타자가 세 번 스트라이크를 당하면 아웃이 되고, 세 번 아웃이 되면 1회전이 끝난다는 규칙을 잘 알고 있다. 그런데 이러한 규칙들이 없다면 경기를 할 수 없게 될 것이며, 선수들은 혼란 가운데 빠지게 될 것이다. 우리가 함께 식사를 할 때에는 적절한 식사 예절이 지켜져야 한다. 그러한 예절이 지켜질 때 즐거운 시간을 함께 보낼 수 있을 것이다. 이러한 관습은 한편으로는 제한을 만들어 준다. 그러나 다른 면에서 그것은 자유를 위한 형식이 될 수도 있다. 그것은 우리가 원하는 것을 성취할 수 있도록 도와준다. 혼란은 자제하지 못하는 데서 찾아오게 된다. 그러므로 우리는 사회적 사건에서 어떤 관습을 인정하는데, 그렇게 함으로써 함께 무엇을 해 나가는 데 있어 자유를 누릴 수 있게 된다. 이러한 사회적 동의가 없다면 그것은 불가능할 것이다.

우리는 이미 '효율성'(validity)이라는 용어가 가지는 한계에 대해 언급했다. 사회적 상황 가운데서 우리는 어떤 적절한 관점에서 그러한 용어가 필요한지를 인식할 수 있어야 한다. 효율성은 성례전의 어떤 부분이 하나님의 선물에 매어져 있다는 것을 증명하는 데에는 가치가 있다. 우리는 농담을 하면서 세례를 베풀지는 않는다. 감사 기도를 생략하고 성만찬을 집례할 수는 없다. 교회의 동의 없이는 직분자를 세우는 성직 수임 예식을 가질 수 없다.

모든 그리스도인들이 그것을 인식할 수 있기 위하여 성만찬을 행하는 것이 무엇인지에 대한 합의(consensus)가 필요하다. 이런 점에서는 효율성이라는 말이 항상 가장 중요한 용어로 인식될 수는 없다. 그러나 성만찬에서 무엇이 일어나는가를 진술하는 가장 중심 용어인 성만찬의 '형태'(form), 어떤 물건이 사용되는가와 관련된 '자료'(matter), 누가 주로 성만찬을 집례하며 참여자는 적절한가와 관련된 성만찬 봉사자(ministrant), 교회는 지금 행하고 있는 특정 성만찬에서 무엇을 하고 있는가와 관련된 '의도'(intention)에 대해서는 함께 동의가 되어야 한다.

'효율적'(valid)이라는 용어는 극히 한정된 의미만을 갖는 소극적 자세(minimalism)로 성만찬에 접근하는 것을 피할 수 있도록 도와주는 말이다. 이 용어는 객관적인 특성을 갖는데, 보다 주관적인 용어인 '특성'(quality), 혹은 '상징가치'(sign value)와 같은 용어를 통해서 보충된다. 실로 효율성은 풀어 주는 차원을 갖는데, 요구되는 가장 최소의 지식을 가지고도 안심하게 해준다. 때론 임기응변의 지혜가 다른 한편으로는 감히 어떻게 할 수 없는 창조적인 혁신을 시도하려는 것에서 자유스럽게 한다.

성례전의 규칙성과 적법성

동시에 '규칙성' 혹은 '적법성' (regularity or legality)이라는 개념은 교회법을 따라 행하는 것과 관련되는데, 교회의 사회적 본질을 진지하게 고려해 볼 때 참으로 필요한 사안이다. 적절한 규정을 따르지 않는 성례전은 혼란과 무질서, 불화를 가져오게 된다. 이러한 분쟁을 피하기 위해 교회는 누가 성만찬을 집례할 것인지, 어떤 상황에서 성만찬을 가질 수 있는지를 결정해야 한다. 규정은 시간에 따라서 바뀔 수 있고, 공동체의 필요에 따라 바뀔 수 있지만 이렇게도 저렇게도 바꿀 수 없는 요소들이 있다. 성만찬에서 빵과 포도주를 사용하거나, 세례식에서 물을 사용하는 것들이 그러하다. 그러나 견신례와 안수식에서 요구되는 형식과 실행은 다소 변화를 줄 수 있을 것이다. 과도한 규정주의나 형식주의자들 사이에서 이러한 규칙성의 왜곡 현상이 일어나고 있는 것은 안타까운 일이다. 그러나 이러한 경향들이 이 규칙성의 필요에 대해 무관심하게 만들지는 않는다. 최악의 경우, 어쩌면 무질서하게 되는 것보다는 나을 수 있기 때문이다.

성례전의 '효력' (efficacy)은 효율성이나 규칙성보다 더 주관적인 의미를 가지고 있는 용어다. 효력은 성례전의 열매와 유익을 받아들이는 참여자에게 일어날 수 있는 일을 다룬다. 이것은 규정이나 법령에 관계된 것이 아니라 개인적인 경험과 관련이 있는 사항이다. 성례전의 효력은 효율성, 규칙성 그리고 성례전이 어떻게 집례되는가와 관련된 집례의 질이 모두 동원되어 향상시키는 요소다.

성례전이 어떻게 효력이 있는가 하는 것은 폭넓게 논의되어 온 사항이다. 대부분의 미국 개신교회는 상당히 서로 다른 두 가지의 접근방법 중 하나를 취하는 경향이 있다. 많은 사람들은 18세기 계몽주의의 영향을 받은 후예들이다. 그러한 경향들은 육체적인 어떤 것이 영적인 효력을 가져다 줄 수 있다는 생각에 의해 모욕을 받고 있다. 물론 이러한 경향들은 너무 신성화하지 않는다는 문제점이 있는데, 그들은 하나님께서 우리에게 자신을 주실 때 육체적인 요소들을 사용하셨다는 주장들에 의해서 공격을 받는다. 그래서 어떤 경우 성례전이라는 용어를 편치 않게 생각하고, 보다 법률적 용어인 '의식'(ordinances)이라는 말을 더 좋아한다. 그러면서 우리가 왜 이러한 의식을 계속 거행해야 하는지에 대해 제시하려고 한다. 그러한 경향을 가진 사람들은 대부분 성경의 문자에 충실하려는 문자주의자들이다. 그들은 신약 성경이 담고 있는 명령들, 즉 "이것을 행하라" "가서 … 세례를 주라"와 같은 명령에 대한 해석은 회피할 수 없다고 생각한다. 그래서 이러한 의식을 행하는 것을 계속해야 할 사명이 있다고 느낀다. 그러나 경건의 기억들은 도덕적 행동에 유익이 되는 영향을 주는 경건한 기억의 실행으로써 행한다.

하나님의 은혜의 수단

다른 한편, 로마 가톨릭교회와 많은 개신교회들은 성례전을 하나님께서 허락하시는 은혜의 수단(means of grace)으로 간주하였다. 성례전 가운데서 하나님의 자기 주심은 오늘 여기에서 새롭게 일어난다. 이러한 점에서 교회들은 성례전 가운데 하나님께서 새롭게 활동하신 다는 사실을 확인하게 된다. 우리는 지난 시간 동안에 하나님께서 행하신 일들을 정확히 기억하지 못한다.

성례전 가운데 중심적으로 활동하시는 분이 하나님이시라면 성례전의 효력은, 그 성례전에 참여하거나 집례하는 사람에게 달린 것이 아니라 오직 하나님께 달려 있다. 이러한 측면에서 성례전을 해석해 보면, 사효론(事效的; *ex opere operato*)[22]이라는 용어는 성례전이 하나님에게만 달려 있으며, 참여자들에 의해서 일어나는 것이 아니라는 사실을 알려 준다. 그러한 용어는 성례전이 인간 존재를 초월하며, 우리가 하나님을 기억하게 되는 것은 능력 있는 목회자에 의한 것이 아니며, 우리의 능력이나 조건에 따라 제한되지도 않는다는 사실을 가르쳐 준다.

---

[22] 역주-*ex opere operato*를 직역하면 '사효적'(事效的)이라는 의미다. 사효론은 성례전이 교회의 의향에 따라 거행되면 집례자의 개인적인 성덕(聖德)과 관계없이 은총이 성사를 통해서 틀림없이 전해진다는 가르침이다. 왜냐하면 성례전을 통해서 본래적으로 활동하시는 분은 그리스도이시고, 성례전의 집례자는 단지 그의 도구(道具)이기 때문이다. 사효적이라는 개념은 12세기 말에 '인효적'(人效的, *ex opere operantis*)의 대립 개념으로 등장하였다. 하지만 사효론은 이미 내용적으로는 3세기의 이단자가 수여한 세례의 유효성 여부에 대한 논쟁에서 형성되었다. 정리하면, 이것은 하나님의 은혜는 충분조건이 만족되기만 하면 성례전의 행위 자체(opus operatum)를 통하여 주어진다는 뜻이다. 이 견해는 성례전을 받는 사람이 그것을 가치 있는 것으로 받아들이건 그렇지 않건 간에 효력이 있는 것으로 해석되어져서는 안 된다. 반대로 의향이 없으면 효력이 없는 것이다. 그러나 그 의향은 사실상의 의도이기만 하면, 즉 성례전이 산만하게 행해지거나 반성이 없는 가운데 행해지더라도 의식적으로 의도된 행위이기만 하면 효력이 있다. 그러므로 이 견해에 따르면, 최소한의 조건만 충족되면 성례전은 그 자체로서 은혜를 수여할 수 있다. 개신교에서는 이 교리를 부정하고 성례전에는 신앙이 수반되어야 하며, 신앙이 없으면 공허한 표지에 불과하다고 주장한다.

이상하게도, 성례전의 오랜 역사를 통해서 보면 교회는 얼마나 많은 성례전이 주어져야 하는지에 대해서 명확한 해답을 주지 않는다. 다만 우리는 아주 많은(dozens) 성례전을 행해야 한다고 주장한 어거스틴의 말을 인용할 수 있을 뿐이다. 20세기에도 12가지 이상의 성례전을 지켜야 하는가? 정확히 몇 종류의 성례전을 지켜야 하는지는 결정되지 않았다. 그리고 그것은 많은 사람들에게 바람직한 것으로 받아들여지고 있다. 그러나 12, 13세기에는 성례전을 그렇게 생각하는 것은 커다란 영적 게으름으로 여겨졌고, 그러한 흐름이 거의 지배적인 생각이었다. 우리는 4장에서 성례전의 숫자에 대한 논의를 다시 하게 될 것이다.

성례전에 대한 신학적 숙고는 그러한 자유로움에 결국 종지부를 찍게 된다. 그러나 가끔 성례전은 어떤 시스템을 다루는 것이 아니라 인간의 경험을 다룬다는 사실을 잊고 있다. 기독교 공동체는 오래 전에 정제된 성례전에 대한 신학적 숙고 없이도 설 수 있다는 생각을 했다. 그러나 1세기 교회는 생명을 주시는 권능인 거룩한 신비에 대한 확신이 없이는 생존할 수 없다고 확신했다.

성례전에 대한 연구는 경이감 가운데서 시작되어야 하며, 성례전을 통해 교회가 받는 것이 무엇인지에 대해 감탄하는 연구가 되어야 한다. 그리하여 성례전을 통해 우리가 경험한 것을 보다 잘 이해하도록 계속해서 숙고하는 연구가 진행되어야 한다. 교회는 공동체이기 때문에 어떤 교리나 규정이 필요하다. 그러나 이러한 것들이 성례전을 실제적으로 경험하는 것을 대신하는 것이 될 때, 그러한 부가적인 요소들이 지배하게 되지 않도록 주의를 게을리 하지 말아야 한다. 우리 앞에 놓여 있는 임무는 성례전에 대한 교회의 경험을 점검하는 것이며,

예배 공동체인 교회가 말하고 행해야 하는 것으로부터 성례전 신학을 발전시키는 것이다. 그리고 오늘의 교회에서 성례전을 실행하는 데 있어 지속적인 개혁을 이루어야 하는 것이 우리의 임무다.

세례는 그리스도인들이
하나님의 자기 주심을 인식하게 되는 가장 중요한 수단이다.
세례는 경이감과 기쁨을 가지고 받아들여야 하는 참으로 놀라운 선물이다.
궁극적으로 세례는 우리에게 허락하시는 하나님의 자기 주심을 위해
하나님께서 친히 선택하신 수단이다.

2장
하나님의 선물인 세례

하나님의 자기 주심의 선물, 세례

기독교의 성례전은 세례와 성만찬, 두 가지 요소로 이루어져 있다. 세례와 함께 그리스도인의 삶이 시작된다면, 성만찬과 함께 일생 동안 그리스도인의 삶은 지속된다. 이 두 가지는 하나님의 자기 주심의 다른 수단이다. 그러나 두 가지는 하나이며, 우리를 위한 하나님의 사랑을 표현하는 원형으로써 공동체 안에서 그것을 공표하고 실행한다. 성만찬은 세례로 시작된 기독교 입회의 최고조에 이르는 행동이다. 이와 같이 성만찬은 반복되는 세례의 한 부분이라고 말할 수 있다. 성만찬을 입회 의식 과정의 마지막 단계로 규정할 때, 그것은 믿음 안에서 진행되는 일생의 여정 가운데 계속해서 새 힘을 공급받을 수 있는 예전이다. 이러한 여정은 죽음으로 끝이 나는데, 그때에 우리는 죽음을 맞이하는 그리스도인은 이미 그리스도와 함께 죽었고, 세례를 통하여 그리스도와 함께 다시 살리심을 받았음을 기억하게 된다. 이 땅에 남아 있는 공동체는 성만찬에 함께 참여하면서 우리가 지금껏 살아온 삶과 생명에 대해 감사를 드린다.

세례는 그리스도인들이 하나님의 자기 주심을 인식하게 되는 가장 주요한 수단 가운데 하나다. 그것은 순전히 선물로 주어지는 사건으로, 아무도 세례를 받을 만한 가치가 있거나 자격을 갖춘 사람은 없다. 모든 경우에, 세례 받는 사람들은 다른 행동들을 통하여 행하신 것들을 수동적으로 받아들이는 수용자들이다. 정교회의 세례에 대한 신앙고백문은 세례를 아주 수동적으로 표현하고 있는데, "그렇게 하여 당신은 세례를 받았습니다"라고 표현한다. 그것은 우리 자신을 위하여 우리가 행한 어떤 것이 아니다. 세례가 가능한 것은 하나님께서 자기 주심을 허락하셨기 때문이며, 그것의 집례는 하나님을 대신하여 행해질 뿐이다.

세례 사건을 통해 하나님이 행하시는 것을 이해하기 위한 첫 번째 단계는, 우리가 세례 받을 때 실제로 일어나는 일들을 기억하는 것이다. 우리는 여기에서 많은 교회들이 생략하거나 분리해 버린 부분들이 무엇인지 인식하면서 기독교 입회 의식의 전반을 살펴보고자 한다. 기독교 입회 의식의 집례 말씀과 행동들은 어떤 그룹이나 교파에서만 찾아볼 수 있기도 하고, 어떤 부분들은 모두에게서 일반적으로 지켜지고 있기도 하다.

그리스도인들이 세례를 받을 때 무슨 일이 일어나는가? 세례 후보자는 그들이 청소년이나 성인이라면 세례를 위한 준비 교육을 받아 왔고, 세례를 받으려는 사람이 유아이거나 아주 어린아이라면 그 부모가 목회자를 통해 유아세례를 위한 교육과 상담을 받기도 했을 것이다.

가끔 세례 교육과 준비를 위한 기간은 몇 개월이나 1년 이상이 걸리기도 한다. 세례식을 거행하는 날이 결정되면, 공동체는 주님의 이름으로 함께 모여 후보자를 공동체 앞에 세운다. 그들과 유아세례를 받는 부모는 공동체에 속하여 그리스도인의 삶의 방식을 따라 윤리적으로, 교리적으로 헌신된 삶을 살 것을 서약하게 된다. 그들은 옷을 바꾸어 입거나 물로 씻음의 순서에 들어가게 된다. 그리하여 물에 잠기고 일어서게 된다. 그들은 하얀 새 옷으로 갈아입게 되며, 그들의 이마에 안수하면서, 기름 부음 받은 분(Anointed One)이신 그리스도, 혹은 하나님과 성령님의 이름으로 향유를 붓기도 한다. 그들이 공동체에 들어온 것을 환영하면서, 그들은 이제 하나님의 가족의 일원으로 처음 주님의 성만찬 상에 참여하게 된다. 그리고 계속해서 몇 가지 지침들이 제시된다. 모든 동작들은 적절한 말씀과 함께 주어진다. 우리들 대부분은 이것보다 더 간단하게 진행되는 예식에 익숙해 있을 수 있다. 세례식은 보통 주일 예배 끝부분에 단 몇 분 동안 진행되는 간단한 예식이었다. 그러나 세례 예식이 가지는 온전성은 우리에게 아주 많은 것을 가르쳐 준다.

　우리는 초대교회가 세례식을 거행하면서 경험했던 부분을 먼저 살펴보면서 논의를 시작하려고 한다. 그러면서 우리는 현대 교회가 가지고 있는 특별히 긴급한 두 가지 문제점을 살펴보게 될 텐데, 유아세례와 성인세례에 대한 논의, 그리고 입교의식으로서의 세례의식이 가지는 전체적인 과정의 통일성에 대한 논의다. 그것과 함께 이 장의 마지막 부분에서는 견신례에 대해서도 다루게 될 것이다.

I

우리가 어떻게 세례를 받았든지 간에 지난 20세기 동안 그리스도인들에게 세례는, 하나님의 자기 주심의 형태로 인간의 말과 행동을 사용하심을 인식할 수 있었던 풍부하고도 다양한 경험이었다. 문제는 그리스도인들이 하나님의 자기 주심의 한 측면에 만족하고 있다는 점인데, 이는 전체로서의 세례 가운데서 본질적인 복합성과 풍부한 다양성을 인식하는 데 실패하고 있음을 나타낸다. 이것은 우리들로 하여금 하나님의 선물인 세례를 전체적으로 이해하는 것보다 훨씬 덜 가치 있게 만들 수 있다. 또한 하나님의 선물인 세례의 주요한 차원을 빠뜨리고 이해할 수도 있다. 이것은 마치 음반을 낼 때 음질보다는 음반의 재킷 디자인에 더 마음을 두는 것과 같다.

기쁨으로 받아들인 선물

하나님의 선물인 세례에 대해 균형 있는 이해를 하기 위한 가장 좋은 방법은, 처음 그리스도인들이 이 상징행동에서 경험했던 것이 무엇이었는지를 살펴보는 것이다. 세례는 분명하게 기쁨으로 받아들인 선물이었다. 신약 성경은 세례에 대한 풍부한 참조들을 담고 있다.[23] 세

---

23) A. George, "A Literary Catalogues of New Testament Passages on Baptism", in *Baptism in the New Testament* (Baltimore: Helicon Press, 1964), 13-22.

례를 실제적으로 행하는 행동에 관한 진술은 그렇게 많지 않다. 예를 들어, 어린아이들이 그들의 부모와 함께 세례를 받았는지, 그렇지 않았는지에 대해서는 그렇게 자세히 말해 주지는 않는다. 그러나 성만찬보다는 세례에 관한 암시들을 더 많이 담고 있다. 그러므로 세례는 그리스도인들이 있는 곳에는 널리 알려지고 경험된 것이었음이 분명하다.

우리는 신약 성경의 교회가 오순절 때에도 세례를 행하였음을 알 수 있다(행 2:41). 실제로 예수님의 공생애 기간에 제자들이 세례를 준 기록이 나오기도 한다(요 4:2). 바울 서신이나 사도행전과 같이 세례에 대해 언급하고 있는 초대교회의 첫 문서들이 기록되기 전 20여 년 동안 교회는 새로운 신자들에게 계속해서 세례를 주었음을 알 수 있다. 한 세대는 세례와 아주 친밀함을 가지고 교회에서 자라왔다. 이와 같이 문서들이 기록된 시간에는 이미 세례가 교회에서 아주 널리 행해지고 있었다.

기록된 문서가 나타나기 시작했을 때는, 특히 바울이 그 서신서를 기록하기 시작했을 때는 초대교회가 왜 세례를 받아야 하는지에 대해 자세한 신학적 설명을 필요로 하지 않을 만큼 이미 세례는 익숙한 것이었다. 기록된 문서들 속에서 우리가 발견한 것도 세례 가운데 경험한 것에 관한 이미지와 은유들인데, 이것은 이미 알고 있는 것을 전해 주기 위한 것이었다. 이와 같이 비록 세례 자체에 대한 조직신학적 논의를 제시하는 것은 아니지만, 세례를 행할 때 교회가 경험한 것들을 감지할 수 있는 내용은 많이 나타나고 있다.

이러한 이미지가 가지고 있는 아주 자연스러운 형태만 제시되고 있다. 그것들은 신학적인 논증은 아니지만 매일의 삶 가운데서 경험할 수 있는 내용으로부터 제시되는데, 탄생, 씻음, 옷을 입음, 죽음, 장사 지냄 등이 그것이다. 이러한 이미지는 추상적인 것이 아니라 일상의 삶 가운데서 경험할 수 있는 것들이다. 그러한 이미지가 얼마나 놀랍고 풍성하게 사용되고 있는지를 깊이 살펴보면 놀라지 않을 수 없다. 여기에서 우리의 임무는, 신약 성경 기자들이 초대교회에서 다른 사람들에게 세례를 베풀 때 경험했던 것을 자연스럽게 기술하면서 발견한 이러한 주요 이미지들을 분류하는 것이다.

세례의 이미지

초대교회 그리스도인들이 세례와 관련하여 경험했던 것들을 표현하기 위해 신약 성경이 사용하고 있는 다섯 가지의 주요한 이미지들을 명확하게 설명할 수 있다. 즉, 예수 그리스도와 그의 사역에로의 연합(union), 이 땅에서 그리스도와의 접붙임(incorporation), 성령님의 선물 그 자체, 죄의 용서 그리고 새로운 탄생 등이 그것이다. 그 외에도 몇 가지 이미지들이 더 발견되지만 이 다섯 가지가 가장 중심적으로 나타나는 이미지다. 세례에 관한 다른 모든 질문들은 "신약시대의 그리스도인들에게 세례는 무슨 의미가 있었을까?"를 논의하기까지는 너무 성급한 것인지도 모른다.

그리스도와의 연합

세례와 관련된 경험을 신약 성경이 증언하고 있는 하나님의 자기 주심의 첫 번째 형태는, '예수 그리스도와 그의 사역에로의 연합'이다. 바울은 로마서 6장에서 이렇게 묻고 있다. "무릇 그리스도 예수와 합하여 세례를 받은 우리는 그의 죽으심과 합하여 세례 받은 줄을 알지 못하느뇨"(롬 6:3). 그리고 이어서 다음과 같은 답변을 제시한다. "만일 우리가 그의 죽으심을 본받아 연합한 자가 되었으면 또한 그의 부활을 본받아 연합한 자가 되리라"(롬 6:5). 세례에 대해 이보다 더 강력하게 진술하기는 쉽지 않을 것 같다. 갈라디아서 3장 27절은 이를 보다 간략하게 제시한다. "누구든지 그리스도와 합하여 세례를 받은 자는 그리스도로 옷 입었느니라." 이렇게 세례는 그리스도와 그의 사역(work)에 연합하는 것인데, 특별히 그의 죽으심과 부활에 연합하는 것이다. 세례를 통하여 하나님은 그리스도와의 연합을 허락하시며, 그것은 오직 하나님께서만 주실 수 있는 것이다. 이것은 인간의 노력이나 열망으로 주어지는 것이 아니며, 우리의 모든 능력을 넘어서서 오직 하나님의 선물로써 우리에게 주어지는 것이다. 바울에 의하면 하나님께서는 세례를 통하여 이 선물을 우리에게 부여해 주신다.

로마서 6장의 상황을 주목해 보라. 바울은 지금 죄에 대해서 논하고 있는데, 세례는 그의 논의의 과정에서 예증으로 사용되고 있다. 그는 죽음과 장사의 개념으로 세례를 설명하고 있다. 그리스도인들은 세례를 통하여 이미 죽은 자이며, 그리스도의 죽으심에 참여한 자들이다. 그러나 장래에 주님과 함께 부활의 영광을 맛보게 된다(골로새서 2장 12절에도 동일한 개념들이 등장한다). 세례는 죽음과 장사와 함께 시작되어, 부활과 생명으로 완성된다. 사도행전 8장 38절에서 기술하고 있는 대로, 세례에서 '물로 내려가는' 행동은 장사 지냄의 중요한 행동을 나타낸다 (여러 교단의 장례 예식은 그리스도인들은 세례를 통하여 이미 죽음에 들어간 사람이라는 언급과 함께 시작된다). 이제 우리의 본성(nature)은 세례를 통하여 반전된다. 이제 사람들은 생명에서 죽음으로 나아가는 것이 아니라 죽음에서 생명으로 나아가게 된다. 부활은 하나님께서 허락하신 그리스도와의 연합을 통하여 미래의 가능성으로 주어진다. 이와 같이 세례는 언제나 종말론적인 차원을 가진다.

세례는 그리스도 사역의 중요한 모범(paradigm)이 되는데, 특히 죽으심과 부활에 초점을 맞추면서 진행되는 모범이 된다. 왜냐하면 우리가 세례를 통하여 예수 그리스도와 연합할 뿐만 아니라 그분이 행하신 모든 일에 연합되기 때문이다. 이 연합으로 그리스도의 사역은 우리의 것이 된다. 우리는 예수님께서 하나님과 인간 사이의 중보자로서 영원한 제사장이 되신 것처럼 세례를 통하여 그 사역에 참여하는 자들이 된다. 세례를 통하여 그리스도인들은 "왕 같은 제사장"이 되며, 예수 그리스도의 이름으로 세례를 받고 거룩한 기름으로 인침을 받게 된다. 세례 가운데서, "우리를 너희와 함께 그리스도 안에서 견고케 하시고 우리에게 기름을 부으신 이는 하나님이시니 저가 또한 우리에게 인치시고 보증으로 성령을 우리 마음에 주셨느니라"(고후 1:21-22)는 말씀이 이루어진다. 그리고 우리에게는 다시, "그 안에서 너희도 진리의 말씀 곧 너희의 구원의 복음을 듣고 그 안에서 또한 믿어 약속의 성령으로 인치심을 받았으니"(엡 1:13)라는 말씀이 이루어진다. 초대교회 성도들은 세례를 통하여 그리스도의 제사장직에 참여하는 자가 되는 중요한 인치심을 경험하게 되는데, 기름 부으심과 인침, 알려 주심을 통해 그러한 경험을 누릴 수 있었다. 세례는 모든 그리스도인의 사역과 제사장직 수행을 위한 중요한 기초가 된다. 이것을 우리는 모든 세례 받은 사람들의 일반적 사역이라고 부른다.

그리스도의 몸에 접붙임

예수 그리스도와의 연합이라는 메타포와 관련하여 두 번째의 주요한 이미지는, '이 땅에서 그리스도의 몸인 교회에 접붙임' 되는 이미지다. 이러한 예에서 경험되는 대로 하나님의 선물은, 그리스도와 연합되는 사람들이 세례를 통하여 성령의 역사하심을 따라 교회의 일원이 된다는 의미를 가진다. "우리가 … 다 한 성령으로 세례를 받아 한 몸이 되었고…"(고전 12:13). 다시 세례는 이 구절에서 하나의 예증을 제시하는데, 고린도 교회의 그리스도인들은 이것을 확실하게 인식할 수 있었던 것이다. 바울은 성령님의 역사하심 안에서 그리스도의 몸을 이루는 일치에 대해 말하고 있는데, 전체의 유익을 위하여 그리스도인들은 서로 다른 은사를 나누게 된다. 그리스도와의 수직적인 관계는 세례의 일반적인 결속을 통하여 이제 서로 수평적인 일치를 이루게 된다.[24]

세례를 통하여 그리스도인들은 하나님이 구원하신 사람들의 모임인 공동체의 일원이 된다. 구원은 개인적인 문제가 아니라 하나님의 은혜의 선물을 받은 공동체 안에서의 삶에 관계된다. 그래서 사이프리안과 칼빈은 교회 밖에는 구원이 없다고 조심스럽게 주장한다. 이것이 세례받은 모든 사람은 믿음과 덕의 삶을 보증한다는 것을 의미하지는 않는다. 오히려 세례를 베푸는 믿음의 공동체의 환경이 없이는 그리스도인들이 이해하는 구원은 현실적으로 불가능해진다는 것을 의미한다.

---

24) 한스 콘젤만은 이것을 그렇게 말한다. "인간적 차이의 종말론적 생략"인데 이것은 그리스도 안에서 더 이상 존재하지 않는, 즉 그의 몸인 교회 안에서 있는 것이라고 말한다." Hans Conzelmann, *I Corinthians: Hermeneia Commentary* (Philadelphia: Fortress Press, 1975), 212.

세례를 통하여 새로운 삶을 시작하게 되는 공동체는 제사장적인 공동체인데, 이것을 성경은 "왕 같은 제사장"이라고 칭한다. 그렇게 공동체 안에서 사람들은 받은 은사를 통해 서로를 세우게 된다. 그 공동체는 "은사는 여러 가지나 성령은 같다"(고전 12:4)는 말씀에 의해 특징지어진다. 한 몸을 이루는 공동체의 일원으로서 모든 사람들은 함께 속하여 있으며, 서로가 다른 사람을 세워 주는 책임과 은사를 가지게 된다. 제사장적인 책무를 가진 사람들로 구성된 이 공동체 안에는 성령님께서 원하시는 대로 부여하시는 다양한 은사가 나타나게 된다.

그러나 은사는 다르지만 세례와 연결하여 바울이 반복해서 강조하는 동질성이 나타나게 되는데, "너희는 유대인이나 헬라인이나, 종이나 자주자나, 남자나 여자 없이 다 그리스도 예수 안에서 하나이니라"(갈 3:28). 우리는 이 구절을 다음 5장에서 다시 논의하게 될 텐데, 여기에서 우리의 관심은 하나님의 은사의 수혜자로서 동질성을 인식하는 데 있다. 하나님의 자기 주심은 세례를 받은 모든 사람들에게 차별 없이 주어진다. 그것은 어떤 인종이나 나이의 차이와 상관없이 주어지는 동일한 은혜다. 세례를 위한 물이 준비되고, 세례가 행해지는 곳에 참여했을 때 인간적인 구별은 사라진다. "너희가 전에는 백성이 아니더니 이제는 하나님의 백성이요…"(벧전 2:10)라는 말씀과 같이 우리는 세례를 통해 하나님의 백성이 된다. 이와 같이 그리스도인들은 완벽하게 자유자가 되며, 완전하게 모든 사람을 섬기도록 부름 받은 종이 된다. 세례는 동일성의 성례전이라고 명명될 수 있다.

성령님의 은사

세례를 통해 경험되는 하나님의 자기 주심의 세 번째 형식은 '성령님의 은사 그 자체'이다. 이것은 하나님께서 직접 자신을 우리에게 부어주시듯 주시는 것으로, 문자적으로 그것은 선물이다. 그러나 이렇게 주심은 다른 형태로 이해될 수 있다. 성경에는 이러한 성령님의 자기 주심과 물세례를 동일하게 취급하는 언급이 아주 풍부하게 나타난다. 예수님께서 친히 세례에 대해서 언급하신 네 군데의 설명은 성령님의 현현을 포함하고 있다. 사도행전의 내용은 세례와 성령을 받는 것이 밀접한 관계를 가지고 아주 분명하게 제시되고 있다. 베드로는 새로운 개종자들에게 하나님의 말씀을 전하면서 이렇게 언급한다. "오순절 날이 이미 이르매 저희가 다 같이 한곳에 모였더니 … 베드로가 가로되 너희가 회개하여 각각 예수 그리스도의 이름으로 세례를 받고 죄 사함을 얻으라 그리하면 성령을 선물로 받으리니"(행 2:1, 38). 가끔 성령님이 임하시는 시점은 다소 다르게 나타나는데, 가이사랴에서는 베드로가 그의 설교를 마치기도 전에 성령님이 임하셨으며, 특별히 '이방인들에게' 임하셨다(행 10:44-48). 사마리아에서는 새롭게 세례를 받는 사람들에게 성령님이 임하시지 않으셨는데, 사도들이 가서 안수하였을 때 성령을 받았다(행 8:17). 그 일은 에베소에서도 동일하게 일어나는데 바울이 그곳에서 안수할 때 성령이 임하셨다(행 19:6).

신약 성경의 기자들은 성례전에서 하나님의 임재가 정확히 어느 때 나타나는가에 관심을 가졌던 중세 교회 후기의 경향과는 달랐는데, 마치 스톱워치를 손에 들고 정확한 시간을 가늠하는 것과 같았던 그들의 노력에 대해서는 안중에도 없음을 알 수 있다. 그럼에도 불구하고, 물세례와 성령의 은사를 일치시키고 있는 점은 의심할 필요가 없어 보인다.[25] 대부분의 기독교 역사를 통해서 볼 때, 안수를 하거나 십자가 성

---

25) James Dunn, *Baptism and the Holy Spirit* (London: SCM Press, 1970)에 대한 반증.

호를 긋거나 혹은 성유를 이마에 바르는 행동이 성령님의 자기 주심을 나타내는 정확한 순간인지 아닌지는 의미 없는 질문으로 보인다. 세례와 그와 관계된 의식이 성령의 임재와 관련 있다는 사실은 성경에서 가장 일반적으로 경험되던 사실이었다. 이러한 증거들은 사도행전에서 더욱 분명해 보인다. 성령을 부어 주심이 세례 받는 사람들에게 분명하게 나타나고 있으며, 때로는 아주 강력하게 나타나기도 했다. 바울은 '성령의 은사'의 나타남에 대해 고린도전서의 한 장(고전 12장) 전체를 할애하고 있다. 그는 여기에서 '은사의 다양성'에 대해 논의하는데, 세례를 통하여 성령의 부어 주심을 '맛보게 된'(drink) 사람들 가운데 은사가 얼마나 다양하게 나타나는가를 잘 설명한다.[26] 요한복음 3장 5절 말씀은 디도서 3장 5절에서와 같이 '물과 성령으로 거듭나는 것'을 언급하면서 이 두 가지 요소를 함께 연합시키고 있다.

물론 성령을 주심으로 나타나는 하나님의 자기 주심은 그리스도의 몸에 접붙임으로 설명했던 이전 이미지와 분명하게 연결되고 있다. 성령께서 자신을 드러내시는 교회에서 '성령 안에서의 교제' 없이 세례를 받는다는 것은 전혀 생각할 수 없는 일이었다. 에베소서는 새로운 개종자들에 대해 "그 안에서 너희도 진리의 말씀, 곧 너희의 구원의 복음을 듣고 그 안에서 또한 믿어 약속의 성령으로 인치심을 받은"(엡 1:13) 자들이라고 말씀한다. 이것은 하나님께서 우리를 구원하셔서 하나님의 백성으로 삼으신 '우리의 유산'을 미리 받아 누리는 것이라고 계속해서 말씀해 주고 있다. 다시 정리하면 이렇게 세례는 종말론

---

26) 콘젤만은 여기에서 '에포티스세멘'을 '주님의 만찬을 암시하는 것'일 수 있다고 주장한다. 이것은 세례 예식의 정점을 이루는 것이라고도 할 수 있다. 이것은 성령을 부어 주시는 순간으로 보려는 시도들을 약화시킬 수 있다.

적이다.

3세기 히폴리투스는 '성령님과 거룩한 교회 안에서' 널리 받아들여지고 있던 신앙고백 양식을 사용하고 있었다. 현대어로 말하면 세례는 믿음의 환경 속에 우리를 두는 것이라고 말할 수 있다. 성령의 지배하심을 받는 공동체에 들어감으로, 우리는 성령님의 자기 주심의 임재 안에서 즉각적인 접촉을 갖게 된다. 성령을 받는 것과 그 은사를 받는 것을 구분하려는 것은 현혹되게 할 수 있는 사항이다. 그것은 마치 그리스도를 그분의 사역과 구분하려고 하는 것이 불가능한 것과 같다. 바울이 고린도전서 12장에서 증언하고 있는 경험은 단순한 은사가 아니라 성령님께서 은사로 현현하신 것을 드러내고 있다.

신약 성경은 다른 메타포를 사용하여 이러한 동일한 경험을 드러내고 있는데, '비침'(enlightening), 혹은 '맛봄'(illumined)이라는 메타포가 그것이다(히 6:4). 또한 '거룩함'(being made holy)과 '의롭다 하심'(sanctified)이라는 메타포도 사용된다(고전 6:11). 성령의 은사에 대한 이러한 진술 방식은 성령으로 충만한 공동체의 상황에서 경험될 수 있다. 성령님이 없이는 교회도 없으며, 세례는 그리스도의 몸인 전체 공동체의 유익을 위하여 그 일원인 개개인에게 부어진 징표와 같은 것이다.

죄의 용서

성경이 증언하는 바에 따르면 세례에 대한 네 번째의 이미지가 등장하는데, 소위 '죄의 용서'라는 이미지다. 그것은 세례가 가지는 가장 가시적인 측면을 제시하는데, 무엇보다도 세례는 씻음의 행위다. 베드로전서는 이러한 내용을 잘 설명해 주고 있다. "물은 예수 그리스도의 부활하심으로 말미암아 이제 너희를 구원하는 표니 곧 세례라 육체의 더러운 것을 제하여 버림이 아니요, 오직 선한 양심이 하나님을 향하여 찾아가는 것이라"(벧전 3:21). 사도행전에는 이것이 보다 직접적으로 나타난다. "너희가 회개하여 각각 예수 그리스도의 이름으로 세례를 받고 죄 사함을 얻으라 그리하면 성령을 선물로 받으리니"(행 2:38). 바울은 다음과 같이 이야기하고 있다. "일어나 주의 이름을 불러 세례를 받고 너의 죄를 씻으라 하더라"(행 22:16). 바울은 그리스도인들이 "주 예수 그리스도의 이름과 우리 하나님의 성령 안에서 씻음과 거룩함과 의롭다 하심을 얻은"(고전 6:11) 사람들이라고 주장한다. 히브리서 10장 22절은 "우리가 마음에 뿌림을 받아 양심의 악을 깨닫고 몸을 맑은 물로 씻었으니, 참 마음과 온전한 믿음으로 하나님께 나아가자"라고 말씀하고 있다.

무엇보다 여기에서 우리는 행동 그 자체에 대한 깊은 교훈을 받게 되는데, 물로 씻음이 작은 행동이 되어 왔다는 것은 예외였다. 이마에 떨어뜨려지는 몇 방울의 물이 용서하시고 깨끗하게 하시는 하나님의 행동에 관해서 아주 사소한 것으로 보인다. 용서의 약속은 물에 완전히 잠기도록 하는 침례의 형식과 같은 세례에서 보다 더 강하게 나타나는 것처럼 보인다. 서구의 기독교 역사에서 세례반(盤)에 아이들을 완전히 잠기게 할 때에는 더욱 그렇게 느끼게 하였다.[27] 정교회에서는 지금도 완전히 아이들을 물에 잠기게 하여 세례를 베푼다. 루터는 우

---

27) 1710년에 기록된 찰스 휘틀리(Charles Wheatly)의 저작에서 그는 런던 교회가 세례식에서 물을 뿌리는 행동을 보다 현란하게 하는 방식을 고안한 것에 대해서 언급하고 있다. 그의 책, *Rational Illustration* (London: Bohn, 1852), 351쪽을 참조하라. 1730년 조지아에서 요한 웨슬리도 유아세례를 베풀 때에 예배 규정집을 사용할 것을 주장하고 있다.

리에게 이러한 사실을 잘 가르쳐 준다. "세례는 죄를 깨끗하게 씻어내는 행위다 … 이러한 이유 때문에 물에 완전히 잠기게 하여 세례를 주고는 했다. 말씀이 그렇게 들려주시는 것과 같이, 또한 하나님의 신비가 가리켜 주는 바와 같이 그렇게 하기를 원했다."[28] 바울이 새롭게 세례 받는 것을 그리스도로 옷 입는 것으로 설명한 것처럼(갈 3:27), 다른 의식들은 씻음의 행동을 이렇게 넉넉히 나타내 준다. 여기에서 발전하여, 세례전에 온 몸을 완전히 물에 잠그는 것은 오늘날 비누로 씻는 것과 비슷한 역할을 하는 것으로 간주되었다.

가톨릭과 개신교회가 이러한 하나님의 행동의 기본적인 표징을 잃고 있다는 것은 무언가 잘못 진행되고 있는 것이 아니었겠는가? 양 진영은 이러한 성례전을 과도하게 단순화하는 경향을 가지고 있었다. 우리가 이미 언급한 바와 같이, 마땅히 행해야 하는 형태를 따르기보다는 간편한 것을 따르는 것이 훨씬 수월할 수 있다. 추천할 바는 아니지만 오늘날 어떤 교회에서는 곁에 서서 한 아이를 목욕시킬 수 있는 정도 규모의 목욕조를 활용하기도 한다.

중세에는 어린아이들이 세례를 받지 못하고 일찍 죽는 경우가 있었기 때문에 또 다른 문제가 제기되었다. 그렇게 되면 하나님의 나라에 들어갈 모든 소망을 잃어버리게 된다고 생각했기 때문이다(요 3:5).[29] 결과적으로 소위 '쿠암프리눔' (*quamprimum*)[30]이라는 유아세례 형식이 유행하게 되었는데, 가능하면 아이가 태어나자마자 세례를 받게

---

28) "The Babylonian Captivity of the Church," *Luther's Work*, XXXVI, 68.
29) 중세의 이러한 발전 과정에 대한 보다 상세한 설명을 위해서는, J. D. D. Fisher, *Christian Initiation: Baptism in the Medieval West* (London: SPCK, 1965)를 참조하라.
30) 역주-*quamprimum*은 '가능한 한 빨리' (as soon as possible)라는 의미를 가진 라틴어로, 태어나자마자 가능한 한 빨리 유아세례를 받게 한다는 의미로 사용되었다.

하는 것이 널리 행해지게 되었다. 그러한 개념은 오늘날 많은 로마 가톨릭 교회들에서 받아들여지고 있지만, 개신교회에는 받아들여지지 않았다. 그러나 신약 성경 시대의 교회들이 경험했던 것을 숨길 필요는 없다. 신약의 교회들에 있어서 세례는 더러운 죄들이 씻음을 받는 것이었고, 그들은 세례를 통하여 선한 양심을 가지고 그리스도와 연합됨을 경험하고 있었다. 이제 우리의 과거는 뒤로 남겨지고, 타락한 자녀들이었던 우리는 이제 하나님의 용서의 선물을 통해 새로운 소망을 갖게 되었다. 세례는 하나님의 행동을 통하여 우리가 용서 받고, 하나님과 새로운 화해를 하게 되었다는 의미를 가진다. "그런즉 누구든지 그리스도 안에 있으면 새로운 피조물이라 이전 것은 지나갔으니 보라 새것이 되었도다 모든 것이 하나님께로 났나니 저가 그리스도로 말미암아 우리를 자기와 화목하게 하시고…"(고후 5:17-18).

새로운 탄생

용서와 밀접하게 관련하여 우리는 다섯 번째 이미지를 발견하게 되는데, 그것은 새로운 탄생의 이미지다. 출생은 언제나 우리 자신을 위해 우리가 할 수 있는 그 무엇이 아니라 하나님께서 주시는 선물이다. 그리스도와 연합된 존재가 됨으로써 하나님께서는 우리가 새로운 피조물이 되었음을 상기시켜 주신다. 출생에 있어서 변형이 일어난 것인데, 그러한 변형은 우리의 행위로 이루어진 것이 아니라 절대 타자가 우리를 위해서 허락하신 것이다. 니고데모에게 주님은 이렇게 말씀하신다. "사람이 물과 성령으로 나지 아니하면 하나님 나라에 들어갈 수 없느니라"(요 3:5). 이와 같이 세례의 선물은 우리를 새로운 삶으로 들어갈 수 있게 해준다.

디도서 3장 5절은 "중생의 씻음(물)과 성령의 새롭게 하심으로 하셨나니"라고 말씀한다. 세례는 우리들에게 새로운 피조물로서의 삶을 시작할 수 있게 해준다. 이제 옛 아담은 벗어버림으로 우리 안에서 죽고, 장사되었으며, 우리의 죄는 용서 받았다. 그리고 우리는 예수 그리스도께 온전히 연합되었다. 우리의 새로운 탄생은 그리스도의 새로운 몸인 교회 안에서 새롭게 태어나는 것과 같은 공적인 경험이 된다. 오직 세례를 통하여 우리는 성령께서 운행하시는 공동체의 왕 같은 제사장직을 수행할 수 있도록 새로 태어나는 것이다.

성경적 이미지에서 보면 새로운 탄생은 아주 분명하게 여성적임을 알 수 있다. 물론 하나님께서 우리에게 주시는 새로운 탄생이라는 개념도 여성의 행동인 출산의 이미지에서 비롯되고 있다. 태어난 아이가 아들이든 딸이든 간에 그는 하나님께서 주신 새 생명이며, 그것은 여성의 출산 행동을 통해 이루어진다. 이처럼 인간 존재는 그저 주시는 것을 받으면 되는 수동적인 입장에 서게 되며, 하나님의 자기 주심의 행동은 그러한 상태에서 주어진다. 그것은 철저하게 하나님의 사랑과 양육에 의존한다. 아마도 이것이 우리가 출산의 이미지에 대해 다소 편치 않은 감정을 갖게 되는 이유일 수 있다. 세례반은 교회가 지닌 가장 여성스러운 상징이라고 할 수 있다. 이것은 아마도 우리가 교회에서 그것을 왜 눈에 보이지 않는 자리에 위치시키려 하는지와 연결되는지도 모른다. 여러 시대에 걸쳐 세례반은 마치 임신한 여성의 모습을 닮은 형태로 디자인되었다. 그리고 부활 전 철야기도회에서 그 세례반은 마치 여성의 자궁으로부터 새 생명이 탄생하는 것같이 전혀 새로운 공동체인 교회가 새롭게 탄생한다는 사실과 함께 취급되었다.

우리는 세례를 통해 우리를 위한 하나님의 사랑을 볼 수 있게 되었고, 신약 성경에 두드러지게 나타나는 이러한 다섯 가지 이미지들은 그 사랑이 어떻게 역사하는지에 대한 이해를 돕는 자원이 되고 있다. 신약 성경에는 분명 다른 이미지도 나타난다. 즉, 예수님의 이름으로 불리는 것을 의미하는 그리스도인이라는 명칭이나, 왕 같은 제사장으로 인침과 세움 등과 같은 것들도 세례 사건을 잘 설명해 주는 이미지들이다. 그러나 앞의 다섯 가지 이미지는 세례와 함께 교회가 어떤 경험을 했는지를 증언하는 가장 중심적인 증언이 되어 왔다. 이러한 다섯 가지 이미지에서 하나님의 자기 주심은 연합, 접붙임, 용서, 새 생명으로 나아감, 성령을 부으심의 사건으로 경험된다. 어떤 것도 다른 요소들과 갈등 관계를 갖지 않는다. 예루살렘의 시릴은 세례를 행하는 물을 "너의 무덤이며, 또한 너의 어머니"라고 명명하였다. 각 요소들은 다른 요소들을 포함한다.

세례의 실행

신약 성경은 세례를 어떻게 집례할 것인지에 대해서는 그리 상세하게 설명해 주지 않는다. 비록 세례식이 진행되면서 물로 씻는 세례를 행하는 가운데 언어로 표현된 내용들이 나타나지만, 가장 분명한 것 하나는 그 세례가 예수님의 이름으로 행해지기도 했고(행 2:38, 8:37, 10:48), 삼위 하나님의 이름으로 행해지기도 했다는 점이다(마 28:19). 세례의 경험을 묘사하기 위해 사용된 이미지들은 다음 세대를 위한 세례의 실행 그 자체를 형성하게 되었다. 바울이 사용한 죽음과 장사(burial)의 이미지는 교회가 함께 하는 '평화의 인사'(the Peace of the Church)를 따라 발전되었는데, 그것은 장려한 무덤의 형태를 따라 디자인된 세례당(baptistries) 안으로 들어감을 상징하는 순서였다.[31] 교회 안으로의 접붙임의 이미지는 이미 순교자 저스틴 때에 형성된 것으로, 새롭게 세례를 받은 사람을 이제 거룩한 성도들이 모인 예배 처소 안으로 들이는 것을 의미하였다. 성령을 부어 주심의 이미지는 세례반 위에 성령의 임재를 상징하는 비둘기의 형태를 넣음으로써 가시적인 이미지를 만들었다.

역사적으로 볼 때 교회는 세례에 있어서 하나님의 자기 주심의 풍부함과 부요함을 적절하게 드러내는 데 실패했던 때도 있었다. 세례에서 받게 되는 것이 얼마나 풍부한 것인지를 발견하면서 성만찬의 부요함을 드러내었던 것과 달리, 이것에 대해서는 그리 적절하게 강조하지 못하였고 적절한 균형을 유지하지 못하였음을 발견하게 되었다. 우리 시대에 있어 세례에 대해 재고하고(rethinking) 다시 새롭게 형성하려는(reforming) 시도들은, 초대교회가 세례 속에서 경험한 것에 대해 성경 기자들이 표현하고 있는 이미지들을 적절하게 균형을 이루게 하려는 노력으로 나타나야 할 것이다. 그때에 우리는 하나님께서 우리에게 선물로 허락하시는 세례를 온전하게 행하게 될 것이다.

이렇게 세례가 가지는 이러한 부요함의 전유(專有)는 그것이 가진 신학적인 주장들을 행하는 것과 같이 이제 세례의 실행에 적용되어야 한다. 세례의 실행에 있어서 하나님께서 우리의 죄를 씻으신다는 개념에는 가장 최고의 상징적 가치를 부여할 필요가 있다. 그렇게 함으로

---

31) John G. Davies, *The Architectural Setting of Baptism* (London: Barrie and Rockliff, 1962), 14-17쪽 참조. 데이비스는 여기에서 세례당, 세례반, 그리고 세례를 받는 사람들의 도상(圖像) 등을 형성하게 된 다양한 가시적 이미지들을 아주 다양하게 제시하고 있다. 이러한 내용을 참고하기 위해서는 Gilbert Cope, *Symbolism in the Bible and the Church* (London: SCM Press, 1959)를 참조하라.

써 실제로 세례를 통해 죄 씻음의 경험이 일어나게 해야 한다. 이러한 접붙임의 완전한 이미지는 회중들의 적극적인 참여가 없다면 그 의미가 퇴색되고 말 것이다. 성령의 인치심(엡 1:3)은 기름 부음이나 손을 얹는 표지를 필요로 한다. 세례에서 하나님께서 무엇을 행하시는지에 대해 표현하는 것은 주변적인 일이 아니다. 그것은 목회에 있어서 가장 중요한 일이다. 우리가 세례와 관련하여 실행하는 것들은 곧 세례에 관해 믿는 것을 형성하게 될 것이다.

II

세례 연구와 관련한 논점들

세례를 실행하면서 초대교회의 경험을 통해 어떤 신학적 이해를 가진 후에, 신약 성경 시대 이후 제기되어 온 특별한 사안에 대해 살펴볼 수 있을 것이다. 오늘날에도 우리는 하나님의 선물인 세례가 지닌 풍부함을 깨닫고 전달하는 일에 큰 어려움을 느끼고 있다. 성례전은 언제나 우리가 경험한 것보다 더 깊은 의미로 나아갈 수 있도록 우리들을 독려한다. 또한 세례가 가진 힘은 우리가 하나님의 사랑을 경험할 수 있도록 도와주는데, 우리는 결코 그러한 것을 놓쳐서는 안 된다. 이렇게 세례가 지닌 풍부한 성경적 이미지를 회복하지 않은 채, 세례에 있어서의 특별한 문제에 대한 해결만을 시도한다면 하나님의 선물과 인간의 필요를 적절하게 드러내는 일에 실패하기 쉽다.

세례와 관련하여 오늘날 교회를 어렵게 만드는 두 가지 문제에 특별히 주목할 필요가 있다. 유아세례 유효 주장과 오직 성인 신자의 세례만 유효하다는 주장이 대립하고 있는 논쟁이 그 하나이며, 다른 하나는 기독교 입회 예식이 다른 예식과 갖는 관계성에 대한 질문이다. 이 두 가지에 있어서는 미국 개신교 진영에서도 서로 일치되지 않는 주장들을 직면하게 된다. 즉, 성례전을 오늘 하나님께서 역사하시는 은혜의 수단으로 여기는 사람들과, 단지 과거에 하나님께서 행하신 역사를 우리들이 기억할 수 있도록 도와주는 거룩한 기억의 보조물(aids)이라고 주장하는 사람들 사이에 의견이 일치되지 않고 있다. 이 점에 있어 우리는 여기에서 주장하는 내용에 대해 다소 의문이 생길 수 있다.

성례전을 하나님의 자기 주심으로 이해하는 것은, 믿음과 실행의 문제 해결을 위해 우리가 취하는 접근방법이 무엇이든지 간에 분명하게 영향을 줄 수 있을 것이다. 여기서 우리가 제시하려고 하는 해소 방안은, 성례전이 무엇이라고 이해하고, 세례의 의미가 영향을 준다는 것을 받아들이기 어렵고, 누구를 위해 주어지는 것인가에 대한 서로 다른 이해를 가진 사람에게 동시적으로 만족을 줄 수는 없을지 모른다. 이것은 미국 개신교 진영이 갖는 신학적 관점의 다양성을 인정할 때 피할 수 없는 상황임에 틀림없다. 교단과 신학적 진영을 넘어서 성례전을 논의하려는 어떤 시도들도 이러한 문제에 대해서 자유스러울 수는 없다.

유아세례 논쟁

유아세례에 대한 논쟁은 1520년대부터 격렬하게 이루어졌는데, 이전에는 거의 문제가 되지 않았던 사항이었다. 우리는 몇 가지 상태에서 유아세례를 옹호하게 되는데, 중요한 전제는 "세례는 우리가 하나님께 어떤 약속을 드리는 것이 아니라, 우리에 대해 신실하신 하나님이 친히 제정하신 약속"이라는 점이다. 우리가 살펴본 대로 성경은 세례의 이미지를 하나님이 주연하시는 구원의 드라마(act)로 이해하며 묘사하고 있다.

하나님은 우리가 요청할 수 있거나 그럴 만한 가치가 있어서라기보다, 그 차원을 훨씬 넘어서서 우리가 도무지 이해할 수 없는 방식으로 하나님 자신을 우리에게 주신다. 이러한 하나님의 자기 주심은 공적으로 가질 수 있는 공동의 경험(corporate ex-perience)이며, 믿음의 공동체 안에서 경험할 수 있는 것이고, 그 공동체의 유익을 위해 주어지는 것이다. 그것은 하나님의 거저 주시는 선물이며, 우리가 그것을 받을 만한 가치가 있는 존재여서 주어지는 것은 아니다.

하나님은 세례를 통해 우리를 그리스도인으로 만드신다. 세례를 받음으로 우리는 매일 주님의 제자의 삶을 살려는 열망을 가지게 된다. 모든 것은 하나님께서 교회를 통하여 우리에게 행하신 것들에 달려 있다.

우리가 태어날 때 이미 정해진 부모와 장소에서 태어난 것처럼, 세례도 우리들의 삶의 나머지를 위한 많은 중요한 가능성들을 결정한다. 미국의 백인 남자로 태어난 것에 대해서 내가 아무것도 할 수 없었던 것처럼, 나의 구원을 위해서 내가 할 수 있는 것은 아무것도 없다. 그러나 세례는 내가 죄악 가운데 출생한 모든 억압의 구조들을 극복할 수 있는 희망을 갖게 한다. 우리가 그리스도인이 된 것은 어떤 조건 때문이 아니라 하나님께서 우리를 무조건 가족으로 삼아주셨기 때문이다. 부모들은 자신의 자녀로 하여금 세례 받게 하기 위해 교회로 데리고 온다. 그때 하나님은 그들이 어떤 상태이건 상관없이, 즉, 그것에 대해 얼마나 정확히 알고 있느냐와 상관없이 그들을 위해 놀라운 일을 행하신다. 하나님의 행동은 그것에 대한 우리가 얼마나 알고 있는가에 따라 달라지지 않는다. 성경은 하나님께서 인간의 삶을 어떻게 변화시키시는가에 대한 많은 예들을 제시하고 있는데, 어떤 사람들은 그들이 아무것도 알지 못한 채 잠들어 있을 때 그 일을 행하셨다(창 2:21, 15:22 참조).

한때 호레이스 부쉬넬이, "아이가 그리스도인으로 자라 가는데, 자신을 한 번도 다른 식으로는 생각해 본 적이 없었다"라는 말을 했는데,[32] 많은 사람들은 그러한 방식으로 그리스도인이 되었다. 그들이 그리스도인이 되고자 선택한 것이 아니다. 하나님께서 그들을 선택하셨고, 그들 부모가 세례를 받게 하기 위해 아이를 데리고 나아오는 행위 가운데 하나님의 약속은 성취되기 시작한다. 분명 사람마다 인생의 각기 다른 때에 기독교로 귀의한다. 그러한 사람들을 향한 하나님의 약속은 그 다음 단계에서 작용하기 시작한다. 그렇다고 해서 그들이 어린아이 때 유아세례를 받는 사람들보다 더 좋은 그리스도인이 된다고 말하는 것은 아니다.

세례는 우리를 위하여 하나님이 행하신 일이다. 세례는 우리들의 조

---

32) "Views of Christian Nurture," in *Horace Bushnell*, edited by H. Shelton Smith (New York: Oxford University Press, 1965), 379.

건에 따라 결정되는 것이 아니라 오직 하나님의 은혜로우신 자기 주심으로 인해 주어진다. 그가 어린아이든 성인이든 간에 세례는 우리 존재에 변화를 가져다주는 것이며, 그 변화는 하나님의 행동을 통해 이루어지는 것이지 우리의 행동을 통해 주어지는 것이 아니다.

고전적인 예식은 하나님께서 세례 가운데서 다양한 자기 주심의 형태를 통해 행동하신다는 것에 동의한다. 그러나 기묘한 석화(石化) 작용도 일어난다. 세례 받은 대부분의 사람들이 유아였을 때, 종교개혁 전 예배 예식은 성인세례의 조건을 계속해서 반영하고 있다. 제 2 바티칸 공의회는 "유아세례 예식은 개정되어야 하고, 세례 받는 사람들이 유아라는 여건에 적용되어야 한다"고 규정하고 있다.[33] 이것은 1969년에 "어린이 세례를 위한 예식"이라는 새로운 문헌에서 소개된 법령이다. 어린아이가 세례 받을 때가 되면, 비록 그것이 성인세례식의 한 모퉁이에서 주어지는 것이거나, 또는 8일 된 아이에게는 도무지 불가능한 견신례를 위한 교리공부 과정을 다 마친 사람을 위한 예식과 함께 주어지는 것이라도 어떤 기준으로 살 것인지에 대한 질문을 받게 된다.

세례를 받는 것이 교리과정 공부를 감당할 수 없는 사람에게 실제로 주어지는 것인가? 예배 예전은 그러한 불일치를 면제해 주지 않는다. 비잔틴 성만찬 예식에서는, 오랜 기간 동안 실제적으로 그 자리를 떠난 사람이 없었지만, 교리문답 공부 중에 있는 사람들을 해산하는 명령이 주어지고는 했다. 영국 감리교회 성만찬 예식 전통은, "믿음으로 가까이에 선을 그으십시오"라는 예배 규정이 첨부되었다. 그러나 여러

---

33) *Constitution on the Sacred Liturgy*, paragraph 67.

세기 동안 아무도 그 지점 너머로 옮겨간 사람은 없었다.

믿음과 실행이 갈등을 일으킬 때 무엇이 규범을 만들어 주는가? 말씀은 활동하지 않는 것에 더 주력할 수 있는데, 진정으로 무엇이 일어날 것인가에 대해 신뢰할 만한 표지보다 덜 활동적이게 한다. 이것은 우리가 행함보다 말씀을 더 좋아하는 것처럼 보이게 하는데, 이는 본서가 추구하는 것과는 다른 모습이다. 여기에서 필자는 에이단 카바나(Aidan Kavanagh)의 주장에 대해 동의하기가 어렵다는 사실을 발견하게 된다. 그는 성인세례를 "로마 가톨릭의 세례에 대한 규범이 존재하게 되는 이유,"[34] 혹은 과거에 존재하였던 것이라고 주장한다. 실행이 우리의 신학을 형성한다면, 과거와 현재의 수많은 그리스도인들이 유아세례를 받았다는 사실이 그러한 규범 형성을 결정함에 있어서 무시할 수 없는 요소로 작용하게 된다.

교회론과 세례

유아세례에 대한 논의는 근본적으로 교회론과 관련된 문제에 깊은 관심을 가진다. 불행하게도 이 주제에 대한 대부분의 논의들은 세례 받는 개인이 그 세례에서 얻은 것이 무엇인지에 대한 질문이 주를 이루었다. 그러나 이것은 부차적인 관심거리이며, 이것은 중세 종교개혁 이후에 발생한 개인주의 경향을 반영하는 것이다. 이에 의하면 만약 어떤 것으로부터 무엇인가를 얻지 못한다면 그것은 별로 의미가 없는 것이다. 모든 일은 언제나 나를 중심으로 해서 일어난다. 그러나 세례

---

34) Aidom Kavanagh, "Christian Initiation of Adults: The Rites", in *Made, Not Born* (Notre Dame: University of Notre Dame Press, 1976), 118.

는 개인적인 차원의 문제가 아니다. 세례는 한 사람이 받는 것이든, 가족이나 부족이 받는 것이든 간에 모두 교회 차원의 행동이다.

세례는 교회가 이 세상을 복음화 하는 중심적인 형태이다. 세례는 어떻게 교회가 세워지는지에 대한 해답이 된다. 교회가 새로 온 사람을 그리스도의 몸의 일원으로 삼을 때마다, 그리스도께서는 교회를 위해 죽으시고 다시 부활하신 일, 즉 그리스도께서 행하신 일을 교회에 생생하게 나타내 보여주신다. 세례는 이 세상을 위하여 제사장과 같은 존재가 된다는 것이 무엇인지를 우리가 기억하도록 해준다. 그러므로 세례반은 설교단과 같이 현저하게 드러날 수 있는 곳에 위치해야 한다. 세례반과 강단은 우리로 세례를 받고 생명을 얻게 하신 구주 예수님을 증언하는 것이 되어야 한다.

교회가 어떤 사람에게 세례를 베풀어 그를 교회의 일원으로 받아들일 때마다 세례는 새로운 그리스도인에게 복음을 전하고 양육해야 할 책임을 교회의 모든 구성원들에게 제공해 준다. 교회는 가장 기본적인 차원에서 영적, 물질적 지원을 통해 이것을 감당해야 할 사명을 위임 받았다(행 2:44-45). 이와 같이 왕 같은 제사장으로 세움 받은 모든 교인들은 서로 이러한 일반적 사역을 감당할 수 있어야 한다. "모든 것은 한 목적을 위해서 존재하는데 그것은 교회를 세우기 위하여"(고전 14:26-27) 함께 행해져야 한다. 세례를 통하여 우리는 서로를 향해 같은 일원이 되었으며, 우리의 상호적인 제사장직은 모든 세례에서 새롭게 드러나게 된다.

유아세례에 대한 하나의 접근은 교회론과 아주 긴밀히 연관되어 있다. 만약 교회를 어머니(mother)로보다는 처녀(virgin)로 이해할 때, 교회는 처녀와 같이 거룩하고 순결한 성도들의 모임이라고 믿게 될 것이다. 그러한 교회론에서 세례를 말할 때 그것은 오직 신자 세례를 의미하는 말이 된다. 메노나이트(Mennonites)들이 신자 세례를 행하는 것은, 함께 모인 사람들이 순수하고 거룩하다고 생각하는 교회론의 자연적 결과였다. 대부분의 그리스도인들은 교회 유형의 이미지(church-type image)를 갖게 되는데, 교회는 깊이 헌신된 사람들이든 혹은 미지근한 신앙인이든 간에 그들의 모임을 성도의 모임이면서 또한 죄인의 모임으로 간주하게 된다. 그들은 밀과 가라지를 구분하는 것은 하나님께서 하실 일이라고 남겨두기를 좋아한다.

이것은 미국에서 대부분의 대형교회들이 가지는 유형이다. 그것들은 거룩한 '교회'이며, 종파(Sects)가 아니다. 그들은 이것에 어떤 규범은 없다고 말하지는 않는다. 많은 사람들은 만약 부모들과 면담해 본 결과 그들에게서 아이를 믿음으로 양육하겠다는 신중한 결단과 헌신의 증거를 찾을 수 없으면 아이들에게 세례 주는 것을 거부한다.

침례교도들은 자기 아이들을 아예 세례에서 제외시키는 호된 대가를 지불하고 나서 교회의 순수성을 지켰다. 그러나 남침례교도 교회론으로 깊이 들어가면서 불가피하게 교회를 몸으로 이해하는 경향을 보였다. 남침례교가 초등학교에 들어가기 전인 3~5세 어린이들이 침례 받은 숫자를 매년 통계로 발표하고 있는 것에 주목할 필요가 있다. 이것은 성인 신자 세례의 개념을 넓힌 것이다. 그러나 이는 자연스러운 움직임으로, 종파주의 사고 구조에서 교회 중심의 사고 구조로 대체되고 있음을 보여준다.

그들이 성인 세례를 받을 나이가 되기까지는 자기 자신을 그리스도의 몸에 있어서 아웃사이더로 여기는 것은, 마치 자기 아이들이 선거할 나이가 되기까지는 미국인이 아니라고 말하는 것과 같다. 모든 그리스도인들은 제사장 공동체 안에서 살고 있는 것이며, 이 점에 있어서 신약 성경이 아주 분명하다는 사실을 믿는다면, 어른들은 그들의 자녀들에게 제사장직을 감당해야 하며, 다른 어른들에게도 그렇게 해야 한다. 어린아이들도 그리스도의 몸 안에서 특별한 제사장직을 수행할 임무를 가지고 있다고 논의하기는 어려운 일이 아니다. 예수님도 천국에 들어가기 원하는 모든 사람을 위한 모델로 아이들을 세우셨다 (마 18:2; 막 10:15; 눅 18:16-17).

역설적으로 동일한 압력은 성인 신자에게 세례 받기 '적당한' 나이에 세례를 받도록 한다 할지라도 유아세례를 받는 것과 사실상 같은 요소로 작용하게 된다.

위르겐 몰트만[35]이나 제프리 웨인라이트[36]와 같은 신학자들은 기독교가 지배하던 유럽을 벗어난 학자들로, 그들은 믿지 않는 부모의 자녀들에게도 구별함 없이 세례를 주어야 한다고 주장한다. 그들이 훈련되지 않은 교회 중심의 교회론을 벗어나고 있는 것은 놀라운 일이 아니다. 그러나 그들이 미국이나 제 3세계 여러 나라들이 유럽의 기독교 후기의 문화 패턴을 불가피하게 따르도록 운명 지워졌다고 생각하는 것은 주제넘게 보인다. 유럽의 신학자들은 미국의 신학자들에 대해 잘 참지 못하는 경향을 보인다. 그러나 미국 신학자들은 그들의 옷을 그대로 입고 있지 않으며, 그들의 청원도 따르지 않는 것 같다. 미국이 기독교 후기의 특성을 따르고 있다는 것은, 특히 남쪽과 중서부에서 그렇게 하고 있다는 것은 충분한 증거가 있다.

---

35) Moltmann, *The Church in the Power of the Holy Spirit* (New York: Harper & Row, 1977), 226-42.

36) Geoffrey Wainwright, *Doxology* (New York: Oxford University Press, 1980).

실로 1980년 선거에서 미국이 아직도 기독교 국가라는 것을 보여주는 연설들을 계속해서 들을 수 있었다. 이렇게 세례를 구분해서 베풀어야 한다는 주장은 이제 더 이상 유럽에서는 통하지 않는데, 국교(國敎)가 존재하지 않는 미국에서는 아직도 그러한 주장을 받아들이고 있는 것 같다. 미국에서는 아이들에게 반드시 세례를 주어야 한다는 사회적 압력이 거의 없거나, 있더라도 아주 미약하다. 실로 부모들은 자기 아이들에게 유아세례를 받게 하려 하지 않는 경우가 있는데, 특히 유아세례 반대론자들이 많은 남쪽 지방에서는 더욱 그렇다.

안타깝게도 기독교 가정들은 교회론의 관점에서 사고하는 모습이 거의 없다. 그러므로 대부분 기독교 가정의 유아세례 받은 아이들은 자신들이 그리스도인이라는 사실을 제외하고는 거의 자기 자신에 대해서 알지 못하고 자란다. 어쩌면 그들 가운데 이론적 예정론을 좋아하지 않는 경우도 있을 수 있지만, 많은 사람들은 그것을 당연한 것처럼 생각하며 살아간다. 부모의 손에 이끌려 아이들이 세례를 받는 것은 그들을 향한 하나님의 뜻을 성취하는 행동이 된다.

그들은 교회에 속한 사람들로서 교회를 잘 알고 있으며, 그들은 결코 구경꾼들이 아니다. 하나님은 세례를 통하여 그들을 구경꾼이 아닌 교회에 속한 사람들로 만들어 가신다. 하나님이 그들을 향하신 뜻을 이루어 가시는 일, 즉 그리스도인으로 만들어 가시는 일은 크게는 가족들 안에서 계속되고 있다. 그러므로 오늘날 가족들에게 주어지는 모든 위협은 새로운 그리스도인들을 세워가는 전통적인 수단에도 똑같은 위협으로 작용한다. 그러한 위협은 그리스도인들이 이미 알고 있는 교리문답을 교육하는 최고의 현장인 가정을 헤친다.

무엇보다도 기독교는 신학 이상의 것이다. 그것은 생명의 길이며,

사랑의 관계의 네트워크이기도 하다. 기독교가 가정의 아이들을 포함하면서도 그들을 그리스도의 몸인 교회의 멤버십에서 배제하는 것은 서로 모순 되는 일로 보인다. 만약 아이들이 구원받은 백성 공동체의 일원이 될 수 없다면, 어른들도 거기에 속할 수 있을지는 의문이다. 그들이 아직 온전히 인식할 수 있는 능력이 부족하다는 이유만으로 세례를 받지 못하게 하는 것은 설득력이 약하다. 세례는 단지 지적 인식 능력에 의해 결정되는 것이기보다는 훨씬 더 깊은 의미를 가진 행동이다. 그것은 우리의 성숙함이나 인식 능력 때문에 주어지거나 그것에 의해서 결정되지 않는다. 오히려 세례는 사랑의 공동체 안에서 우리의 삶을 변화시키는데, 가족과 교회 안에서 표현되는 사랑의 돌봄을 통해서 그렇게 된다.

새로운 삶에로의 여정 시작점

성인에게 있어서도 세례는 어떤 행위에 대한 보상이 아니라 선물이다. 그것은 믿음과 그리스도인으로서의 삶의 훈련을 시작하는 시점이다. 우리는 성인들에게 과거의 삶으로부터 돌이켜 회개하고 새로운 믿음의 삶을 살 것을 요청한다. 만약 그러한 삶의 돌이킴이 없다면, 그들이 세례 받기를 요청했다 할지라도 그들은 위선자의 삶으로 들어간 것이다. 하나님께서 세례를 통해 그들에게 허락하신 것에 응답하는 삶을 살도록 끊임없이 깨우쳐 주는 사람들(reminders)이 있는데, 그들을 통해 사람들은 믿음 안에서 자라가게 된다. 어린아이들과 같이 그들도 세례를 받을 때 믿음의 가능성을 가지게 되는데, 미리 그렇게 된 다음에 세례를 받는 것이 아니라 세례를 받으면서 새로운 삶의 여정을 시작하는 것이다. 그러므로 세례는 수세자의 나이와 상관없이 전적으로 하나님께서 우리를 위해서 행하신 일이다.

우리는 세례라는 하나님의 선물을 전적으로 받아들일 수도 있고, 거절할 수도 있다. 그러나 결코 그것을 얼버무리며 넘길 수는 없고, 반드시 하나를 선택해야 한다. 그것은 우리가 하나님을 향해 마음이 내켜서 좋다고 생각되기 때문에 가진 선택적인 행동이 아니다. 우리의 세례 가운데서 하나님은 이미 행하셨고, 우리를 향한 하나님의 신실하심을 보증하셨다. 특별히 하나님은 그리스도인들이 구원을 알 수 있도록 그리스도의 몸인 믿음의 공동체를 통해 그러한 일들을 행하신다.

모든 연령대의 사람들에게 베푸는 세례가, 우리가 앞서 언급한 성경적 이미지들을 직접 어떻게 반영하는가는 이미 분명해진 것 같다. 분명히 예수 그리스도와 연합하게 하는 하나님의 선물은 어떤 조건 때문에 주어지는 것도 아니며, 그리스도의 몸에 연합하는 것도 아니다. 분명한 증거들이 많이 있기 때문에, 초대교회가 어린 아이에게 세례를 전혀 베풀지 않았다고 단정하는 것은 문제가 있다. 유대 신앙의 분위기로 볼 때, 부모들이 자녀들을 그들이 속한 언약의 공동체에서 아웃사이더로 간주했다는 것은 극히 부자연스러운 것이었다. 2세기 후반경에는 유아세례를 베푸는 것이 그들에게 특이한 내용으로 간주되지 않았고, 아주 자연스러운 사실이었음이 분명하다.

성령님께서 은사를 주실 때 연령에 구분 없이 모든 사람들에게 동일한 은혜를 주신다는 사실은 특별한 문제 없이 받아들일 수 있는 사안이다. 그러므로 어린이들은 다른 연령층에 있는 사람들에게 세례를 베푸는 행위에 있어서 제외되어서는 안 된다. 그들이 인지 능력을 갖기 오래 전부터 그들은 사랑의 관계를 인식한다. 새롭게 다시 태어난다는 것은 어떤 연령층의 사람에게든지 기적이며, 새로운 출생 그 이상도 이하도 아니다. 그들이 새로운 몸인 교회로 들어왔을 때, 어느 가정에서 태어났을 때와 같이 어린아이들은 새로운 정체성을 부여받게 된다.

어린아이들이 용서를 받아야 할 필요에 대해서는 다시 의문을 제기할 수 있다. 원죄의 용서에 관한 전통적인 이해는 만족할 만한 것이 아니다. 그러나 세례는 전 생애를 통해 용서하시기를 원하시는 하나님의 뜻을 선포하는 것이며, 화해의 필요성을 불러일으켜 준다.[37] 이러한 점에서 나이와 상관없이 세례는 우리 삶에서 모든 죄의 흔적들을 깨끗하게 씻어줌으로써 하나님의 자기 주심을 통해 새로운 삶을 시작할 수 있도록 도와준다. 세례는 일생 동안 계속되어야 할 화해의 과정을 시작할 수 있게 해준다. 그리고 그 과정을 통해 또 다른 하나님의 자기 주심의 역사들과 만날 수 있게 해준다.

계속되는 유아세례 논쟁

유아세례에 대한 논쟁은 계속되고 있다. 칼 바르트와 오스카 쿨만의 신학적 논쟁은 이제 거의 고전적인 내용이 되었다.[38] 요아킴 예레미아스(Joachim Jeremias)와 쿠르트 알란트(Kurt Aland)의 역사적 논쟁

---

37) 이에 대해 보다 상세한 것은 4장을 참조하라.
38) Karl Barth, *The Teaching of the Church Reading Baptism* (London: SCM Press, 1948); Oscar Cullmann, *Baptism in the New Testament* (London: SCM Press, 1950).
39) Joachim Jeremias, *Infant Baptism in the First Four Century* (Philadelphia: The Westminster Press, 1961) and *The Origins of Infant Baptism* (Philadelphia: The Westminster Press, 1963); Kurt Aland, *Did the Early Church Baptize Infants?* (London: SCM Press, 1963).

도 역시 중요하다.[39] 최근에 폴 제비트(Paul Jewett)는 그의 책, 『유아세례와 은혜의 언약(Infant Baptism and the Covenant of Grace)』에서 오직 "신자의 세례"만 행해야 한다고 주장한다.[40] 그러나 제프리 웨인라이트는 『약속의 아이들(Children of Promise)』이라는 그의 책에서 대체 방식을 제안한다.[41] 에이단 카반나(Aidan Kavanagh)는 로마 가톨릭의 입장을 대변하면서 기껏해야 "온전한 변형"(benign abnormality)[42]이라고 부를 수 있는 것에 대해 부정적인 태도를 보여준다. 이것은 유진 말리의 다소 분명치 않은 방어를 제시한 논문인 "아직도 유아세례에 대한 논의인가?"[43]와는 아주 대조되는 내용이었다. 그러한 주제는 유아세례에 대해 옹호하는 "믿음의 교리에 대한 성교회의 회중"(the Sacred Congregation for Doctrine of the Faith)의 가르침과 일치되는 내용이었다. 그러나 그것은 유아세례를 줄 때 어떤 차별을 철폐하는 것과는 다소 거리가 있는 내용이었다.[44]

분명히 모든 교회들은 세례를 실제로 행하는 일에 있어서 개혁을 필요로 한다. 세례 교육과 훈련을 받지 않은 부모의 아이들에게도 세례를 베푸는 것이 일반적으로 행해지고 있지만 이것은 심각하게 유아세례를 약화시킬 수 있다. 이것은 마치 세례 준비교육(교리 문답 교육)도

---

40) Paul Jewett, *Infant Baptism and the Covenant of Grace* (Grand Rapids: Wm. B. Eerdmans Publishing Co., 1978).
41) Geoffrey Wainwright, *Children of Promise: The Case for Baptizing Infants* (Grand Rapids: Wm. B. Eerdmans Publishing Co., 1979).
42) Aidan Kavanagh, *The Shape of Baptism* (New York: Purblo Publishing Co. 1978), 110.
43) Eugene Maly, *The Sacraments: Reading in Contemporary Theology* (New York: Alba House, 1981), 95-103.
44) *Instruction on Infant Baptism* (Vatican City: Polyglot, 1980).

받지 않은 사람에게 성인세례를 주는 것에 언제나 의문을 제기할 수밖에 없는 것과 같다. 깊이 숙고하지 않고 행해지는 세례는 결과가 불안할 수밖에 없다.

요약하면, 세례를 통하여 그리스도의 몸 된 교회의 일원이 되어 들어오는 것은 모두가 하나님의 자기 주심의 은혜에 대한 수동적인 수혜자이기 때문에 모두에게 동등하게 주어져야 한다. 지금 나이가 몇 살이든 상관없이 우리는 하나님께서 자유스럽게 주시기 원하시는 것을 받기에는 여전히 종속적인 어린아이일 뿐이다.

III

견신례와 믿음의 훈련 과정

그들이 유아세례를 행하든 그렇지 않든, 소위 아주 파격적인 입교 예식을 행하는 교회이든지 간에 여기에서는 모든 서구의 교회들이 직면하고 있는 다른 유형의 문제가 제기된다. 유아세례를 베푸는 사람들은 그들이 7살에서 18살까지 기간에 흔히 견신례(입교)를 받게 하고, 다음 성만찬식에서 처음으로 성찬을 받을 수 있게 허락한다. 성인세례를 받고서 바로 성만찬에 참여하도록 해주는 경우는 그렇게 많지 않은 것 같다. 정교회는 세례를 통해 교회 신앙에 입문하는 과정을 처음 상태 그대로 놓아두는데, 마치 출생한 아이와 같은 상태로 여기기 때문이다. 그러나 종종 전혀 다른 문제에 직면하고는 한다. 1917년 이전에 출생한 모든 러시아인들은 세례 받은 것과 같은 상태였지만, 그러나 소련에서의 세례는 전혀 의미가 달라진다. 서방에서는 입교 과정의 의미들이 서서히 퇴색되고 있는데, 서구 교회가 여러 갈래로 나누어지기 전이던 16세기의 상태로 돌아가야 한다는 주장이 일면서 그렇게 되고 있다(1533년 이후 엘리자베스 1세 여왕은 출생 후 3일에 세례를 받는 것으로 공인했다).

    종교개혁 후 교회는 견신례와 함께 그와 비견할 만한 것을 되찾았다. 즉, 세례로부터 견신례를 구분하였던 중세 이후 경향들을 공식 입장으로 받아들였을 뿐만 아니라 견신례를 점진적인 훈련 과정으로 받아들이는 경향을 보였는데, 이것을 종교 교육 과정의 완성으로 제시하였다. 이러한 경향의 영향으로 미국의 교회들은 견신례를 중요한 과정으로 여기게 되었다. 중세 이후 견신례는 신학을 열렬하게 추구하는 하나의 실행 과정(practice)이 되었다.

    그러나 그러한 상황은 점점 실행 가능성이 낮은 것이 되어 갔다. 세례가 신약시대 교회가 행했던 것을 의미한다면 견신례는 무엇을 위해 필요한 것인가? 만약 견신례를 위한 교리문답 교육이 그리스도인의 신앙을 배우고 적용하기 위해 일생에 걸쳐 가져야 할 노력이라면, 세례의 의미를 퇴색시킬 수 있는 상상 속의 점진적 훈련을 기대해야 하는 것인가? 만약 더 중요한 것이 있다면 하나님께서는 유아세례를 받을 때 아직 주어지지 않은 어떤 것을 견신례에서 주시는 것인가? 견신례는 우리가 하나님의 역사하심의 경험을 기대할 수 없는, 성례전의 특성이 크게 없는 순전히 인간적인 수련 과정인가? 여기에서 우리는 곤경에 처하게 된다.

다행히도 우리는 여기에서 가능한 어떤 해결책을 찾아보고자 한다. 여기에서는 가능하면 간략하게 두 가지의 논지를 제시하고자 한다. "기독교의 입교 의식(Christian initiation)은 한 번에 완전한 것이 되어야 한다. 또한 기독교 입교 의식은 일생 동안 계속해서 노력하고 추구하여 이룩해 가야 할 과정이 되어야 한다." 이러한 주장은 서로 상치되는 주장 같지만, 이것은 루터교, 성공회 그리고 연합감리교회가 1970년 후반에 그들 나름의 새로운 입교 의식을 개발하여 시행하면서[45] 동시적으로 제시하고 있는 주장들이기도 하다.

기독교 입교 의식

이 두 주장들은 모두 해석을 필요로 한다. 첫 번째 논지는 기독교 입교 의식이 한 사건에서 완성되는 것이어야 한다는 주장이다. 우리가 그리스도의 죽으심과 부활을 믿고 세례 받을 때 우리의 반절만 교회의 일원이 되는 것이 아니다. 우리가 그리스도의 몸에 연합될 때에 어떤 여지를 남겨 놓고 되는 것은 아니다. 우리가 성령께서 운행하시는 공동체에 들어오게 될 때 그것은 완벽한 것이 된다.

교회의 입교를 단 한 번의 사건을 통해 완성된 것으로 행하였던 초대교회의 실행들은 특별히 부활절 아침 해 뜰 무렵에 행하여졌는데, 이것은 여전히 현명하고 탁월한 실행인 것 같다. 성령님께서 세례와 견신례로 나누었기 때문에 그렇게 하여야 한다는 주장은 받아들일 수

---

45) *Lutheran Book of Worship* (Minneapolis: Augsburg Publishing House, 1978), 308-12, 324-27; *Book of Common Prayer* (New York: Church Hymnal Corp., 1979), 299-314; *We Gather Together* (Nashville: Abingdon Press, 1980), 13-17.

없다. 이와 같이 새로운 예식은 세례를 한쪽에 두고, 다른 한편에서는 첫 번째 성만찬에 참여하게 하는 것이 되어야 한다고 제시한다. 하나님의 행동은 미완의 것이 아니라 완전하게 완성된 것으로, 이것은 세례를 집례하는 예식에서 강조되어야 한다. 또한 신약 성경이 주장하는 세례의 다섯 가지 차원이 극적으로 증거되어야 한다. 하나님의 선물로 주시는 표징은 이제 더 이상 나눠져서는 안 된다. 분리된 예식인 견신례[46]는 그 용어 자체를 제거하는 것이 불가능함에도 불구하고, 새로운 예식에서는 경시된다.

그러나 두 번째 논지 역시 사실이다. 우리가 세례를 받을 때 받게 되는 하나님 자신을 주시는 선물은 전 생애를 통해 기억해야 할 필요가 있다. 따라서 다양한 교회 전통은 자신의 신앙을 공개적으로 공표하고 (affirmation), 재 공표하거나 또한 세례의 갱신을 위해 유사한 예식들을 개발해 왔다. 새로운 미국 감리교 예배 예식은 매년 한 차례씩 회중들에게 물을 뿌리면서 "당신의 세례를 기억하십시오. 그리고 하나님께 감사하십시오"라고 외치는 순서를 가졌는데, 이것이 전형적인 한 예라고 할 수 있다. 그것은 아주 간략하지만 이러한 특징을 연합하여 보여주는 예다.

우리는 세례 가운데서 허락하시는 하나님의 자기 주심에 감사하면서 그 은혜를 기억할 필요가 있다. 우리의 삶 속에서 매일같이 계속해서 그 은혜를 기억하게 되는 날은, 하루아침에 완벽하게 완성되는 것

[46) 견신례에 대한 간단한 역사를 살펴보려면 나의 책, *Introduction to Christian Worship* (Nashville: Abingdon Press, 1980), 181-87쪽을 참조하라. 역주-이 책은 1992년에 개정판이 나왔고, 정장복, 조기연 교수에 의해 『기독교 예배학 입문』이라는 제목으로 출판되었다.

도 아니고 완벽하게 살아지는 것도 아니다. 이러한 새로운 예배 의식은 부활절 전날 철야기도(Easter vigil)에서 세례의 서약을 갱신하는 것을 반영하고 있는데, 이것은 1955년 로마 가톨릭의 고난주간 예식에서 소개되었다. 또한 18세기 감리교회 예배 전통에서도 찾을 수 있는데, 언약갱신예배(역주-요한 웨슬리 이후 시작된 오늘의 송구영신예배와 같이 드려졌던 예배)에서도 이러한 순서를 가졌다. 또한 그것은 인간 존재가 인생의 다양한 단계를 통하여 발전되어 가면서 계속하여 새로운 사람이 되어 간다는 현대적 인식과도 관련이 있다. 이와 같이 하나님께서 우리의 세례 가운데서, 단번에 모든 것을 이루시면서 행하신 것에 대한 감사를 매년 새롭게 할 필요가 있다고 보는 것은 아주 적절한 일이다. 우리가 받은 세례는 영원한 것이지만, 그것의 갱신은 일생 동안 계속되어야 할 과정이다.

　기독교의 입교 의식의 연합의 문제를 해결하기 위한 또 다른 시도들이 있었다는 것은 분명한 사실이다. 그러나 이 시점에서 이러한 새로운 발전은 어린아이가 세례를 받을 때도 가능하다는 사실을 가장 잘 약속해 주는 방향으로 진행되는 것 같다. '새로운 성인 기독교 입교 의식'에 대해서는 로마 가톨릭 교회 진영에서 가장 활발하게 이루어지고 있다. 이것은 성인 개종자들과 관련된 것이며, 세례, 안수 그리고 성만찬과 함께 세례자를 위한 교리문답 교육에서 정점에 이르게 된다.[47]

　지금까지 우리는 세례 성례전의 실행에서 찾을 수 있는 신학적 통찰에 대해 살펴보았다. 세례는 경이감과 기쁨을 가지고 받아들여야 하는

---

47) 이러한 경향에 대한 전반적인 해석을 살펴보기 위해서는 Kavanagh, *The Shape of Baptism*을 참조하라.

참으로 놀라운 선물(magnificent gift)이다. 궁극적으로 세례는 우리에게 허락하시는 하나님의 자기 주심을 위해 하나님께서 친히 선택하신 수단이라고 이해할 때, 이것은 어쩌면 우리가 상상할 수 있고 안출할 수 있는 가장 적절한 설명이 될 것이다.

성만찬은 하나님의 자기 주심을
반복해서 경험하는 사건이다.
그리스도인들은 세례로부터 시작하여
죽음을 맞이할 때까지 성만찬을 통하여
계속해서 하나님의 자기 주심을 맛보게 된다.

3장
하나님의 선물인 성만찬

하나님의 자기 주심의 반복적 경험

대부분의 기독교 예배 전통에서 성만찬은 공예배의 가장 일반적인 순서 가운데 하나다. 매 주일은 세계 교회가 성만찬을 행하는 성만찬의 날인데, 200여 나라의 그리스도인들이 주님의 만찬, 성만찬, 성만찬 예식(mass), 거룩한 예전, 떡을 뗌, 거룩한 성만찬, 혹은 주님의 회상 등의 용어로 함께 경축하는 시간을 갖는다. 그리스도인들은 성령강림절 이후 매일이 아니더라도 매주 예배를 위해 어디에서든 함께 모였으며, 특히 부활하신 주님 안에서 기쁨으로 떡을 떼기 위해 모였다. 이것은 오늘날 모든 종족들이 있는 곳마다 공통적으로 행하여 온 공예배의 가장 우주적인 형태이다.

세례와 달리, 성만찬은 하나님의 자기 주심을 반복해서 경험하는 사건이다. 그리스도인들은 세례로부터 시작하여 죽음을 맞이할 때까지 성만찬을 통하여 계속해서 하나님의 자기 주심을 맛보게 된다. 이것은 우리가 하나님의 자기 주심을 가장 직접적으로 경험할 수 있는 시간이다. 우리는 실제로 육체적 실체인 빵과 포도주를 받게 되는데, 그것은 바로 하나님의 자기 주심 사건이 구체적으로 일어나는 수단이 된다. 이 자기 주심의 행동은 모든 성만찬 예전 순서들의 구성에 있어 가장 중심적인 행동의 하나다. 다른 성례전에서는 하나님의 자기 주심이 이렇게 직접적으로 일어나는 경우가 많지 않은데, 성만찬에서는 아주 극적으로 행해진다. 그러므로 성만찬이 기독교 예배에서 가장 중심적인 역할을 한다는 것은 놀라운 일이 아니다.

그리스도인들이 주님의 만찬을 행할 때 실제로 무슨 일이 일어나는가? 의식을 진행하는 전례서, 혹은 예식서는 아주 다양하지만 성만찬 예전의 기본적인 구조는 다양한 배경을 가진 그리스도인들 사이에서도 놀랍게 거의 동일한 것을 발견한다. 첫째로, 그리스도인 공동체는 그리스도의 이름으로 함께 모인다. 그리고 시작하는 예식이 다양하게 주어진 다음에 하나님의 말씀인 성경이 봉독된다. 성서일과를 통해 신약과 구약으로부터 봉독된 말씀은 시편 교송과 찬양과 함께 번갈아가면서 주어진다. 그리고 오늘을 사는 사람들에게 하나님의 말씀을 들려주기 위해 봉독된 말씀을 따라 설교가 주어진다. 그리고 교회와 세계를 위한 기도가 이어지는데, 특히 권세를 가진 이들과 재난과 어려움 가운데서 고통당하는 이들을 위한 기도가 주어진다. 종종 평화의 인사가 이 예배의 마지막 부분에 주어진다.

예배의 후반부인 두 번째 부분은 떡과 포도주의 준비와 함께 시작된다. 이것은 종종 헌금을 드리는 순서와 함께 진행되기도 한다. 이때 예배인도자는 하나님께서 행하신 놀라운 일들에 대해 감사를 드리며, 그리스도께서 행하신 놀라운 사역들을 회상한다. 또한 성령님께서 오늘도 우리 가운데서 놀랍게 역사하시기를 청원한다. 그리고 함께 떡을 나누기 위해 떼는 순서를 가진다. 모든 공동체는 감사의 기도를 드린 떡과 포도주를 받기 위해 성만찬 상 주변으로 모인다. 성만찬을 나눈 뒤 마지막으로 회중들은 세상으로 흩어진다.

우리는 이러한 순서들(works)과 행동들을 바로 이해하려는 시도들을 하게 될 것이다. 특히 초대교회가 함께 떡을 뗄 때에 경험한 것들을 말씀 속에 무어라 기록하고 있는지를 분간하는 작업을 하게 될 것이다. 무엇보다도 우리는 오늘날 개신교회들이 직면하고 있는 두 가지 문제에 대해 살펴볼 것인데, '주님의 만찬은 얼마나 자주 가져야 하는가'와 '누가 주님의 만찬 상에 참여할 수 있는가'에 대한 주제를 살펴볼 것이다.

I

성만찬에 대한 기본적 이해

초대교회는 신약 성경의 첫 책이 기록되기 이전, 약 30여 년 동안 주님의 만찬을 행해 왔다. 공관복음서에 나오는 성만찬 제정의 말씀이 책에 기록된 형태로 주어지기 훨씬 이전부터 떡을 떼는 일은 계속되었다. 요아킴 예레미아스는, 복음서가 쓰여질 때 다소 다양하게 기록된 것은 서로 다른 상황에 있는 여러 그리스도인 공동체의 예배 전통으로부터 기록되었기 때문이라고 주장한다.[48] 이와 같이 성만찬 자체를 놓고 볼 때 그것은 공동체의 예배의 삶과 깊이 연관되어 있었는데, 그 공동체 안에서 떡과 포도주를 함께 나누어 왔으며, 이러한 예배 전통이 결국 성경의 내용들로 기록되기 시작했다. 사도행전에 의하면 예루살렘에 있던 교회는 "날마다 마음을 같이하여 성전에 모이기를 힘쓰고 집에서 떡을 떼며 기쁨과 순전한 마음으로 음식을 먹는"(행 2:46) 것을 계속했다. 주전 1세기는 유대 가정과 회당예배에서 들었던 음식에 대해서 상당한 지식을 전하고 있다.

복음서, 사도행전 그리고 서신서에는 지중해 동쪽의 다양한 지역에서 행해지던 성만찬에 대한 경험들이 조금씩 제시되고 있다. 신약 성경은 주님의 만찬이 가지는 의미에 대한 어떤 규정들을 구체적으로 제시해 주지 않는다. 그러나 말씀의 기록들은 성만찬을 매일, 혹은 매주일 경험하는 사람들의 어깨 너머로 그것을 들여다볼 수 있도록 허락해 주었고, 그들이 성만찬 경험을 통해 배워야 할 것이 무엇인지를 구체적으로 보여주었다고 증언한다. 이것은 일반적인 언급이지만 성만찬이 그들에게 어떠한 의미를 주는지에 대한 중요한 통찰을 제시하며, 그들이 경험한 것을 표현함에 있어 그들이 발견하였던 이미지를 적절하게 활용하여 표현한다.

이러한 이미지를 묘사함에 있어서 가장 만족스러운 방식은 여전히 웁살라의 루터교 대감독(archbishop)이었던 유그브 브릴리오스

---

[48] Joakim Jeremias, *Eucharistic Words of Jesus* (New York: Charles Scribner's Sons, 1966), 106-37.

(Yngve Brilioth)가 발전시킨 방식일 것이다. 그는 현대 예전 연구에 있어서 하나의 고전과 같은 책인 *Eucharistic Faith and Practice: Evangelical and Catholic*에서 그것을 잘 묘사하고 있다.[49] 브릴리오스는 이 책에서 역사적 방식을 따라 신약 성경에 나오는 다섯 가지의 중심적인 이미지를 취급한다. 즉, '기쁨으로 드리는 감사 예전'(joyful thanksgiving), '회상'(commemoration), '성도의 교제'(communion) 혹은 '친교'(fellowship), '희생'(sacrifice) 그리고 '그리스도의 임재'(Christ's presence) 등이 그것이다. 그는 이러한 이미지들을 1세기부터 17세기 어간에 걸쳐 추적하고 있다. 비록 브릴리오스가 언급하고 있지는 않지만, 우리는 여기에 두 가지의 다른 이미지를 더 추가할 수 있을 것이다. 즉 '성령의 역사하심'(the action of the Holy Spirit)과 '모든 것들의 최종적 성취'(the final consummation of things)가 그것이다.

이 모든 일곱 가지의 이미지는 역사를 통해서 보면, 어느 때는 이러한 이미지가 강조되었고 또 어느 때는 축소되기도 했다. 그러나 어떤 것도 서로 모순되거나 양립되게 사용되지 않았다. 각 이미지는 다른 이미지를 지지해 준다. 가장 강력한 성만찬의 믿음과 실행은 이러한 일곱 가지의 이미지 가운데 균형을 만들어 간다. 그러나 성만찬에서는 무엇보다도 하나님의 자기 주심이 가장 풍부하게 나타난다. 교회는 그러한 균형을 유지하는 것이 어떻게 가능할지를 거의 알지 못했다. 종교개혁의 소용돌이가 일어나면서 신약 성경이 가지고 있는 풍부함과 성만찬을 행하면서 갖게 된 다양한 경험에 대해 보다 깊은 숙고를 추

---

[49] Yngve Brilioth, *Eucharistic Faith and Practice: Evangelical and Catholic*, trans. A. G. Hebert (London: SPCK, 1930).

구하였다. 그러나 그러한 노력들은 오늘날 현대 성서신학 진영에서 초대교회가 성만찬을 행하면서 경험하였던 상황에 대해 더 많은 것을 발견했던 것에는 미치지 못하는 것이었다.

감사 예전으로서의 성만찬

성만찬에서 하나님의 자기 주심에 대해 초대교회가 경험한 내용의 첫 번째 이미지는 '기쁨으로 드리는 감사의 예전'(joyful thanksgiving)이었다. 헬라어의 '유카리스티아'(*eucharistia*)라는 단어는 신약 성경에서 거의 모든 경우가 이 의미로 사용되었는데, 하나님께 감사를 드린다는 의미를 가지고 있다. 사도행전은 예루살렘 교회의 분위기를 잘 묘사해 주고 있다. "날마다 마음을 같이 하여 성전에 모이기를 힘쓰고 집에서 떡을 떼며 기쁨과 순전한 마음으로 음식을 먹으며"(행 2:46). 이것은 슬픔에 찬 애가는 아니다. 중세 시대 후기 이래로 성만찬을 자주 참회의 의식으로 만들었던 것과는 달리 초대교회에서의 성만찬은 기쁨의 향연이었다.

감사드림은 최후의 만찬 자체에서도 가장 기본적인 형식으로 등장한다. 예수님께서 제자들과 가지셨던 최후의 만찬을 기록하고 있는 사복음서의 설명에는 이러한 특징이 분명하게 등장한다. 초대교회는 이러한 모범을 성실하게 따르고 있다. 특히 찬양, 감사, 탄원의 기도를 드렸던 유대교의 패턴과 아주 유사한 내용들을 사용하였다. 그러나 인간의 감사하는 마음 쪽에 강조를 두었던 것이 아니라, 하나님께서 행하신 일에 대해 기억하면서 감사를 드리고, 그들 가운데서 하나님께 계

---

50) 이것에 대해서는 특히 Thomas Talley, "The Eucharistic Prayer of the Ancient Church according to Recent Research: Results and Reflections," *Studia Liturgica XI* (3/4,

속해서 역사하시기를 위해 기도드리는 것에 강조점을 두었다.[50]

이와 같이 그리스도인들이 감사를 드렸던 방식은 독특한 특징을 가지고 있음을 알 수 있다. 그들은 역시 고대 유대인들이 사고하고 행동했던 방식을 반영하고 있다. 교회는 예배에 있어서 유대교의 뿌리를 망각해 버릴 때마다 지나치게 감상적으로 잘못 나가는 경향을 갖게 되었다. 이것은 마치 소금을 쳐야 할 곳에 설탕을 넣었을 때에 그 맛이 아주 달라지는 것과 같다. 최근 몇 년 동안에 일어난 예배 개혁을 위한 많은 시도들은 잃어버린 유대교의 뿌리를 회복하려는 경향을 보이고 있다. 이것은 아주 고무적인 일인데, 기독교 예배를 위해 그것들이 얼마나 필수적인 요소인가를 인식하게 되면서 주어진 경향들이다.

1세기와 2세기 초의 문서인 '디다케'는 다음과 같이 교훈해 주고 있다. "이제 성만찬에 대해서 말씀드리겠습니다. 이것은 하나님께 어떻게 감사를 드려야 할지에 대한 것입니다. 그렇게 감사를 드리십시오. 우리의 아버지께 감사를 드리나이다…."[51] 그리스도인들은 훌륭한 유대인의 열정을 따라 과거에 허락하신 하나님의 구원의 행동을 회상하면서, 아직 하나님께 돌아오지 않은 사람들을 위하여 탄원의 기도를 드렸다. 한편, 2세기에 순교자 저스틴은 예배인도자에게 "기도를 올려드리시되 그가 할 수 있는 최고의 감사의 기도를 올려드리십시오"라고 권면하고 있다.[52] 과거에 행하셨던 하나님의 놀라우신

1976), 138-58과 Louis Ligier, "The Origins of the Eucharistic Prayer," trans. Geoffrey Wainwright, *Studia Liturgica IX* (4, 1973), 161-85; Louis Bouyer, *Eucharist* (Notre Dame: University of Notre Dame Press, 1968) 등을 참조하라.

51) *Early Christian Fathers*, edited by Cyril Richardson (Philadelphia: The Westminster Press, 1953), 175.

52) "First Apology," *Early Christian Fathers*, 287.

자기 주심의 행동을 기억하며, 현재를 넘어 미래의 실재를 향해 가는 굽힐 수 없는 간절한 기도를 이어서 드리게 된다. 디다케는 그 기도의 끝을 이렇게 맺고 있다. "땅의 모든 끝에서 주의 교회를 이끄셔서 주의 나라로 들이소서!"

회상의 사건으로서의 성만찬

신약성경에서 설명하고 있는 두 번째 이미지는 이것과 밀접하게 관련이 있는데, 회상(commemoration), 혹은 기억(remembrance)이 그것이다. 헬라어의 주요 어휘는 고린도전서 11장 24절에 나오는 "에이스 텐 에멘 아남네신"인데, 이것은 "나를 기념하여"로 번역되었다. 같은 단어가 누가복음 22장 19절에도 나온다. 성경의 몇 단어들은 현대어로 적절하게 번역되지 않는 안타까움이 있다.

미국 장로교회의 『예배서』는 이것을 "나를 기억하여"(remembering me)로 번역하고 있다. 성공회와 루터교회의 예배서에서는 "나를 기억하기 위하여"(for remembrance of me)로 번역하고 있는 반면, 미국 감리교회 예배는 "주님의 임재를 새롭게 경험하는 것"(experience anew the presence)으로 사용하고 있다. 가끔 그것은 헬라어 그대로 '아남네시스'로 사용하는 것이 더 쉽게 느껴지기도 한다. 그대로 사용하면서 회중들에게는 그 의미가 무엇인지를 교육하는 것이 어떤 점에서 훨씬 나아 보인다.

우리가 '성만찬을 행할 때' 그리스도께서 현존하시며, 모든 권세를 가지고 구원하시는 역사를 계속하신다. 그것은 누군가가 한때 여기 있었다가 이제는 가고 없다는 사실 정도를 '기억하고'(recalling) '기념하는'(remembering) 정도의 문제가 아니다. 그런 점에서 이 두 단어는 '아남네시스'라는 단어의 번역으로는 적당하지 않다. 그것은 구주되신 예수님의 생생한 임재(living presence)를 명확하게 아는 차원으로, 마치 우리가 역사적으로 현존하셨던 그분의 임재를 증언하는 것처럼 그것이 성만찬에서 구체적으로 이루어지는 것을 아는 차원을 의미하는 단어다.

그리스도께서는 과거에 우리를 위해 행하셨던 역사를 다시 경험하는 것을 통해 우리에게 자신을 다시 주시기 위해 현존하신다. 과거의 사건은 이제 현재적인 사건이 되고, 우리는 시간의 간격을 넘어서게 된다. 우리는 과거의 사건이 현재의 사건이 되는 시간의 신비에 참여하게 되는데, 이것은 그분의 구원하시는 모든 능력을 통해서 이루어진다. 이와 같이 그리스도께서 우리를 위해 자신을 주시는 본래 사건이 가지는 역동성(dynamic)은 우리가 성만찬을 행할 때마다 계속 반복해서 일어나게 된다.

최근 몇 년 동안 회상의 사건으로 이해하는 영역이 크게 확대되었다. 교회가 성만찬을 통해서 기억하는 것이 성만찬의 가장 중요한 부분이 되어온 것이 사실이지만, 그것은 단지 그리스도 수난과 죽으심, 부활과 재림만은 아니다. 창조부터 예수님의 재림까지 그리스도의 사역의 전 영역을 성만찬에서 회상하는 것이다. 최근까지 서방교회의 성만찬은 고난주간과 부활주일에 일어났던 사건을 회상하는 정도에서 벗어나지 못하였다. 하지만 동방교회에서는 성만찬을 창조로부터 시작하여 그리스도의 구원의 역사를 전체적으로 회상하는 것으로 보존하고 있다. 이렇게 동방교회가 하나님의 구원의 역사뿐만 아니라 창조의 역사를 계속해서 기억해 온 것에 비해, 서구 문화는 자연계와 관련하여 이해하는 것이 얼마나 어려운가를 깊이 숙고하려는 유혹을

받고 있다.[53]

예전의 성만찬 기도와는 아주 대조적으로 로마 가톨릭과 개신교의 새로운 기도문들은 새로운 언약뿐만 아니라 옛 언약 아래서 하나님의 역사의 중요성을 강조하고 있다. 창조와 구속은 하나님의 '약속의 나라'(promised Kingdom)에 대한 간절한 기대감을 갖도록 우리를 인도한다. 바울이 우리에게 말해 주는 대로, 매 성만찬은 "주의 죽으심을 (주님께서) 오실 때까지"(고전 11:26) 선포한다. 회상은 역시 약속으로 주어졌으며, 실현되고 있는 하나님의 구원의 행동들에 대한 기대를 포함한다.

하나됨을 위한 성도의 교제로서의 성만찬

바울은 세 번째 이미지에 대해 자주 언급하는데, 성도가 함께 나누는 교제(communion) 혹은 친교(fellowship)가 그것이다. 성도들과 함께 나누는 우리의 친교는 그리스도와 하나 됨이라는 개념으로부터 유출된다. 다양한 방법 가운데 하나가 세례 가운데서 하나님의 자기 주심을 경험하는 것인데, 그것은 그리스도의 몸인 교회에 연합되는 것을 의미하는 것임을 이미 살펴본 바 있다. 주님의 만찬에서 떡을 떼는 것은 이 성만찬을 통해서 교회의 주인이신 주님께서 우리에게 주시는 하나 됨의 강력한 표징이다. "우리가 떼는 떡은 그리스도의 몸에 참예(koinonia)함이 아니냐 떡이 하나요, 많은 우리가 한 몸이니 이는 우리가 다 한 떡에 참예함이라"(고전 10:16-17). 떡을 떼는 행

---

53) Joseph Keenan, "The Importance of the Creation Motif in a Eucharistic Prayer," *Worship*, LIII (July 1979), 341-56.

위 자체는 연합을 강력하게 진술하는 것이다. 이것은 많은 교회들이 침묵 가운데서 단순히 떡을 떼는 것과는 전혀 다른 차원의 의미를 가지고 있다.

일단 헬라어로 '코이노니아'(koinonia)라는 용어를 그대로 사용하기를 원하는 사람들도 있다. 이것은 아남네시스나 유카리스티아보다는 훨씬 설명하기가 단순한 용어다. 그러나 번역했을 때 생생한 의미가 다소 약해짐을 느낀다. 여기에서의 연합은 단순히 인간의 유쾌함(conviviality)을 표현하는 차원이 아니다. 오히려 그것은 떡을 뗌을 통해서 주어지는 선물인데, 그리스도의 몸 안에서 함께 나누는 것을 의미한다. 이것은 유대교의 이해에 바탕을 둔 것으로, 음식은 함께 참석한 사람들을 하나로 묶어 준다는 의미를 가진다. 바울은 그 다음 구절에서(고전 10:18) 이것을 잘 지적하고 있다. 그러면서 바울은 한 걸음을 더 나가는데, 그리스도를 통해서 주어진 연합은 우상과의 연합을 금한다. "주의 상과 귀신의 상에 겸하여 참예치 못하리라"(고전 10:21). 그리스도께서는 공동체 안에서 우리를 당신에게 포함시켜 주실 뿐만 아니라 우상을 섬기는 것을 강력하게 금하신다. 성만찬 공동체는 악에 타협하는 것을 금하고 있다.

종교개혁이 재발견한 가장 소중한 것 가운데 하나는 친교로서의 성만찬이 가지는 중요성을 새롭게 발견했다는 점이다. 성만찬은 개인들에게 그저 흩어져 있는 회중이 아니라 그리스도의 몸의 일원이 되어 하나 됨을 경축할 것을 요청하고 있다. 이것은 세 가지 차원에서 하나 됨인데, "그리스도와 하나 됨, 성도들과 하나 됨 그리고 온 세상을 섬기는 일에 있어서 하나 됨"을 경험해야 한다. 그리스도와의 연합을 통해서 주어지는 이 하나 됨은 다른 성도들과의 하나 됨이며, 하나님의 모든 피조 세계에 대한 책임을 포함한다.

세례가 가지는 표징의 최고의 가치는 주의 몸에 대한 연합(incorporation)인데, 이 차원은 바로 세례가 성만찬을 통해서 온전히 완성될 때 이루어진다. 세례를 받은 사람은 이제 새로운 교회의 일원이 되어 처음으로 성만찬에서 떡을 뗌에 참여하게 된다. 3세기 교회는 새로이 세례 받은 사람을 위하여 우유(젖)와 꿀을 성만찬에 더하게 되었는데 새로 교회의 일원이 된 그리스도인들은 이제 젖과 꿀이 흐르는 약속의 땅에 들어가게 된다는 의미를 부여하기 위해서였다. 성만찬은 세례의 한 부분이며, 그것은 계속해서 반복된다. 하나 됨은 주님의 성만찬을 경축할 때마다 함께 누리게 되는 하늘의 선물이다.

그리스도의 희생으로서의 성만찬

많은 논쟁이 되고 있는 주제를 담은 성만찬의 이미지를 든다면 그것은 희생(sacrifice; *thusia*)으로서의 성만찬 이미지이다. 최근 들어 이것은 많이 분명해졌고, 16세기의 논쟁의 안개[54]를 벗어나서 성경의 증언을 볼 수 있게 되었다. 이제야 우리는 이것이 신약에서는 얼마나 널리 퍼져 있는 이미지였는지를 인식하게 되었다. 성만찬 제정사의 언어는 바로 희생의 언어이다. "이것은 죄 사함을 얻게 하려고 많은 사람을 위하여 흘리는 바 나의 피 곧 언약의 피니라"(마 26:28). "이 잔은 내 피로 세우는 새 언약이니 곧 너희를 위하여 붓는 것이라"(눅 22:20; 고전 11:25). 유월절 축제의 상황에서 1세기 유대인들이 가졌던 그 희

---

54) Robert Daly, *Christian Sacrifice* (Washington: Catholic University of American Press, 1978); Robert Daly, *The Origins of the Christian Doctrine of Sacrifice* (Philadelphia: Fortress Press, 1978) 등을 참조.

생의 의미를 우리가 온전히 알 수는 없을지도 모른다. 시내산에서 주어졌던 언약은 피를 부음으로 다시 실증되고 있다(출 24:6-8).

희생의 이미지에 대해서는 많은 접근 방법들이 가능해진다. 유대교에 있어서의 희생의 개념은 아주 넓은 의미를 가지고 있었다. 특히 그것은 영적 친교(communion), 속죄, 실증(ratification) 등과 같이 다양한 의미를 담고 있었다.

히브리서는 이 희생의 이미지에 있어서 아주 풍부한 설명들을 제시한다. 히브리서는 그리스도를 대제사장과 희생양으로 설명하고 있다. "흠 없는 자기를 하나님께 드린 그리스도의 피가 어찌 너희 양심으로 죽은 행실에서 깨끗하게 하고 살아 계신 하나님을 섬기게 못하겠느뇨"(히 9:14). 디다케가 보여주고 있는 대로, 교회는 '깨끗한 재물'에 대해 예언하고 있는 말라기 1장 11절을 재빠르게 성만찬 가운데 경험하게 되는 것으로 설명하면서 적용하고 있다. 히브리서 13장 15절은 역시 "찬미의 제사"(the sacrifice of praise)에 대해 언급하고 있는데, 히브리서가 성만찬이나 희생과 관련하여서 분명하게 언급하고 있지 않음을 감안할 때 독특한 표현이 아닐 수 없다.

최근의 주장들은 그리스도의 희생에 대해 오직 갈보리에서의 희생만이 아니라 예수 그리스도의 성육신과 사역을 구성하는 삶의 모든 요소를 희생으로 이해하려는 경향이 있다.[55] 바울은 이 땅에서의 그리스도의 모든 사역을 궁극적인 하나님의 자기 주심으로 이해하고 있다. 즉 그리스도의 희생은 "오히려 자기를 비어 종의 형체를 가져 사람들과 같이"(빌 2:7) 되게 하셨다. 이러한 그리스도의 복종의 희생은 성만

---

[55] Gustaf Aulen, *Eucharist and Sacrifice* (Philadelphia: Fortress Press, 1958), 146-50쪽 참조.

찬에서 깊이 기억된다. 이와 같이 성만찬은 이 땅에서 그리스도께서 행하신 모든 사역(희생)을 깊이 기억하는 것이다. 성만찬을 행할 때마다 교회는 그리스도께서 우리를 위해 놀랍게 희생하심으로 행하신 모든 것을 새롭게 기억하고, 그것을 다시 새롭게 경험한다.

어거스틴은 히브리서 9장 24절을 인용한다. "그리스도께서는 참 것의 그림자인 손으로 만든 성소에 들어가지 아니하시고 오직 참 하늘에 들어가사 이제 우리를 위하여 하나님 앞에 나타나시고." 그리스도와의 연합을 통해 세례 받은 제사장 공동체는 예배를 드리며, '우리를 위하여 하나님 앞에' 자신을 온전히 드리신 그리스도와 하나로 연합된다. 새로운 미국 감리교회 성만찬 예식은 "우리를 위해 온전히 자신을 드리신 그리스도의 희생의 드리심과 연합하면서 우리가 드리는 찬양과 감사의 희생"에 대해 언급하고 있다.

예레미아스는 이러한 희생을 우리를 위해 놀라우신 은혜를 허락하신 하나님이신 예수 그리스도를 기억하는 것이라고 믿는다.[56] 우리는 하나님 앞에서, 그리스도께서 역사의 한 시점에서 우리를 위해 자신을 드리심으로 행하신 일들을 기억함(remembering)으로써 '성만찬을 행한다.' 우리가 드려야 하는 모든 것은 그리스도이시다. 바로 그것이 우리가 필요로 하는 모든 것이다. 이러한 의미에서 희생은 우리의 일이 아니라 그리스도께서 홀로 행하신 것이다. 우리는 다만 그 안에서 회상하는 것이다.

크랜머가 주장한 대로, 또 하나의 가능성은 히브리서 13장 15절을 성만찬에 적용하는 것이다. 주님의 만찬은 "찬미와 감사의 제사

---

56) Jeremias, *Eucharistic Words of Jesus*, 248-55.

(sacrifice)"를 드리는 것으로 이해할 수 있다. 적어도 여기에서 우리는 종교개혁 시대에 있었던 논쟁을 벗어날 수 있게 된다. 우리는 희생에 대한 성경의 풍부한 이미지를 회복할 수 있다.

그리스도의 임재로서의 성만찬

우리의 다섯 번째 이미지는 다소 논쟁의 여지가 있는 것인데, 성만찬에서의 그리스도의 임재(Christ's presence)의 이미지다. 성만찬 제정사에서 그리스도는 떡과 포도주를 그의 몸과 피와 동일시한다. "이것이 내 몸이니라 … 이것은 … 나의 피 곧 언약의 피니라"(마 26:26, 28). 바울은 잔에 대해 감사드림을 '그리스도의 피에 참여함'으로, 떡을 떼는 것을 '그리스도의 몸에 참여함'으로 부르고 있다. 성만찬에서 떡을 떼고 잔을 나누는 행동은 그리스도의 보혈과 몸에 참여하는 것을 의미하고 있다.

다행스러운 것은 최근 들어서 종교개혁 논쟁에 포함되어 있던 어떤 논쟁점들이 명백해지기 시작했다는 사실이다. 제 2 바티칸 공의회의 문서였던 『거룩한 전례에 대한 헌장』[57]은 성만찬에서의 그리스도의 임재가 떡과 포도주에 부가적으로, 다양한 방식으로 경험될 수 있다는 사실을 분명하게 밝히고 있다. 그리스도는 집례자 가운데도 임재하시고, 성만찬의 집례 행동에도 임재하시고, 하나님의 말씀을 봉독하는 곳에도 임하시며, 주님의 이름으로 모여 회중들이 함께 찬양하고 기도하는 곳에도 임재하신다. 이 헌장과 교황의 정기 서신인 **1947년 Mediator Dei**에서 논의된 대로, 그리스도의 임재에 대한 다양한 차

---

57) *Constitution on the Sacred Liturgy*, Par. 7

원을 인식하게 된 것은 에큐메니칼 논의의 많은 가능성을 열어 놓았다. 하지만 불행하게도 이러한 기회는 16세기 여러 종교개혁자들 사이에서나 , 혹은 로마 교황청과의 논쟁에서 빛을 보지 못하였다.

그리스도의 자기 주심은 성만찬에서 어떻게 임재로 경험되는가? 성만찬은 선물을 주심을 통해 그리스도께서 자신을 주시는 가장 최고의 모델이다. 우리는 누군가에게 선물을 주는 행동을 통해 우리의 마음을 구체적으로 표현할 수 있게 된다. 어떤 일상의 물건이 선물로 바꾸어지면 그것은 처음의 것과 동일한 물건이 아니다. 일단 그것이 선물로서 전달되면 그것은 언제나 주는 사람을 마음에 두게 한다. 이와 같이 물건을 선물로 바꾸는 힘은 드림의 행동을 통해서 온전히 드러나게 된다. 작은 아이가 엄마 아빠에게 드리기 위해 휴지통에 있던 시들어 버린 꽃 한 송이를 집어 들었다면, 그것은 이미 시들어 버려진 꽃이 아니라 아주 아름다운 선물이 된다. 왜냐하면 그것은 사랑의 표시가 되기 때문이다.

성만찬에서 그리스도의 임재의 개념은 '의미 변화'(trans-signification)라는 이름으로 인식되어 왔다. 그리스도께서는 우리들에게 당신 자신을 주시기 위해 떡과 포도주를 사용하시는데, 공동체가 성만찬을 통해 감사드림의 순서를 가질 때 그 안에서 사용한다. 이제 더 이상 그 성물들을 단순한 떡과 포도주라고 말하는 것은 정확하지 않다.

그것은 선물이다. 그것의 실체는 완전히 변하게 되는데, 그것을 통하여 우리가 예수 그리스도를 새롭게 경험하게 되기 때문이다. 그것은 그분의 사랑을 눈으로 볼 수 있게 해준다. 믿음이 없는 사람에게 그것은 여전히 떡과 포도주일 뿐이다. 그러나 믿음을 가지고 성만찬 상에 나아오는 사람들에게는 그것이 우리에게 자신을 주시는 주님의 최고의 방식이 된다. 그 선물은 그것을 주시는 분으로 우리에게 다가온다.

이러한 떡과 포도주 안에서 그리스도의 임재를 말할 수 있게 되었다. 이 모든 성물들은 바로 그 자체 안에서 변화가 일어난 것이다. 그것은 외적으로는 떡집에서 만든 것이고, 포도주를 만든 곳에서 나온 것이다. 그러나 믿음의 사람들에게는 그것이 진정으로 성만찬에 있어야 할 거룩한 성물로 바뀌게 된다. 왜냐하면 그것은 선물이 되기 때문이다. 그 선물의 실체는 그것이 얼마나 현금 가치가 있느냐보다 훨씬 더 중요하다. 선물은 그것을 주시는 분이 우리 가운데 다시 현존하도록 만든다. 이것은 그 선물을 주시는 분이 살아계시든, 아니면 이 세상을 떠난 분이든 상관없다. 하나님의 자기 주심의 행동은 전적으로 우리에게 주시는 것이 무엇이든지 간에 변형시킨다. 그러므로 떡과 포도주는 그리스도의 임재 자체이다. 왜냐하면 그 성물들은 그것을 통해 그리스도께서 자신을 우리에게 주시는 수단이 되어 왔기 때문이다.[58]

성령의 역사하심으로서의 성만찬

성경은 성만찬에 대해 직접적으로 성령의 역사하심(action of the Holy Spirit)으로 언급하지는 않는다. 그럼에도 불구하고 우리는 이 이미지를 살펴볼 필요가 있다. 우리가 교회와 세례 가운데서 성령님의 임재를 숙고한다면 성령의 역사하심은 거의 불가피하게 분명해진다. 성령님은 분명하게 성만찬 사건 속에서 적극적으로 일하시는 분이신데, 성만찬이야말로 교회에게 그것의 진정한 본질을 분명하게 드러내

---

58) Edward Schillebeeckx, *Eucharist* (New York: Shed & Ward, 1968).

주는 것이다.

어떤 학자들은 히폴리투스의 성만찬 기도를 "현존하는 성만찬 기도의 가장 오래된 내용"[59]으로 간주하기도 하는데, 그는 성만찬 기도에서 교회가 드리는 성물 위에 성령님을 보내 주셔서 모인 사람들을 하나로 묶어 주시고, 진리 가운데서 그들의 믿음을 강하게 해주시도록 성부 하나님께 간구하고 있다. 분명히 이것은 유대교의 탄원의 기도(supplication)로부터 기독교의 성만찬 기도로 발전한 것이다. 그때로부터 약 한 세기 이상이 지난 후 예루살렘의 시릴(Cyril)이 성령님의 활동에 대해 더욱 명백하게 정의한다. 그는 성만찬에서 이것을 다음과 같이 더욱 새롭게 제시하고 있다. "우리는 자비가 풍성하신 하나님께 주님 앞에 놓여 있는 이 성물 위에 성령님을 보내 주시기를 간절히 간구하나이다. 그리하여 여기 놓여져 있는 떡이 주의 몸이 되게 하시고, 여기 포도주가 주님의 보혈이 되게 하소서. 성령님께서 터치하시는 것마다 거룩하게 하시고, 변화되게 하소서."[60] 여기에서 우리는 동방교회의 거룩한 예전에서 성령님의 역할이라는 중심 되는 개념이 제시하는 표지를 대하게 된다.

불행하게도 서방교회는 수천 년 동안 이 측면에 대해 무관심해 왔다.[61] 칼빈은 이것을 그의 성만찬 신학의 가장 중심 되는 요소로 삼고

---

59) 내용과 연관하여 보다 간편하게 살펴보기 위해서는 R. G. Jasper and G. J. Cuming, eds., *Prayers of the Eucharist: Early and Reformed*, 2d ed. (New York: Oxford University Press, 1980), 21쪽을 참조하라. Bernard Botte, *La Tradition apostolique de Saint Hippolyte* (Munster: Aschendorffsche, 1963)는 히폴리투스에게 있어서 에피클레시스와 관련된 문제들을 지적하고 있는데 결국 그것을 존속하고 있다. 17쪽 참조.

60) Frank Cross, ed., *St Cyril of Jerusalem's Lectures on the Christian Sacraments* (London: SPCK, 1960), 74.

61) A. John McKenna, *Eucharist and Holy Spirit* (London: Alcuin Club, 1975).

있다. 그러나 그도 예전 그 자체에서는 그렇지 못했다. 웨슬리는 그의 성만찬 찬송에서 그것을 아주 중요한 요소로 삼고 있다. 그러나 그도 성만찬 예전에서는 그렇지 못했다. 성만찬에서 성령님의 역할을 명백하게 인식하게 된 것은 모든 새로 구성된 예전들에서 공통적으로 나타난 것이다. 이러한 것은 우리 모두가 동방교회의 예전으로부터 그 통찰력을 얻었다. 그리스도의 자기 주심은 바로 교회에서, 예배하는 회중들이 모인 시간과 공간에서 성령님의 역사하심을 통해 즉각적으로 일어나는 것임을 표현할 필요가 있게 된 것이다. 교회는 성령이 역사하시는 곳이며, 성만찬은 함께하는 교회의 삶에 있어서 그 중심에 위치한다.

이와 같이 모임으로부터 흩어짐까지 성만찬의 총체적인 상징행동은 성령님의 즉각성을 통하여 일어나는 그리스도의 자기 주심의 행동이다. 우리는 단지 축성(consecration)의 순간에만 일어나는 것으로 생각할 필요는 없다. 전체 공동체 안에서, 그리고 모든 예전 안에서 성령님의 역사하심을 통해 그리스도께서 현존하신다. 성령님의 역사하심으로 교회는 그리스도의 희생적인 자기 주심을 경험하게 되는데, 과거의 역사 혹은 미래의 희망으로서 뿐만 아니라 지금 여기 바로 우리들의 예배 한복판에 현존하시는 실체로서 경험하게 된다.

최종적 성취로서의 성만찬

이제 마지막 남은 하나의 이미지는 브릴리오스가 언급하지 않은 것이지만 성경적인 것으로, 이것에 우리의 주의를 집중할 필요가 있다. 그것은 바로 성만찬을 '모든 것들의 최종적 성취'(the final consumation of things)로 이해하게 하는 이미지다.[62] 유월절은 하나님의 과거의 역사를 기념하고 축하하는 것이다. 그러나 경건한 유대인들은 유월절 저녁식사를 메시아가 오실 때 모든 것들이 성취되는 메시아 향연의 대망으로 보았다. 예수님께서는 이 사건을 변형하여 과거와 미래 위에 세우셨다. 예수님께서는 "이 유월절이 하나님의 나라에서 이루어질" 때에(눅 22:16), 그리고 "내 아버지의 나라에서 새 것으로 너희와 함께 마시는 날"(마 26:29; 막 14:25)에, 그 나라에서 다시 유월절 식사를 함께 드시기를 간절히 원하신다고 말씀하셨다. 바울에게 있어서 먹고 마시는 것은, "주의 죽으심을 오실 때까지 전하는" 것이었다(고전 11:26).

이와 같이 주님의 만찬은 시간의 시작부터 마지막까지 앞서고 뒤에 서서 이르게 되는 종말론적인 사건이다. 하나님의 자기 주심은 아직 완성된 것이 아니다. 성만찬은 아직 주어지지 않았으나 장래에 허락하실 것을 미리 선취해 맛보는 것이다. 모든 성만찬 기도가 시간과 관련이 있는 것은 우연이 아니다.

성만찬 기도는 "우리가 주님과 함께 영광 가운데서 축연에 참석할 때," 혹은 "최후 승리를 이루시고 다시 오실 때"와 같은 시간에 대한 언급을 하고 있다. 신약시대의 그리스도인들은 부활하신 주님의 임재를 새롭게 경험하면서, 그리고 "아멘 주 예수여 오시옵소서!"(계 22:20)라고 기도하면서 성만찬에 동참하였다. 최근 중보기도의 중심 주제는 하나님의 백성들의 연합을 위한 기도다. 그것은 디다케에도 나타난다. "사방에서 주의 교회를 함께 모으셔서 우리를 위해 예비하신

---

62) 이 주제에 대해서 보다 고전적으로 다루고 있는 연구서를 참조하기 위해서는 Geoffrey Wainwright, *Eucharist and Eschatology*(New York: Oxford University Press, 1981)를 참조하라.

주님의 나라로 들이시옵소서."

각 시대마다 교회는 성만찬을 행하기 위해 함께 모였으며, 하나님의 성례전을 경축하였다. 그날은 새로운 기대감을 미리 맛보게 되며, 선지자들이 이미 예언했던 것들을 맛보게 된다. 그래서 성만찬에서 그리스도인들은 마지막의 성취를 위해서 기도하고, 그것이 이루어지기를 위해서 행동한다. 그것은 언제나 성만찬이 가리키는 것이다. 그때, 오직 그때에 하나님의 자기 주심은 완성되게 된다. 한편 우리는 성만찬에서 그 사랑이 가시적으로 이미 주어졌음을 확인하게 되면서 그것을 미리 맛보게 된다.

이 일곱 가지 이미지는 다소 길고 장황하게 느껴질 수 있지만, 이러한 이미지의 목록은 주님의 만찬에서 교회로 하여금 하나님의 자기 주심을 경험하게 하는 얼마나 풍부한 내용인지 모른다. 이것은 또한 우리가 성만찬을 행할 때 이 중요한 부분들을 쉽게 간과해 버릴 수 있음을 보여준다.

우리는 얼마나 오랫동안 성만찬을 단지 속죄의 측면에서만 접근하였는지 발견하게 되는데, 그렇게 함으로써 많은 그리스도인들에게 성만찬은 장례식 음식과 같이 여겨지게 되었다. 네덜란드에서는 그리스도인들이 성금요일에 주님의 만찬을 들 때는 아예 장례식에 참석할 때 입는 옷을 입는다. 그들에게 남아 있는 것은 기념과 친교뿐이며, 이것은 성만찬에서 주어지는 하나님의 자기 주심을 부분적으로만 이해한 것이다. 그리고 회상의 이미지도 갈보리만으로 제한하는 경향도 있다. 우리는 너무 많은 것을 잃어버렸다. 그러나 성경적인 이미지를 전체적인 영역에서 다시 발견하게 된다면 그것은 오늘의 교회에 있어 실제적으로 놀라운 경험이 될 것이다.

우리가 성경적 이미지를 온전히 회복하게 될 때, 우리는 그리스도께서 성만찬에서 자신을 가장 직접적으로 주시는 다양한 방식을 볼 수 있게 된다. 이것은 사실 모든 성례전의 기초가 되는 가장 근본적인 성만찬이다. 이를 통해 우리는 그분의 희생과 우리를 위하여 행하신 다른 모든 사역을 기억한다. 그리고 마지막 때까지 우리의 감사를 드리면서, 함께 하나가 된다. 또한 성령님께서 우리 가운데 거하시는 주님의 임재를 구체적으로 경험하게 된다. 이 모든 것이 다소 복잡하게 느껴진다 할지라도 그것은 실로 아름답고 단순한 것이며, 적어도 정교한 것으로 이해할 수 있을 것이다. 여기에서 그리스도께서는 우리에게 자신을 새롭게 주시는데, 이것은 성육신 사건에서 행하신 것들이다.

II

이러한 성경적 이미지의 온전성을 전하는 것이 성만찬과 관련한 신학적, 목양적인 가장 커다란 과제이다. 오직 우리는 성만찬에서 우리가 경험한 것을 묵상한 이후에, 그것을 오늘날 어떻게 실행할 것인지에 대한 점검으로 들어갈 수 있을 것이다. 성경적 증언이 우리에게 제공하고 있는 대로 우리의 성만찬 실행이 하나님의 자기 주심의 온전성을 어떻게 적절하게 반영할 수 있을 것인가? 오늘날 성만찬을 행함에 있어서 그것을 새롭게 개혁하려는 수많은 시도들이 있다. 이것을 우리는 다음 6장에서 다루게 될 것이다. 여기에서는 주로 두 가지 중요한 주제만 다룰 텐데, 성만찬을 얼마나 자주 행할 것인가와 누구에게 성만찬에 참여할 권한을 줄 것인가에 대해서만 살펴보고자 한다.

성만찬 실행 횟수

대부분의 개신교인들에 있어서 주님의 만찬은 자주 행하는 예전은 아니다. 그것은 분기, 월, 혹은 가끔씩 행해지는 예전이다. 반면, 그리스도 제자회(Disciples of Christ), 주님의 교회(The Church of Christ), 성공회의 많은 교회들은 매주 성만찬을 행한다. 또한 자유교회(the Free Church), 개혁교회(Reformed), 감리교회, 그리고 루터교회 예배 전통에서는 매월 1회를 행하거나 매주 성만찬을 갖기도 한다. 그러나 많은 경우에는 성만찬을 몇 번이나 가져야 하는지에 대해 거의 잊고 산다. 예를 들면, 감리교인들 가운데 웨슬리가 미국 감리교도들에게 한 충고 중에 "장로들은 주님의 만찬을 매주일 행하도록 하십시오"[63]라는 것이 있다는 것을 아는 사람은 거의 없다. 장로교인들 가운데, 제네바의 행정심판관들이 매주 성만찬을 갖는 것을 허락하지 않았을 때 칼빈이 얼마나 그들을 혐오하였는가를 아는 사람이 얼마나 되겠는가? 미국에 있는 대부분의 루터교회 회중들은, 루터가 매주 성만찬을 실행했음에도 불구하고 성만찬을 매주 갖는 것에 대해 아마도 거부하는 경향으로 나아가고 있다.

로마 가톨릭교회는 가끔 이러한 문제와는 정반대되는 문제를 가지

---

[63] 1784년 9월 10일자 편지. 이것은 *The Sunday Service of the Methodists in North America* (London: 1784)에 담겨져 있다.

고 있는 것 같다. 그들에게 있어 성만찬의 실행은 마치 예배에 있어서 오직 유일한 선택인 것처럼 보인다. 결국 교구에서는 그것을 매일 행하기도 하고, 특별한 일이 있을 때마다 행하기도 한다. 로마 가톨릭에서 가장 널리 받아들여지는 경건은 성만찬을 대신할 어떤 대체적인 예전도 갖지 않는 것이며, 그것을 한 모퉁이로 몰아쳐 놓지 않는 것이다. 일반인을 위한 성무일도(daily office of prayer and praise)를 고양시키기 위해 큰 노력을 기울이지 않는다. 결과적으로 누군가가 주장한 것처럼 미사의 '평범화'(trivialization)가 일어나고 있는 것이다. 이것은 로마 가톨릭 교회가 평신도들의 경건 생활에 있어서 감당해야 할 전반적인 짐을 의미하는 것이다.[64]

시간의 예전 형식의 회복은 회중들이 사용할 수 있도록 개정하는 과정에서 성만찬이 주일 예배의 가장 기본적인 요소로 역할 할 수 있도록 만든 것이다. 이는 성만찬 순서에 들어가지 않은 기도와 찬양은 다른 날에 하도록 하고, 오직 주일에는 성만찬만 할 수 있게 하려는 시도다.[65]

19세기 영국의 성공회는 많은 교회들이 일년에 서너 번 실행하던 성만찬을 매주일 아침 일찍 실행하는 것으로 바꾸었다. 가장 최근에는 성만찬이 매주 예배의 중심 부분이 되었다. 분기별, 월별 혹은 특별한 경우에 성만찬을 행하는 것으로 충분한지를 묻는 것에 대해서 우리 시대의 예배 개혁을 주도하는 사람들은 일치되게 부정적이다. 그들은 성

---

64) Andrew D. Ciferni, "The Paschal Mystery: in the Eucharist and the Hours," *Liturgy*, XXII (Nov. 1977), 17

65) 이러한 가능성에 대해서 깊은 전개를 하고 있는 연구서를 보기 위해서는 *Praise God in Song* by John Ally Melloh and William G. Storey (Chicago: G. I. A. Publications, 1979)를 참조하라.

만찬이 각 주님의 날에 드리는 예배의 중심으로 회복되는 것과 같이, 매주 성만찬을 행하는 것이 기준이 되어야 한다고 주장한다. 아주 느리게 진행되는 것 같지만, 미국의 개신교단에서는 성만찬을 분기별로 혹은 특별한 경우에 실행하던 것이 매달로, 매달 실행하던 것은 매주로 실행하는 움직임이 일어나고 있다.

이러한 가장 기본적인 개혁에 있어서 아직도 수많은 장애물이 존재하는 것이 사실이다. 이러한 장애물은 사회학적이거나 신학적인 것은 아닌 것 같다. 사회학적으로 매주 성만찬을 갖는 것에는 아무런 장애물이 없다. 그리스도 제자회(Disciples of Christ) 교단의 회중들은 개신교의 대표 교단과 사회학적으로 동일한 흐름을 가지고 있으며, 그리스도의 교회(Church of Christ) 회중들은 점점 로마 가톨릭과는 전혀 다른 방향으로 나가고 있다. 신학적으로 매주 성만찬을 갖는 것에 대해 반대할 만한 어떤 경우도 발견하기는 어려울 것이다. 그럼에도 불구하고 실제 행하는 데 있어서는 많은 논쟁이 벌어질 수 있다.

매주 성만찬을 갖는 것에 대해 공개적으로 듣는 반대 의견 가운데 하나는, 성만찬을 자주 행하다 보면 그 의미가 희석되고, 중요성을 인지하지 못하게 될 수 있다는 주장이다. 만일 결혼한 부부가 자주 사랑을 나눔으로써 의미가 희석되고 중요성을 느끼지 못하게 된다고 주장한다면 이것은 거의 설득력 없는 이야기가 될 것이다. 어떤 의미 있는 일을 자주 갖는다고 해서 그 의미와 중요성이 감소되는 것은 아니다. 또한 주님의 만찬이 많은 사람의 마음속에 참회의 외투를 입게 해줄 것이기 때문에, 아마도 매주 성만찬을 갖는 것은 사람들로 하여금 그 중요성을 함부로 하지 못하게 해줄 것이다. 그들은 그렇게 자주 자신의 무가치함을 계속해서 상기하기를 원치 않을 것이다.

우리는 죄가 근본적으로 부적절한 것이라는 사실을 배우지 못했으며, 이 성만찬이 죄인을 위해 주시는 하나님의 선물이라는 사실도 깨닫지 못했다. 또한 그것을 받을 만한 자격이 있어서 받는 사람은 아무도 없다는 사실도 알지 못했다. 그리고 성만찬이 있는 주일이면 예배 시간이 길어질 것이고, 예배가 지루해질 것이라고 염려하는 목소리는 언제나 있었다. 그러나 이것은 떡과 포도주를 어떻게 효과적으로 나눌 것인가 하는 방법론적이고 기술적인 문제일 뿐이다. 이것은 수월하게 조정할 수 있는 문제이며, 성만찬 없이 예배를 드리던 때와 크게 다르지 않게 예배를 드릴 수 있을 것이다.

하지 않는 것보다는 자주 하는 것이 나은데, 진짜 반대는 오히려 목회자들로부터 온다. 그들은 성만찬을 자주 하는 것이 그들의 설교 사역에 큰 지장을 초래하게 될 것이라고 염려한다. 그러한 염려는 목회자들이 그 사역을 중요하게 생각하고 있기 때문에 갖는 염려다. 그러나 실제로 이러한 염려는 근거가 없는 것일 뿐만 아니라, 많은 목회자들은 하나님의 말씀을 전하는 설교가 주님의 만찬의 상황에서 주어지면 크게 고양될 수 있다는 사실을 발견하였다. 윌리엄 스쿠들라렉(William Skudlarek)은 설교와 성만찬이 어떻게 서로를 보완해 줄 수 있는지를 잘 보여주고 있다.[66] 회중 가운데 선포된 하나님의 말씀에 대한 자연스러운 응답은 찬양과 감사를 드리는 것이다. 그것은 성만찬 가운데서 가장 잘 경험되는 요소이다.

주일 성만찬 예전에서 목회자들은 자주 짧은 성만찬 묵상에 대해 시간적 압박을 느끼고는 한다. 물론 성만찬이 정규적인 주일 예배 순서

---

66) William Skudlarek, *The Word in Worship* (Nashville: Abingdon Press, 1981), 65-77.

가 된다면 성만찬 묵상은 결코 필요하지 않게 될 것이다. 만약 우리가 성만찬을 진행하는 데 익숙해 있고, 거기에 온전히 집중한다면 시간의 제약은 크게 문제가 되지 않을 것이다. 예를 들어, 경험적으로 보면 미국 감리교의 예배 순서 전체를 진행하고, 약 150명의 성도들에게 성만찬을 다 베푸는 데는 35분이면 넉넉하다. 그 시간은 간단한 설교까지를 포함한 시간이다.

성만찬과 설교

설교는 성만찬의 상황에서 그 특징을 가장 잘 드러낼 수 있다. 설교자들은 이제 더 이상 그들의 메시지가 예배의 가장 많은 부분을 차지하게 하고, 그것을 개인적인 사건으로 만들어서는 안 된다. 목회자들은 텔레비전의 부흥 설교자들과 경쟁할 필요가 없다. 또한 카메라 앞에서 성만찬을 미디어 인격(영역주-영상에 보이려는 생각으로 짐짓 꾸미듯 하는 것을 지칭함)으로 집례해서도 안 된다. 예전적 설교(**liturgical preaching**)에서 볼 수 있는 대로 설교는 예배의 주요한 부분으로서, 그리고 그리스도의 자기 주심의 수단으로서의 적절한 역할을 수행하는 것이다.[67] 다양한 교회에서 최근의 개혁은 비록 성만찬을 하지 않음에도 불구하고 설교를 예배 순서 중간에 넣는 경향이다. 이것은 **19세기 후반** 미국의 감리교회, 개혁교회, 자유교회 예배 전통에서 두드러졌던 예배 형태를 넘어서서 점점 움직이고 있음을 보여주는 예이다.

---

67) Reginald Fuller, *What is Liturgical Theology?* (London: SCM Press, 1957)를 참조하라.

이러한 예배 형태는 설교와 회개를 위한 초청의 시간을 예배 시간 가장 끝부분에 위치시켰다. 그러나 이미 회개한 사람들, 즉 매주 정기적으로 예배에 출석하는 회중들의 예배에서는 설교를 제일 마지막에 위치시키는 것이 크게 관심을 끌지 못할 것이다. 그들의 예배는 하나님의 말씀과 성만찬에서 감사드림의 공동 표현을 통한 설교를 듣고 거기에 가장 잘 응답한다.

요즘 개신교 설교자들 가운데 많은 설교자들이 성서일과를 따르는 설교로 대대적으로 이동하는 것은, 실제로는 주제 설교 대신에 주석 설교로 복귀하려는 움직임으로 이해할 수 있다. 이것은 분명히 오늘날 진행되고 있는 설교 개선을 위한 가장 중요한 노력의 하나라고 할 수 있다.

이제 설교가 전체 예배의 통합적인 부분이 될 때 진정한 예전적 설교가 되는 것이다. 설교는 구약과 신약의 전체 영역에서 다양한 사건을 현대적으로 이해하기 위해 최선을 다하고 있다. 매주 성만찬을 가지면서 기독교 신비의 핵심으로 우리를 뛰어들게 하는 것은 설교자로 하여금 그들이 그동안 도외시해 왔던 하나님의 말씀의 이 부분을 쉽게 탐구할 수 있도록 해준다. 그들은 이제 모세, 예레미야, 사도행전, 그리고 요한계시록을 온전히 설교할 수 있게 된다. 왜냐하면 성만찬은 언제나 예수 그리스도를 설교하기 때문이다. 매주 성만찬을 갖는 것에 대해 논쟁이 되었던 가장 중요한 두 가지 이슈들 가운데 하나는 성만찬이 설교를 오히려 힘 있게 해주는 요소가 된다는 주장이다.

물론 이것은 예배의 중요한 부분인 성경 봉독의 회복과도 밀접한 관련이 있다. 그것은 설교로 나아가기 위한 스프링보드가 아니다. 교회들이 연합하여 이룩한 성서일과를 예배에 도입하는 것은, 예배가 기초하고 있는 교회력의 보다 풍부한 세계로 나갈 수 있게 하는 데 일조한다. 이것은 많은 설교자들이 살짝 비켜서곤 하던 그리스도의 사역 가운데 있던 사건들—예수님의 세례, 산상 변모, 다가오는 하나님 나라 등과 같은—과 우리들을 대면하게 해주면서 하나님의 말씀에 좀 더 깊게 들어갈 수 있도록 도와준다.

우리는 예수 그리스도의 자기 주심에 대한 역사적 기록의 보다 온전한 내용을 설교 가운데서 회상할 수 있게 된다. 성만찬의 지속적인 재현은 그리스도의 사역에 있어서의 중심적인 사건들과 함께 그리스도의 사역의 이러한 다른 측면들도 경축할 수 있도록 우리들을 풀어준다.

매주 성만찬을 갖는 것에 대한 두 가지 큰 논점 중 두 번째 것은 인간학적인(anthropological) 것이다. 우리는 이미 1장에서 이것을 살펴본 바 있지만, 인간적이 되기 위해 우리는 말씀과 성만찬(action; 역주-하나님의 자기 주심이 구체적인 행동으로 드러나는 것을 의미)이 필요하다 그리고 다른 사람에게 우리 자신을 주기 위해서 우리에게는 말씀도 필요하고, 성만찬에서와 같이 실제로 그대로 살아가는 실행이 필요한데, 그렇게 되기까지 하나님은 쉬지 않으실 것이다. 이처럼 단지 우리가 인간이기 때문에 우리는 말씀과 성만찬이 필요하다. 성만찬 가운데 나타나는 하나님의 자기 주심의 상징행동은 사람들이 자기 나눔을 표현하고 인식할 수 있어야 하기 때문에 필요하다. 이것은 보고 듣고 그것이 가시적으로 나타나게 될 때 인식할 수 있다.

이것은 우리가 성만찬을 실행하는 방식에 주요한 영향을 끼쳐 왔다. 이는 성경에 나타나는 성만찬에 대한 일곱 가지 이미지들 각자가 완전한 상징가치를 가지고 있다는 것을 탐구할 필요가 있음을 의미한다. 우리가 만약 한 떡에 참여하지 않는다면 우리는 어떻게 함께 모인 공동체의 연합을 가시적으로 나타낼 수 있을 것인가? 만약 성경 봉독과 설교가 지속적으로 구약과 신약의 주요 부분들을 외면한다면, 회상의 온전한 영역은 상실되고 말 것이다. 적절한 성만찬 기도는 성령의 역사와 실현된 그리스도의 희생, 그리고 종말론적인 차원을 선포하기 위하여 절대적으로 필요하다. 또한 우리가 성만찬을 갖는 방식은 중요하다.

말씀과 행동을 통해 하나님 자신을 우리에게 주신 하나님은, 오늘도 두 가지 방식으로 역사하신다. 그 두 가지 방식을 통해 하나님의 사랑을 깨달은 사람들은 말씀과 성만찬의 균형 잡힌, 즉 매주 함께 시행하는 예배를 필요로 한다.

III

성만찬 참여 자격

성만찬 상에 참여하는 자격의 문제는 누구에게 세례를 주어야 하는가와 같이 다소 복잡한 주제다. 그러나 두 이슈는 전적으로 다른 것이며, 다소 감정적인 논쟁을 적게 포함해 왔다. 여전히 이것은 목회 사역에 주요한 영향을 줄 수 있는 아주 중요한 교회론적인 이슈다. 여기에는 실제로 3가지 문제점이 있다. 먼저는 유아세례를 받은 아이들이 성만찬 공동체와 갖는 관련성, 다른 연령대의 사람들 가운데 아직 세례를 받지 않은 사람들의 관련성, 다른 교파에서 서약하고 세례를 받은 그리스도인들의 관련성이 그것이다. 이것을 차례대로 살펴보려고 한다.

유아세례를 받은 아이들과 성만찬에 대한 우리의 신학적 입장은 인간 과학의 발견을 무시할 수 없다.[68] 최근 인간의 발달을 연구하는 학문들은 어린이들이 어떻게 사물을 인식하는가에 대해 많은 지식들을 제공해 준다. 우리는 어린이들이 추상적 개념들을 인식하기 훨씬 전에 관계를 인식한다는 사실을 알고 있다. 이와 같이 아이들 가운데는 기독교가 기본적으로 어른들이 그렇게 믿으려고 드는 것처럼 정말 교리의 시스템인지, 아니면 근본적으로 그 이상의 것인지, 즉 사람들의 공동체 안에서 사랑의 관계와 같은 것인지를 깊이 숙고하려는 어린이들이 있다. 어떤 아이가 우리에게 다음과 같이 말한 것을 기억하고 있다: "교회는 사람이다."

심리학자들은 어린이들이 무엇을 개념적으로 인지하는 방식(conceptual ways of knowing)을 개발하기 전에 이미 많은 것을 인식하고 있다고 우리들에게 가르쳐 준다. 6개월 정도 된 어린아이는 무엇이 포함되었고 그렇지 않는지를 알 수 있는데, 특히 아이에게 먹을 것이 주어졌을 때 그것을 정확히 인지한다고 한다. 분석적 사고를 하기 훨씬 이전에 어린이들은 사랑의 관계에 대해서 깊은 이해를 가진다. 미국 감리교회 한 감독의 5살 된 손녀는 왜 주님의 만찬 상에 나갔

---

[68] 이에 대한 가장 훌륭한 연구 가운데 하나를 든다면 Urban T. Holmes, *Young Children and the Eucharist*, rev. ed. (New York: The Seabury Press, 1982)를 들 수 있다.

는지를 묻는 질문에, "예수님께 '안녕하세요!' 인사를 건네기 위해 갔었지요"라고 대답했다. 이것은 어른들이 주님의 임재에 대해 아주 복잡하게 설명하고, 형식화하는 것보다 훨씬 성경적 진리에 근접하고 있음을 알 수 있다. 어린아이들이 성만찬이 무엇을 의미하는지를 명확하게 이해하지 못한다는 이유로 성만찬에 참여하는 것을 배제하거나 그런 논리를 따른다는 것은 우리들 모두를 배제하는 것과 같다. 어떤 사람은 신비를 이해하지 못하지만 그것을 경험한다. 믿음의 공동체에서 뒷전으로 밀려나 있는 어린아이들도 다른 사람들이 그러한 것처럼 성만찬에서 동일한 경험을 가질 수 있다. 어쩌면 어른들이 경험하는 것보다 훨씬 더 놀라운 경험을 하게 될 수도 있다.

여러 세기 동안 서구 기독교에서는 성만찬을 세례 받지 않은 성인들과 어린이들에게 제한해 왔는데, 그들이 기독교에 대해서 개념적으로 이해하는 단계에 이르기까지는 성만찬에 참여하는 것을 허락하지 않았다. 견신례(입교)를 받거나 성만찬을 받기 전 공적으로 믿음을 공표하는 시간을 가진 다음에야 성만찬에 참여할 수 있다고 종교개혁에서 제시된 이후로, 중세 후기 서구 교회는 긴 발전 과정 동안 이러한 결론을 내리게 되었다. 역사적 연구는 서구 교회에서 유아들을 위한 성만찬을 실시한 것이 얼마나 오래 된 일인가를 보여준다.[69] 12세기까지는 어린이들도 성만찬에서 포도주를 받았는데, 세례를 받을 때 사제가 성작(聖爵, chalice)에 손가락을 찍어 입어 넣어 주는 것을 받았다. 그러나 안타깝게도 12세기 봉헌된 포도주에 대한 면밀함이 증가되면서, 모든 연령대의 평신도들에게 포도주를 허락하지 않게 되었다. 유아세

---

69) John D. C. Fisher, *Christian Initiation* (London: SPCK, 1965), 101-8쪽을 참조하라.

례 시에도 그리스도의 보혈을 흘릴 수 있다는 염려 때문에 잔을 허락하는 것을 금하게 되었다. 동방교회에서는 유아세례자들에게 성만찬을 베푸는 것이 결코 금지되지 않았다. 성만찬 참여에 있어 여전히 중요한 요소는 세례를 받았느냐는 것이었다.

유아세례 어린이 성만찬 참여

어린이 성만찬 참여에 대한 전반적인 논제는 유아세례 의제와 직접적으로 관련되어 있었다. 유아세례를 옹호하는 사람은 그들이 아이들에게 세례를 베풀었을 때 그들이 성만찬에 참여하는 것은 당연하다고 생각했다. 그러나 성만찬에 참여할 수 있는 나이가 될 때까지 그들에게 성만찬을 베푸는 것은 보류되어야 한다고 생각했다.

그것은 '이성적으로 사고할 수 있는 나이'가 되면 개념적으로 믿음을 고백할 수 있고, 성만찬에 참여할 자격을 갖추게 된다는 것을 의미하였다. 우리가 이미 살펴본 대로, 입교와 관련된 의식들을 재 연합하는 경향들이 일고 있다. 그리하여 서구 교회들은 거의 모든 경우에서 유아세례, 유아견신례, 유아 성만찬 참여 등의 실행을 다시 회복해 가고 있다.

유아세례를 받은 아이들의 세례에 대해 의문을 제기하지 않으면서 무조건 주님의 만찬에 참여하는 것을 금할 수는 없다. 그들이 세례를 통해 예수 그리스도와 연합하였고, 또한 그것을 통해 주님의 몸 된 교회에 연합하였다면, 그들이 성만찬의 의미를 이해할 수 있을 때까지 그리스도의 죽으심과 부활을 나누는 자리에 그들을 참여시키지 않는다는 것은 거의 설득력이 없다. 유아세례, 혹은 성인세례 가운데서 하나님이 행하신 것은 인간의 상태 때문에 반절만 효력이 있는 것이 아니다. 그것은 일생 동안 지속될 수 있는 완전한 선물이며, 왕 같은 제사장 직분을 감당하는 공동체 안에서 우리를 위해 완전하게 허락하신 것이다.

이와 같이 인간의 속성과 신학과 역사 연구는, 세례 받은 어린아이들이 성인세례 받은 사람들과 마찬가지로 주님의 식탁에 참여할 수 있음을 제시한다. 세례가 유아세례에서와 같이 실제적인 믿음의 조건이 된다고 주장하지 않았다. 또한 성만찬은 믿음을 표현할 수 있는 이성적 능력의 조건이 된다고 주장하지도 않는다. 성만찬은 믿음을 가진 사람에게 보상으로 주어지는 것이 아니라, 그 믿음을 발전해 가는 수단이 된다. 주님의 식탁에 참여한 어린아이들은 성인 그리스도인들이 그들 앞에서 어떻게 더 성숙해 가야 하는지를 상기시켜 준다. 전체 공동체가 주님의 식탁에 함께 모였을 때 이것이 제사장 공동체 안에서 어린아이들이 감당할 수 있는 특별한 형태의 사역이 되지 않겠는가?

오픈 성만찬

세례 받지 않은 사람들을 성만찬에 참여시킬 것인가의 문제는 늘 있어 왔던, 신학적이고 인간적인 관점에서 고찰되어야 할 또 다른 이슈이다. 세례는 우리를 제사장 공동체 안에 참여할 수 있게 해줄 뿐만 아니라 다른 사람을 세울 책임을 우리에게 부가해 준다. 그것은 가벼운 관계가 아니라, 다른 사람의 영적이고 세속적인 번영을 위해 깊이 관여하는 것이다. 내가 사랑이 부족하고, 물질을 나누어 줄 믿음이 부족하여 동료 그리스도인을 굶주리게 한다면 그것은 잘못이다. 이와 같이 그리스도의 몸의 일원이 된 사람은 상호적으로 자기를 나누는(self giving) 제사장의 사명을 감당할 책임을 가지고 있으며, 그것을 훈련해야 한다. 세례는 그 몸의 일원이 되었음을 규정해 준다.

사람들이 예배할 때면 종종 아직 세례를 받지 못한 교인들의 아이들도 예배를 드린다. 그들은 교회의 교인이 될 가능성은 가지고 있지만 아직 정식 교인은 아니다(역주-실제로 교회의 정식 교인은 세례 교인을 지칭한다). 가끔 아직 세례 받지 않은 그들을 주님의 식탁에 초대하는 것은 그들을 차별하지 않고 친절을 보임으로써 교회에 잘 적응할 수 있도록 해준다는 우호적인 차원뿐만 아니라, 그들이 복음을 받아들일 수 있는 장(場)을 제공한다는 점이 주장되기도 한다. "모든 분들이 다 이곳에 올 수 있습니다"라고 선언하는 것은 우호적이고 친절하게 느껴질지도 모른다.

그러나 이것에 대해 심각하게 반대하는 진지한 이유들이 있다. 세례를 받고 하나님께서 그들을 교회의 일원으로 받아 주신 사람들에게 주님의 만찬에 참여할 자격을 부여해야 한다고, 그 자격을 제한적으로 논의하는 사람들이 주장하는 내용이다. 교회가 왕성하게 일어나던 때에 교회는 오직 세례 받은 그리스도인들에게만 성만찬에 참여할 수 있도록 했던 것은 아주 변할 수 없는 견고한 사실이었다. 당시에는 많은 예비 신자들이 성만찬을 받기 전에 순교를 당하기도 했다.

우호적인 제스처로 의도하는 것은 사실 우리가 교회로 이끌려고 하는 사람들의 격을 낮추는 것이 된다. 성인들에게 있어 회개는 아주 중요한 단계다. 그것은 어깨를 으쓱하면서 가볍게 혹은 무의식적으로 행할 수 있는 어떤 것이 아니다. 신약 성경이 말하는 '메타노이아'는 삶의 전부를 흔들어 놓는 사건(a life-shaking event)이다. 세례 예식을 명확하게 할 때에 믿음생활뿐 아니라 삶의 윤리도 분명한 변형을 경험하게 된다. 히폴리투스는 세례를 위해 준비하는 기간은 3년 정도가 충분한 시간이라고 느꼈다. 물론 우리가 사람들을 인도하고자 하는 의도도 하찮게 여겨질 수 없는 것이다. 그러나 그들이 정말 소중한 사람들이라면 그럴수록 더 훈련되어야 할 필요가 있다. 어떤 점에서 성만찬을 위한 요청은 세례를 위한 요청이다. 그리고 그들의 믿음을 점검하는 것은 이 과정의 기초가 될 수 있다.

그리스도인이 된다는 것은 그리스도인 가족으로서 오랜 기간, 그리고 정기적인 양육과 함께 신중하게 교육을 받고 준비해야 할 중요한 사건이다. 그러한 과정이 생략된 채 세례를 베푼다는 것은, 아직 결혼도 하기 전에 성관계부터 갖는 것보다 더 부적절한 일이다.

세례를 베푸는 행위는 너무 중요해서 어쩌면 너무 일상적인 것으로 느껴질 수 있다. "성인세례를 위한 예식"(*Rite of Christian Initiation of Adults*)[70] 이 로마 가톨릭 교회 안에서 크게 각광을 받고 있는 것은, 전체 회중들이 이 예식의 여러 순서들 속에서 오랜 시간 동안 함께 나누고 있는 부분 때문이다. 회중들은 세례 받는 이 사람을 기독교의 믿음 가운데로 나아가게 하기 위해 그들이 믿음으로 설 수 있는 사람이라고 증언하고, 또 앞으로도 그렇게 할 수 있도록 도움을 주겠다는 결단을 나누는 여러 순서들을 함께 가질 수 있도록 구성되었다. 그것은 여러 달, 혹은 여러 해에 걸쳐서 진행되는 과정이다. 전체 회중은 그리스도인이 된 사람을 세례를 베푸는 바로 그 자리로 인도하

---

[70] 이 예식의 내용을 참고하기 위해서는 *The Rites* (New York: Pueblo Publishing Co., 1976), 40-146쪽을 참조하라.

는 크리스천 가족으로 함께 참여한다.

세례는 성만찬과 그리스도의 몸에 참여하는 가장 온전한 표징으로 즉각 나타나게 된다. 바로 그때 제사장적 공동체의 향연인 성만찬을 함께 나눌 준비가 되는 것이다.

이러한 전체 과정을 너무 짧다면 기독교 신앙 가운데로 나아오는 것이 너무 성급하게 주어지면서 사소한 과정으로 여겨질 수 있게 된다. 회개는 한 신앙의 일생에 있어서 가장 중심 되는 사건이 될 수 있다. 사람들은 첫 번 데이트를 하고서 결혼하지는 않는다. 결혼식이 주어지기까지는 함께 오랜 기간 사귀면서 구애 기간을 갖고, 상담하고 그리고 결혼식을 통해 합법적으로 정식 부부로 인정을 받은 후 결혼에 이르게 되는 것이다. 이와 비슷하게 세례도 말씀을 배우고, 훈련을 받고, 상담도 받고 그리고 세례를 받게 되는데, 세례는 성만찬을 통하여 그리스도의 몸의 일원이 된 사람과 하나를 이루면서 성만찬을 행하기 전에 반드시 필요한 단계다.

하나 됨의 성만찬

다른 교단에서 세례를 받은 그리스도인을 성만찬에 참여하게 하는 것에도 다양한 의견들이 제기되고 있다. 대부분의 미국 개신교인들에게는 다른 교단에서 세례 받은 그리스도인들과 함께 성만찬을 갖는 데 있어서 별 곤란함을 느끼지 않는다. 혹은 다른 교단의 성직자들이 집례하는 성만찬에 참여하는 것에도 크게 어려움을 느끼지 않는다. 즉 교단 간의 성만찬 교류에 있어 그리 큰 부담을 느끼지 않는다. 그러나 어떤 교단에서는 이것이 아주 제한적이다. 어떤 교회는 자기 교단에서 세례를 받은 교인들에게만 성만찬에 참여할 자격을 부여하기도 한다. 또 다른 곳에서는 그러한 교단의 교인들에게는 성만찬을 제한하는 경우도 있는데, 그들의 교리적 순수성과 윤리적 판단에 따라 성만찬에 참여할 수 있을지를 결정해야 한다고 주장하기도 한다. 어떤 사람들은 그것을 단순히 교회법에 일치하느냐의 문제로 여기기도 한다.

그러나 이유가 무엇이든지 간에 이것은 우리의 타락한 상태를 드러내는 결코 유쾌하지 않은 내용임에 틀림이 없다. 서로 성만찬을 함께 나눌 수 없다는 사실과 성직자들이 다른 교단의 성만찬 상에서는 성만찬을 집례할 수 없다는 사실 때문에 주어지는 고통은, 교회 연합을 위한 요청을 추구하는 데 가장 가능한 인센티브가 될 수 있을 것이다. 하나 됨의 성만찬을 모든 그리스도인들이 함께 나눌 수 없었던 것만큼이나 오래 되어 온 교회 분열의 죄악은 잊을 수 없는 부분이다. 이와 같은 우리들의 현재의 불완전성을 보면서, 이러한 분열을 극복하기 위해서 열심히 노력해야 함을 우리에게 권면해 주는 성만찬은 이에 대한 가시적인 표징이다. 결과적으로는 "저들이 하나가 되게 하소서"(요 17:11)라고 기도했던 우리 주님의 뜻이 성만찬에서 성취되게 될 것이다.

성만찬은 인간에게 주시는 하나님의 가장 최고의 선물들 가운데 하나다. 그것은 놀람과 경이감 속에서 주어지는 선물이다. 칼빈은 다음과 같은 말 속에서 그 사실을 잘 언급하고 있다. "내 입술로 말할 수 있는 것을 넘어서 내 마음이 생각할 수 있음에도 불구하고, 내 마음은 성

---

71) Calvin, *Institutes*, IV, xvii, 7, 1367.

만찬의 놀라움에 의해 정복되고 압도되었다. 그러므로 이 놀라운 신비 앞에서 경이감을 깨뜨리고 나아갈 수 있게 할 수 있는 것은 아무것도 없다. 사실 분명하게 말한다면 내 마음도 그것을 인지할 수가 없고, 내 혀도 그것을 표현할 수가 없다."[71]

하나님의 자기 주심은 기독교 예배 가운데서
특별한 시간에 개인들의 삶과 공동체의 삶 가운데서
입교나 성만찬을 통해 특별히 경험된다.
여러 세기 동안 그리스도인들은 예배 가운데서
하나님의 자기 주심을 다양한 방법을 통해 경험해 왔다.

4장
사도적 성례, 자연적 성례

하나님의 자기 주심은 기독교 예배 가운데서 특별한 시간에 개인들의 삶과 공동체의 삶 가운데서 입교하는 일이나 성만찬을 통해 특별히 경험된다. '성례'(sacrament)라는 용어는 아주 다양한 시간과 장소에서 인생 여정의 특별한 사건으로 표시될 수 있을 것이다. 혹은 죄악이나 병으로부터 놓임 받는 사건을 통해서도 일어날 수 있다. 이제 우리는 이 변화와 해방의 순간들 중에 가장 중요한 몇 가지를 살펴보고자 한다.

우리는 세례에서 분리되어 마치 조각난 것처럼 되어 있는 견신례에 대해서는 이미 2장에서 살펴보았다. 또한 이 두 가지를 다시 통합하려는 현재의 노력들이 있음도 살펴보았다. 이제 여기에서는 화해(죄의 용서), 치유, 안수식, 그리스도인의 결혼 그리고 장례에 대해 다루려고 한다. 이러한 모든 예식들의 일반적인 내용은 교회가 계속해서 경험하는 것인데, 이러한 특별한 사건을 통해 하나님께서는 개인과 그들의 공동체의 유익을 위하여 자기 주심을 구체적으로 나타내신다. 이러한 상징행동들을 하나씩 살펴볼 텐데, 몇 가지 성례로 분류되었던 것들을 먼저 논의하고, 그것들이 의존하고 있는 권위에 대해서도 살펴보고자 한다. 제한된 지면 때문에 하나하나를 구체적으로 다루는 데는 한계가 있지만, 이러한 예식들과 성경적 뿌리, 실행에 있어서 현재의 방향성을 통해 사람들에게 일어나는 것을 간략하게 살펴볼 것이다. 또한 가끔 사람들이 작은 성례(lesser sacraments)[72]라고 부르는 가장 일반적인 사람들을 위한 믿음에 대해서도 살펴보고자 한다.

I

다양한 성례

수많은 성례들이 대부분의 기독교 역사를 통해 그 경계가 분명히 정해진 것은 아니었다. 여러 세기 동안 그리스도인들은 예배 가운데서 하나님의 자기 주심을 다양한 방법을 통해 경험해 왔음을 인식하였다. 이러한 여러 형식들은 어느 경우에는 성례전으로 칭해지기도 하고, 어느 경우에는 그렇지 않기도 했다. 어거스틴은 이러한 상징행동들과 내

---

72) 이러한 예식들에 대한 역사적 발전 과정을 살펴보기 위해서는 본인의 책, *Introduction to Christian Worship*을 참조하되, 특히 "Initiation and Reconciliation," 171-202쪽과 "Passages," 237-71쪽, 그리고 그 부분에 제시된 각주를 참조하라(역주-이 책은 『기독교 예배학 입문』이라는 제목으로 예배와 설교 아카데미에서 출판되었다).

용들을 분류하여 이름을 부여하였다. 즉, 세례식에 소금을 주는 것, 참 회자에게 재를 사용하는 것, 신앙고백과 주기도문을 외우게 하는 것, 세례반, 부활절 등이 그것이다. 이러한 거룩한 상징들은 각기 내적이 면서도 영적인 차원을 드러낸다. 그 이후 7세기 동안 상당한 범위에서 이러한 것들이 주어졌다. 1140년 이후 성 빅터 휴(Hugh of St. Victor)는 성만찬을 받을 때 무릎을 꿇는 것(genuflection), 종려주일에 사용될 종려나무 가지에 축복하는 것, 재를 이마에 받는 것, 성례전의 일환으로 신앙고백문을 암송하는 것 등을 고려하였다. 거의 12세기 후반(1179)의 3차 라테란회의는 사제 안수식과 장례식을 성례로 간주하였다.

이러한 부분들은 오늘날에는 다소 낯선 것이기도 하고, 우리는 극히 제한된 목록에 대해서만 친밀하게 느끼기도 한다. 개신교에서는 오직 두 가지의 성례만 인정하는데, 세례와 성만찬이 그것이다. 로마 가톨릭 교회는 여기에 5가지를 더하여 7가지 성례를 지키고 있다. 우리의 성례전 신학은 깊은 신학적 숙고를 통해 제시된 이러한 모든 요소들에 대해 정리된 것이다. 교회가 성례에서 경험한 것들을 조직화할 필요성을 느끼기까지 거의 12세기가 지나간 셈이다. 성례에서는 하나님의 자기 주심을 경험하는 것이 중심적인 내용이며, 신학적 조직화는 그 다음에 주어질 부가적 관심사다.

교회가 성례에서, 그리고 다른 많은 영역에서 경험한 것에 대한 신학적 숙고를 개략적으로 분류한 대표적인 인물을 들라고 하면 12세기의 신학자인 피터 롬바르드를 들 수 있다. 그는 파리에서 교수로 가르쳤으며, 잠시 그곳에서 감독으로 일하였던 인물이다. 1150년경에 완성된 그의 책, *Four Books of the Sentences*는 거의 500여 년 동안 서유럽 교회를 위한 기본적 신학 교과서였다. 성례에서 교회가 경험한 것을 조직화하기 위해 롬바르드는 그것을 목록화 할 필요성을 느꼈다. "이제 새 언약의 성례에 대해서 논의해 보자. 그것은 세례와 견신례, 떡의 축복, 즉 성만찬과 고해성사, 종부성사, 성직 서품식 그리고 혼배성사 등이다."[73] 그 다음 세기에 이 목록은 기준이 되었고, 16세기 트렌트공의회는 "이 일곱 성사에서 더하거나 감할 것을 주장하는 사람은 누구든지 파문한다"고 결정하였다.

그러나 피터 롬바르드가 취하지 않은 한 가지는, 이 모든 7가지 성례가 그리스도께서 제정하신 것인지를 명확히 할 필요성을 느끼지 못했다는 점이다. 그는 그리스도께서 제정하신 것은 세례와 성만찬뿐이지만, 병자에게 기름을 바르는 종유예식은 "사도들에 의해서 시작된" 것이라고 말할 수 있다고 했다. 그러나 13세기에 와서 신학자들은, 모든 성례는 그리스도께서 제정하신 것이라고 최종 결론을 내림으로써 그 자격을 부여하였다. 이러한 주장은 점점 일을 복잡하게 만들었다. 종교개혁자들은 그들의 최종 결론에 대해 보다 본질적인 개념을 제시하는데, '교리적 권고'에 대한 합법성 여부에 집중하면서 성경은 오직 세례와 성만찬만이 예수님께서 직접 제정하신 것으로 분명하게 보증하고 있다고 결론을 내린다. 트렌트공의회는 조심스럽게 성경이 다른 성례들의 제정에 대해서도 부분적으로 언급하고 있다고 주장하면서 이러한 주장들을 정중하게 거절한다. 부분적으로 감독들 자신이 동의할 수 없었기 때문에 그렇게 주장한 것이다. 그러나 트렌트공의회는 "신약 성경의 성례는 모두 예수 그리스도에 의해서 제정된 것이었다"

---

[73] Elizabeth Frances Rogers, ed. *Peter Lombard and the Sacramental System* (Merrick, NY: Richmond Publishing Co., 1976), IV, ii, I; 85쪽을 참조하라.

라고 주장한다. 그러나 이 주장은 두 가지 면에서 중세 후기의 발전에 의해 덫에 걸린다. 즉, 여러 성례는 정확하게 성경에서 그 목록을 발견할 수 있는 것이어야 하고, 그 모든 것들은 그리스도의 말씀에 의해서 제정된 것이어야 한다. 서구 기독교는 그 이후 4세기 반 동안 이 이슈를 두고 두 갈래로 나누어지고 말았다.

12, 13, 16세기, 성례전에서 경험하는 것을 조직화하기 이전으로 우리는 되돌아갈 수 있을 지도 모르겠다. 하나님께서 행하신 상징행동들을 구분하려는 노력을 계속해 왔던 중세 후기 종교개혁은, 공동 경험에 앞서 신학적 구분을 두었다. 가장 최고의 권위인 주님의 말씀에 따라 그 목록을 명확히 할 필요가 있었는데, 그 권위에 따라 합법적인 논의를 하면서 목록을 조정하였다. 어느 누구도 하나님께서 용서하고, 치유하시고, 사람을 세우시는 사역 등을 하고 계심을 부인할 수는 없다. 그러나 이러한 행동들을 성례라고 부를 수 있는 권위에 대해서는 서로 다른 입장을 가질 수밖에 없다.

성례의 조건: 주님의 성례

우리가 성례에 대한 권위의 여러 차원을 인정하기만 한다면 문제는 보다 간단해진다. 성례는 주님과 관련이 있고(dominical), 사도적이며(apostolic), 자연적(natural)인 요소와 관련성을 가질 때 성례로 조망될 수 있다. 그리스도께서 직접 제정하신 성례인 세례와 성만찬과 관련하여 우리는 분명한 증거를 가지고 있다. 그러므로 우리는 그 성례를 '주님의 성례'(dominical sacraments)라고 부를 것이다. 주님의 최후 만찬에서 우리 주님께서 하신 말씀들을 정확하게 다 보존하고 있는 것이 아니며, 세례도 이와 비슷하다. 하지만 바로 주님의 제자들이 예수님의 말씀을 따라 세례와 성만찬을 성례전으로 행하였다. 그들은 우리 주님의 행하신 것과 그 명령에 순종하여 바로 행하고 있는 것이며, 주님이 행하신 본을 따라 행하였다.

성경이 기록되기 훨씬 전에 예루살렘에서 처음 세워진 교회에서부터 이 두 가지 성례를 행하였던 것이 분명하다(행 2:41, 46). 요한복음은 예수님이 아니라 벌써 제자들에 의해서, 예수님의 사역의 시간에 초기 예루살렘 교회에서 세례가 행해지고 있었음을 보여주고 있다(요 4:2). 그때 이후 이 성례는 조금도 변천되지 않고 동일하게 행해졌다. 또한 바울이 처음 고린도에 세워진 교회에서 행하였던 것으로 기록하고 있는 성만찬을 주님의 만찬과 연결하고 있는 것도 당시에 있었던 예배 전통을 계속하고 있었음을 보여주는 것임이 확실하다. 이와 같이 교회는 주님이 직접 행하셨던 성례와 말씀에 대한 기억들을 가지고 있다. 이것에 더하여 교회는 세례와 성만찬을 제정하시면서 보여주신 말씀들을 따라 그것은 주님의 뜻이며, 모범을 보여주신 것이라는 확신 가운데서 주님의 명령에 순종하면서 그것을 계속 실행하여 온 소중한 전통을 가지고 있다. 성경이 기록되던 당시 모든 지역 교회에 행해지고 있던 성례의 실행이 우리 주님께서 명령하시고 실행하셨던 것이라는 점을 강조하고 있는 기록들을 말씀 속에서 찾을 수 있다(마 28:19; 고전 11:24-25; 마 26:26-29; 막 14:22-25; 눅 22:19-20).

그러나 성경은 우리들에게 그리스도의 말씀뿐만 아니라 주님의 행동과 관심들에 대한 기록을 제시해 준다. 예를 들어, 우리는 예수님께서 죄를 용서하시는 예를 성경 속에서 풍부하게 발견하게 된다. 예수님의 사역 가운데 죄 용서는 확실한 증거였다(예를 들어 마 9:2 참조).

또한 예수님은 제자들이 그와 동일하게 행하기를 원하셨다(요 20:23). 사도들은 예수님의 관심을 따라 실제로 그들의 대적들을 용서함으로써 주님의 뜻을 이루어가고 있음을 분명하게 확인할 수 있다(행 13:38, 26:18). 바울은 "그리스도로 말미암아 우리를 자기와 화목하게 하시고 또 우리에게 화목하게 하는 직책을 주셨으니"(고후 5:18-19)라고 가르쳐 주고 있다. 사도들과 그 추종자들은 그리스도께서 이전에 행하셨던 것과 같은 바로 그 용서의 사역을 수행하였다. 우리는 어떤 성례에 대한 제정의 말씀을 가지고 있는가, 그렇지 않은가로 논쟁할 수 있다. 그러나 우리에게는 예수님께서 행하시고, 그의 제자들이 분명하게 그렇게 행하였던 기록이 있다. 이와 같이 사도들이 그것을 행하였는가를 가늠하는 사도적 실행은, 초기 교회가 그리스도의 뜻으로 받아들이고 순종하였던 중요한 근거가 되었다. 이것을 기초로 하여 교회는 다시 그것을 행하였다.

그리스도의 치유 사역도 이와 깊은 관련을 가지고 있다. 주님께서는 많은 치유 사역을 행하셨고, 또한 제자들을 많은 병든 자를 치유하도록 보내셨던 풍부한 예를 우리는 성경에서 찾을 수 있다. 예수님은 제자들을 보내시면서 "병든 사람에게 손을 얹은즉 나으리라"(막 16:18)고 말씀하셨다. 사도적 교회는 신실하게 치유 사역을 감당하기 원하셨던 주님의 의도에 순종하였다. 사도들의 행적인 사도행전은 이러한 기록들을 풍부하게 가지고 있다(행 3:1-10). 야고보서 5장 13-16절은 지역 교회에서 장로들이 정기적으로 치유 사역을 분명하게 행하고 있었음을 기록하고 있다.

성직 수임식에 대한 증거 역시 간접적이지만 분명하게 행하여졌음을 확인할 수 있다. 예수님은 분명하게 사람들을 제자들로 선택하셨고

(막 1:6-20), 부르셔서 그들을 파송하셨다(막 6:7-13). 그들을 보내실 때 예수님은 그들에게 능력을 부어 주셔서 보내셨다. 예수님께서는 제자들에게 악한 영을 제어하는 권세를 주셨다. 또한 그들에게 여행을 위해 아무것도 가지고 가지 말라고 권고하셨다. 요한복음은 이것을 보다 공식적으로 제시해 준다. "아버지께서 나를 보내신 것같이 나도 너희를 보내노라." 그리고 그들에게 성령을 받으라고 말씀하셨다(요 20:21-22). 사도들의 행적도 이와 비슷했다. 적당한 사람들이 먼저 선택된 후 기도하면서 그들에게 안수하여 보냈다(행 6:3-6). 이것은 디모데전서 5장 22절에 병행구를 이루어 제시되고 있음을 발견하게 된다. 바울과 바나바를 따로 세워서 사역을 감당하게 한 것처럼(행 13:2-3), 특별한 사역을 위해 사람을 세워서 감당하게 하는 이러한 예는 성경에서 수없이 많이 찾을 수 있다. 주님이 그렇게 하셨던 것처럼 사도적인 교회도 대표적인 사람을 세워서 그 임무를 수행하도록 했다.

사도적 성례

여기에서 특별히 예로 제시한 세 가지 사역, 즉 화해, 치유, 안수 등에서 볼 수 있는 것처럼, 예수님께서 행하셨던 일들과 그분이 의도하셨던 것을 계속하는 사도적 실행의 예들이 있다. 이와 같이 우리 주님이 친히 제정하신 성례라고 할 수는 없지만, 예수님께서 친히 성례로 세우시고 제정한 말씀에 대한 성경적 증언을 찾아본다면 초대교회가 주님의 말씀과 명령에 복종하여 실행한 것에 대한 많은 증언들을 찾을 수 있다. 우리는 이러한 요소들을 '사도적 성례'(apostolic sacraments)라고 부를 수 있겠다. 그들의 성례 제정이 사도적 실행의 증거들에 기초를 두고 있기 때문에 그렇게 명명한 것이다.

예수님께서 행하신 모든 것이 성례로 지켜져야 한다는 것을 말하려는 것이 아니다. 가장 분명한 예는 예수님께서 제자들의 발을 씻으신 것(요 13:4-16)을 들 수 있다. 그것은 예수님께서 섬김의 본질이 무엇이며, 겸손이 무엇인지를 가르쳐 주시기 위해 행하신 비유적인 행동이었다. 이러한 것을 증명하시려는 듯, 예수님은 "내가 너희에게 행한 것 같이 너희도 행하게 하려 하여 본을 보였노라"고 말씀하셨다. 그러나 이것은 사도들이 예수님을 따라 계속 실행했던 성례적 행동은 아니었다. 디모데전서 5장 10절에서처럼 교회가 돌보아야 할 과부를 언급하면서 친절하게 남을 돌보는 자비로운 행동의 목록으로 제시할 뿐이다. 그러나 그것은 교회에서 두드러지게 행해졌던 삶의 내용은 아니었다. 물론 발을 씻는 예식은 4세기 밀란의 암브로시스의 입회 예식에 다시 등장하기도 하고, 18세기 형제단 교회(the Church of Brethren)의 입회 예식에서도 사용되었으며, 로마 가톨릭과 개신교의 성목요일 예식에 사용되기도 했다. 그럼에도 불구하고 교회는 가끔씩 있었던 발을 씻는 예식에서 관찰하고 경험한 것에 대해서는 성례라고 부르기를 망설였다.

성례라고 간주될 수 있는 교회의 다른 실행도 있었다. 수도원 입회 서약이나 수녀원과 같이 평생 독신으로 살겠다는 헌신 서약 예식과 같은 것이 그것이다. 이러한 예식은 다른 성례가 행해지는 형태와 비슷하게 행해졌다. 수도원 입회 서약은 세례 의식이나 장례 의식과 분명히 병행을 이루는 예식이었다. 수녀원 독신 서약은 어떤 면에서는 결혼 예식 서약을 닮은 측면이 강하다. 그러나 이러한 것들은 그 기원에 있어서 주님께서 제정하신 것이거나 사도적인 특징을 가진 것은 아니었다. 평생 독신인 "처녀(로 사는 것)에 대하여는 내가 주께 받은 계명이 없으되"라고 언급하면서 바울은 이러한 특징을 잘 드러내고 있다(고전 7:25). 이것들이 하나님의 자기 주심을 경험할 수 있게 하는 부인할 수 없는 분명한 특징들을 가지고 있음에도 불구하고, 이러한 예식들은 성례라고 부른다고 해서 무슨 이점이 있는 것은 아닌 것 같다. 그러나 하나님의 자기 주심은 성례에 제한되는 것은 아니다. 성례들과 말씀은 그러한 하나님의 사랑을 증언하는 중요한 도구들이다.

자연적 성례

여기에서 성례에는 하나의 형태가 더 있음을 언급하고자 한다. 즉, 기독교의 결혼 예식이나 장례 예식을 '자연적 성례'(natural sacrament)라고 부르고자 한다. 이 두 가지는 성례로 그 명단이 올라와 있었는데, 장례 의식(종부성사)은 1179년 3차 라테란회의 이후부터 성례로 구분되었고, 결혼 예식(혼배성사)은 트렌트공의회(이탈리아 트렌트에서 1545-63년에 있었던 공의회-역주) 이후에 성례로 구분되었다. 스콜라 신학자들은 혼배성사를 옛 계약(구약)에 의한 성례라고 불렀다. 왜냐하면 아담과 하와가 타락하기 전에 하나님께서 친히 제정하신 성례라고 이해하였기 때문이다. 또한 그들은 타락 이전의 결혼은 의무였고, 타락 이후에는 죄에 대한 회복으로 주어진 것으로 의미를 부여하였다. 옛 계약에 의한 성례는 결혼, 할례, 다양한 정결 의식 그리고 축복 등을 포함한다. 그것은 예수 그리스도를 통하여 실재가 되는데, 그 은혜를 기대하고 유형화하기 위해 언급되었다. 그러면서도 그것은 인간 삶의 중요한 국면을 드러내는 인간의 경험을 나타내는 것으로, 모든 사람에게 공적으로 공포하는 의미를 담고 있었다. 에베소서 5장 32절은 결혼을 '신비'(*mysterion*)라고 부르고 있다. 라틴어로 이 말은 성례(*sacramentum*)를 의미하였기 때문에, 서방교회에서 이것은 성례라고 불려야 한다고 주장하는 근거가 되었다.

결혼과 장례에 대한 성경적 언급은 그리 많지 않다. 가나의 혼인잔치(요 2:1-11)는 분명 기독교식 결혼식은 아니었지만, 아마도 예수님이나 어머니 마리아의 친구였을 유대 신랑 신부의 결혼식이었음에 분명하다. 마찬가지로 신약 성경에는 기독교 장례에 대한 설명도 그렇게 많이 나오지 않는다. 아나니아와 삽비라의 장례식(행 5:6, 10)도 전형적인 것은 아니었다.

이러한 경우 모든 사람에게 일반적으로 주어지는 삶의 사건들을 다루고 있는 셈이다. 실질적으로 모든 사회에서 결혼식과 죽음이 임하는 시간에 행하는 예식은 일반적으로 있게 마련이다. 그리스도인들도 유대교와 로마 문화 속에서, 혹은 세계의 다른 문화 가운데서 행해지는 결혼과 장례의 관습을 받아들여 그들의 목적에 맞게 행하였을 것은 놀라운 일이 아니다.

성례전의 인간적 차원은 정상적이며 필수불가결한 인간 삶의 과정을 경축하는 것을 반영한다. 이것들은 하나님의 자기 주심에 대해 증거하는 것으로, 모든 사람들에게 일반적인 것들이다. 인간 삶의 과정과 관련된 모든 예식이 기독교적으로 다루어지지는 않는다. 오늘날 우리가 살고 있는 세속 사회는 아주 많은 것을 제공해 준다. 성인식, 운전면허를 취득하면서 주어지는 기동성, 은퇴 만찬과 선물, 금혼식 등과 같은 많은 사건들을 삶의 여정 가운데서 제공해 준다. 역사적으로 기독교는 사춘기를 지나는 기간에 대해서는 거의 무관심했다. 그러나 결혼과 죽음은 우리가 자연적 성례라고 부를 수 있을 만큼 중요한 순간으로 취급해 왔다. 그것들을 행함을 통하여 교회는 그 사람들을 지원하면서 믿음의 공동체 속에서 하나님의 일하심을 보게 된다. 그들은 그러한 공동체의 후원을 받으면서 공동체와 그 일원들과의 새로운 관계 속으로 들어가게 된다.

다음에서 우리는 치유, 화해, 안수식의 세 가지 사도적 성례와, 기독교 결혼과 장례의 두 가지 자연적 성례에 대해서 차례로 살펴보려고 한다. 어떤 것이 이 영역에 속하거나, 혹은 우리가 알지 못하는 다른 영역에 속하거나, 우리는 여기에 대한 질문의 여지는 남겨 놓으면서 진행하려고 한다. 예수님 이후 12세기 동안 있었던 것보다 지금 하나님의 행동에 대해 더 정확하게 느낄 수 있다고 자신할 수는 없다. 그러므로 다른 여러 성례에 대해서는 다시 결정하지 않은 상태로 남겨놓고자 한다.

II

화해의 성례

화해의 성례는 오랫동안 참회 혹은 고백의 성례로 널리 알려져 있었다. 이것은 마치 다른 성례가 떡을 뗌, 성만찬, 기름 부음 등과 같이 어떤 행동의 일부로 알려진 것과 같다. 최근 널리 사용되고 있는 용어인 화해는 신약 성경에서 사용된 헬라어 용어 중, '카탈라센'에 가장 가까운 단어다. 바울에 의하면 화해는 오직 하나님께만 적용할 수 있는 용어다. "모든 것이 하나님께로 났나니 저가 그리스도로 말미암아 우리를 자기와 화목하게 하시고"(고후 5:18). 하나님께서는 그리스도를 통해 사람들이 하나님을 향해 화해하도록 만드는 분이시며, 이 사역을 위해 우리를 화해의 사역자들로 부르셨다(롬 11:15; 고후 5:18-19). 그리스도인들은 그리스도의 대사들로서 화해의 사역을 감당하는 사람들이다.

화해의 성례에서 무엇이 일어나는가? 우리의 양심을 점검하거나, 혹은 하나님과 이웃을 거슬렀던 방식들에 대해 후회하면서 자기반성의 형식으로 자신을 새롭게 해나간다. 그러나 때로 자기반성은 하나님의 율법과 은혜가 선포되는 말씀의 예전을 통하여 주어지기도 한다. 이러한 것에 대한 숙고는 우리로 하여금 현재 서 있는 실재와 완전함 사이에 얼마나 거리가 있는가를 깨닫게 해준다.

우리의 양심의 가책은 하나님과 이웃의 용서를 구하는 자리로 나아가게 한다. 이것은 하나님의 의로부터 얼마나 벗어나 있는가를 일반적으로 깨닫게 해주는 것을 의미한다. 혹은 사랑에 대해 특별히 거슬러 살았던 부분들을 상세히 깨닫게 한다. 그리고 우리의 이웃에게 상처를 주었던 특별한 행동들과 사랑 없었음을 자백하게 해준다. 하나님의 법에 대해 반항했던 자세와 반역했던 것, 하나님의 뜻보다는 우리의 뜻을 더 좋아했던 삶의 방식에 대해서도 고백하게 해 준다.

그리고 다른 그리스도인들과 함께 모든 잘못들에 대해 하나님의 이름으로 다 용납하고 용서했음을 서로 확인할 수 있게 된다. 루터 이후로 개신교인들은 일반적으로 자신의 잘못을 뉘우치는 사람들에게 용서하시는 하나님의 뜻을 선언할 수 있다고 느껴왔다. 모든 그리스도인들은 그들이 받은 세례로 인해 다른 사람에게 제사장들로 세움 받았으며, 하나님의 용서를 선언할 수 있다. 로마 가톨릭은 일반적으로 사죄를 선언할 수 있는 권한을 오직 사제들에게만 제한하고 있다. 우리는 하나님과 서로에게 화해된 것을 알기 위해서 하나님의 사죄의 선물을 우리에게 선언해 줄 존재 혹은 크리스천 공동체를 필요로 한다.

화해의 마지막 결과는 삶의 갱신인데, 화해하시는 하나님의 행동이 우리들 사이의 단절과 깨뜨려진 상태를 새롭게 하신다. 마치 그들이 세례를 받았을 때처럼 죄인은 하나님과의 회복된 관계 가운데로 들어오게 되는데, 바로 그때 우리들은 모든 죄악으로부터 깨끗하게 되었고 하나님 앞에서 죄 없다 인정함을 받게 된다. 하나님께서는 성령님을 통하여 우리를 양심의 가책으로 이끌어 가시며, 하나님 자신과 우리의 이웃과의 화해의 자리로 하나님이 인도해 가신다는 고백을 하게 한다. 이 점에서 화해는 세례 가운데서 이미 성취된 하나님의 역사를 회복하는 것이다.

신약의 교회는 화해를 경험했으며, 그것을 다양한 방식으로 기억하고 있었다. 바울은 예수님의 모든 사역을 화해의 사역으로 해석하였다. 로마서 5장 10절은 "우리가 하나님의 원수가 되었을 때에" 예수 그리스도의 죽음을 통하여 화해가 우리에게 주어졌고, 그의 살으심을 인하여 이것이 우리 가운데 증대되었다고 말씀한다. 다른 곳에서도 바울은 그리스도의 사역을 "세상의 화목"으로 설명하고 있다(롬 11:15). 그러나 그것은 인간 존재가 하나님의 자기 주심을 선언하는 곳에서만 경험할 수 있는 그리스도의 역사이며, 그때 다른 사람들도 그것을 경험할 수 있게 된다. 이것은 왕 같은 제사장의 공동체, 즉 그리스도의 대사들로 살아가는 공동체를 필요로 한다.

참회와 성례

그리스도께서는 치유하고 악한 귀신들을 쫓아내도록 제자들을 파송하신다(마 10:5-6; 눅 10:1-18). 예수님께서는 부활하신 후에 제자들을 다시 만나셔서 이렇게 말씀하셨다. "저희를 향하사 숨을 내쉬며 가라사대 성령을 받으라 너희가 뉘 죄든지 사하면 사하여질 것이요 뉘 죄든지 그대로 두면 그대로 있으리라"(요 20:22-23). 여기에서 그리스도는 제자들에게 당신의 사역을 통해서 행하셨던 것을 계속할 수 있는 권위를 부여하셨다. 실로 죄 용서를 선언하시는 예수님의 준비된 사역들은 서기관들을 실로 불쾌하게 하였는데, 그들은 오직 하나님만이 용서하실 수 있는 능력을 침해하는 참으로 불경스러운 일이라고 생각했다(마 9:2-8). 이 권위를 예수님은 제자들에게 전수해 주고 계신다(요 20:23). 사도행전은 이 권위의 형식을 실행하는 연대기와 같다. 초기 교회가 주님의 행동과 의도를 따라 행하고 있는 기록인 셈이다.

그 사역이 전혀 문제가 없었던 것은 아니다. 교회가 세례 받고 타락한 사람들을 어떻게 다뤄야 하는지에 대한 문제로 고심하고 있음을 히브리서는 잘 보여준다. "타락한 자들은 다시 새롭게 하여 회개케 할 수 없나니 이는 자기가 하나님의 아들을 다시 십자가에 못 박아 현저히 욕을 보임이라"(히 6:6). 교회의 용서의 사역을 언제, 어디에서 제한할 필요가 있는지를 결정하는 것은 쉬운 일이 아니다. 분명 세례는 과거의 잘못들을 깨끗하게 한다. 그러나 변질되었을 때는 어떻게 해야 되는가? 2세기의 문헌, "헤르마스의 목자"(Shepherd of Hermas)는 세례 이후 죄를 범하였을 경우에 대해 다음과 같이 적고 있다. "악한 영에 유혹을 받아 죄를 범한다면, 그는 한 번은 회개할 수 있다. 그러나 그가 다시 죄를 범하고 회개하고, 그렇게 반복적으로 한다면 그러한 사람에게는 세례가 효능이 없게 된다. 그는 영원히 살지 못하게 된다."[74]

3세기 초에 터툴리안은 화해와 참회에 있어서 교회의 역할에 대해 보다 성숙한 견해를 제시해 준다. 참회(penance)는 죄의 난파선을 위한 (세례 이후) 두 번째 널빤지라고 칭할 수 있다. 극악무도한 대죄(大罪)에 대해 그리스도인들로 하여금 죄책감을 갖게 하기 때문이다. 그들의 죄는 주님의 몸의 상처를 입히면서, 이교도들 앞에서 기독교의 평판이 좋지 못하게 만들고, 모든 그리스도인들을 위험 가운데 빠뜨린다. 참회는 공적이고 자발적인 것이다. 그러나 하나님 앞에서 은밀하게 벌을 주기보다는 사람들 앞에서 공적으로 부담을 갖게 하는 것이 더 중요하다. 죄를 범하고 비통하게 참회하는 그리스도인에게는 엄격한 참회의 약을 바르게 할 필요가 있다. 그것을 통해 그는 치유함을 얻고, 교회와 하나님과 화해할 수 있게 된다.

이 약품의 유비를 능가할 것이 없다. 참회를 통해 하나님은 공동체와 하나님으로부터 우리를 분리시키는 상처들을 치유하시며 역사하시게 된다. 그러나 건강한 관계로 회복시키시는 분은 하나님이시다. 우리 자신의 노력으로는 그러한 영적 건강을 회복할 수 없다. 우리는 어떤 행동에 대해서 깊은 양심의 가책을 느끼는 증거를 제시할 수 있을 것이다. 그러나 용서의 경험은 언제나 하나님께서 주시는 선물이다. 그

---

[74] Madate IV, iii, 6. Kirsopp Lake, *The Apostolic Fathers* (Cambridge, Mass.: Harvard University Press, 1965), II, 85.

것을 통하여 하나님과 다른 사람과의 평화를 경험할 수 있게 된다.

화해의 두 가지 차원

화해는 언제나 이 두 가지 본질을 갖는다. 먼저, 우리의 반역으로 인해 하나님을 떠났던 우리를 하나님과 화해하게 하는 수직적 관계가 있다. 우리는 불순종의 자녀들이었으며, 하나님의 뜻보다는 우리의 뜻을 따라 행하기를 더 좋아했다. 이와 같이 우리가 하나님의 뜻에 대항하여 죄를 범하였을 때, 그것은 하나님을 의지해야 할 우리의 진정한 본성을 깨뜨리는 잘못을 계속 범하는 것이다. 창조자를 대항하는 반역의 삶을 산 우리는, 집으로 돌아와 자비를 구함으로 용서를 경험할 수 있었던 탕자와 같은 존재들이다. 탕자의 비유에 나오는 아버지와 같이 하나님은 우리를 집으로 맞아들이시며 환영하신다. 우리의 죄 값을 묻지 않으시고 우리의 잘못들을 용서하시면서 우리를 받아들이신다.

화해는 우리 동료와 이웃들로부터의 소외를 치유하는 수평적인 차원을 회복해 준다. 우리는 하나님의 율법을 범하였을 뿐만 아니라 그렇게 함으로써 '우리는 우리의 이웃을 사랑하지 못하였고, 궁핍함 가운데서 외치는 소리를 듣지 못하였다.' 이와 같이 고백의 행동은 강력한 사회적 차원을 포함한다. 우리가 진정으로 고백해야 할 것은 다른 사람을 우리 자신과 같이 사랑하지 못한 실패에 대한 것이다. 그 실패는 개인과 인류를 향한 우리의 관계에 있어서의 실패다. 일반적으로 다른 사람에 대한 박애의 정신을 갖는 것에 실패하면서, 우리는 점점 이기적인 것을 선호하는 삶을 살게 되었다. 이교도들도 그들을 사랑하는 사람은 사랑한다. 그러나 아가페 사랑의 가장 커다란 특징은 보상을 기대하지 않고 하나님의 모든 피조물들에게 자신을 내주는 사랑을 베푸는 것이다. 우리의 특별한 사랑은 종종 우리의 문화나 국가에 의해서 강화되기도 한다. 그러나 그러한 특별한 사랑은 하나님이 우리에게 요구하시는 것보다 훨씬 덜할 수 있고, 그러한 사랑은 '우리' 가 '그들' 위에 놓여질 때 악한 것이 될 수 있음을 고백해야 한다.

소외의 두 가지 차원, 즉 하나님으로부터의 소외와 이웃으로부터의 소외의 차원에서 화해가 이루어질 때 하나님의 자기 주심은 경험될 수 있다. 분리된 하나님과 인간 존재가 하나 될 수 있을 때 우리는 평화를 경험하게 된다. 이와 같이 화해의 경험은 우리의 깨어짐이 회복되는 것을 아는 바로 그 차원에서 주어진다. 그러한 회복은 우리의 노력으로 되는 것이 아니라 하나님의 자기 주심의 행동을 통해서 이루어진다. 화해에 대한 바울 서신의 이해는 오직 하나님에 의해서 주어진다는 것이며, 이것은 우리가 성만찬에 참여하고 하나님의 선물을 통하여 온전성을 다시 경험할 때마다 강화된다. 다양한 방식에서, 화해는 세례와 치유와 밀접하게 관련되어 있다. 죄의 용서는 신약의 교회가 세례 가운데서 경험했던(행 2:38) 자기 주심의 형태의 하나로서 규정될 수 있는 것이다. 우리가 간략하게 살펴보았던 대로 신약 성경은 화해를 우리 신체의 치유에 연결시키고 있다(약 5:13-16). 화해는 세례의 한 차원에서의 갱신이기도 하고, 치유의 필요한 부분이기도 하다.

최근에 화해는 점점 공적인 예배가 되고 있는데, 그 예배 가운데 그리스도인들은 모두가 참여하는 예전을 통해 하나님과 다른 사람과의 관계에서 하나 됨을 경험한다. 새롭게 제시된 로마 가톨릭의 화해 예전은 세 가지 가능성을 포함하는데, 개인적 화해, 공적이며 개인적 차원을 함께 연결하는 화해, 그리고 온전히 공적 차원의 화해가 그것이다. 이것은 아주 가치 있는 목회의 형태를 제공해 준다.[75] 주일 예배의 시작 부분에서 짧은 고백의 행동을 갖는 것이 용서의 깊이를 전할 수 있는 보다 강력한 힘을 갖게 될 것이라는 점은 확실치 않다. 하나님의 말씀과 화해에 충실한 예배는 보다 강력한 힘을 행할 수 있을 것이다.

인간의 죄 가운데 많은 부분은 공동체와 국가가 억압과 폭력의 행위를 통해 자행한 죄악으로서 누구도 개인으로서는 관용을 베풀 수 없는 것들이 많다. 환경오염과 군비 경쟁, 세계 기아문제에 대해 누구를 비난할 것인가? 이와 관련하여 우리 모두에게도 개인으로서 고백해야 할 연관된 죄악들이 있다. 공적인 화해는 개인적, 집합적인 죄를 고백하고 그것에 대해 숙고할 기회를 부여하게 된다. 그리고 우리는 확실한 자신감 가운데 하나님께서는 우리에게 화해를 주고 계신다고 고백하게 된다. 이것은 자기 주심의 상징으로, 다른 사람에게 하나님의 이름으로 용서의 말을 나눌 수 있는 근거가 된다. 한때 멀리 떨어져나간 탕자였던 우리들이 하나님의 경계선이 없는 자비로 인해 집으로 돌아오게 되었다. 수직적이고 수평적인 관계는 화해를 허락하시는 하나님의 자기 주심을 통해 완전히 바뀌게 된다.

III

치유의 성례

화해 가운데서 일어나는 영혼의 치유와 밀접히 관련하여 몸의 치유

---

[75] *The Rites*, 311-79쪽 참조.

도 일어나게 된다. 하나님의 뜻은 몸과 영혼 모두에 있어서 인간 존재의 회복이 일어나는 것이다. 이와 같이 치유를 화해로부터 전적으로 분리하는 것은 불가능하다. 궁극적으로 이 두 가지는 그리스도의 몸의 건강을 다룬다. 하나님의 자기 주심의 목적은 영적, 신체적, 사회적으로 경험되는 전인성의 회복에 있다. 물론 이것은 창조의 본질을 반영한다. 창세기에 의하면 하나님의 창조 자체는 선한 것이었다. "하나님이 그 지으신 모든 것을 보시니 보시기에 심히 좋았더라"(창 1:31). 그러나 하나님의 창조물의 많은 것은 죄로 말미암아 손상되고 말았다. 피조물의 회복은 본래의 아름다운 모습을 지향한다. 치유는 하나님의 기본적 선물의 표현으로, 생명 그 자체다. 창조주와 피조물 사이에 차이가 있다면 인간 존재의 유한성에 있다. 이와 같이 치유의 성례는 언제나 우리가 바라는 결실로 나타나는 것이 아니라, 우리를 위한 하나님의 지혜 가운데서 가장 좋은 것이 주어진다.

크리스천 치유 가운데서 무엇이 일어나는가? 하나님의 말씀은 자주 읽혀지고, 해석되어야 한다. 그것은 죄의 고백이며, 또한 용서의 선언이다. 그때 치유를 위한 기도가 드려지며, 환자에게 기름을 바르고 손을 얹어 안수하며 기도하게 된다.

치유에 대한 성경적 증언

치유에 대한 성경적 증언은 일정하다. 예수님은 병자들과 몸의 장애를 가진 사람들의 간절한 외침을 외면하실 수 없으셨다. 그분은 엘리사와 같이(왕하 4:32-37) 행하셨으며 많은 선지자들의 모범을 따르고 있다. 예수님의 제스처는 다양했다. 날 때부터 소경된 사람을 치유하실 때는 그의 눈에 진흙을 바르기도 하셨고(요 9:1-4), 중풍병자에게는 그의 죄가 용서받았다고 선언하기도 하셨다(마 9:2-8). 한 소녀에게는 손을 얹어 치유하기도 하셨다(막 5:41). 그러나 그 목적은 언제나 동일했다. 하나님의 창조 질서를 따라 하나님 보시기에 좋은 모습으로 회복시킴으로 건강하게 하시려는 하나님의 뜻을 성취하시기 위해 언제나 연민을 쏟아 부어 주셨다. 치유 사역은 그의 설교 사역 이후에 일어나고는 했다. 그리스도께서는 언제나 사랑의 행동을 말씀과 연결하실 필요를 느끼셨고, 그것에 따라 행하셨다.

이것이 바로 예수님께서 그의 제자들과 공유하시기 원하셨던 힘이다. 열두 제자는 하나님의 말씀을 전하여 치유하는 사역을 위해 보냄받았다. 마가복음은 "많은 귀신을 쫓아내며 많은 병인에게 기름을 발라 고치더라"(막 6:13)고 증거하고 있다. 예수님의 부활 후 열한 사도는 "병든 사람에게 손을 얹은즉 나으리라"(막 16:18)는 약속과 함께 사명을 위해 보냄을 받았다. 사도행전은 많은 치유 행동을 연대기적으로 보여주고 있다. 즉, 날 때부터 앉은뱅이 된 사람을 치유하시는 사건(행 3:1-10), 많은 중풍병자와 앉은뱅이가 낫는 역사(행 8:7), 우연한 사고의 희생자를 고치시는 사건(행 20:10-12) 등이 그것이다. 사도들이 가는 곳마다 복음의 선포와 함께 치유가 일어났다. 사도들이 그렇게 행하라는 분명한 주님의 명령을 받았던 것은 아니지만, 그들은 주님의 모범을 따랐으며 그분의 의도를 따라 행하였다.

야고보서 5장은 사도시대 이후 성경의 치유 경험에 대한 가장 상세한 논의를 제공하고 있다. 지역 교회의 장로들은 환자들의 침대 머리에서 두 가지 기능을 행하였다. "그들은 주의 이름으로 기름을 바르며 위하여 기도할지니라"(약 5:14). 기도는 병든 자를 누워 있던 침대에서 일으켜 세우고 범한 죄를 용서받게 하는 데 효능이 있었다. 이와 같이 (고백을 통하여) 마음의 치유와 (기도와 기름 부음을 통하여) 몸의 치유가 서로 손과 손을 맞잡고 한마음이 되었던 곳에서 일어났다. 어느 누구도 사람의 반쪽을 치유할 수는 없다.

그것은 개인적인 일이 아니었다. 장로들이 직접적으로 관여하였으며, **16절**은 다른 그리스도인들도 역시 치유를 위해 함께 동참했던 사실을 기록하고 있다. "이러므로 너희 죄를 서로 고하며 병 낫기를 위하여 서로 기도하라. 의인의 간구는 역사하는 힘이 많으니라." 그러한 기도는 '강력했고 효과적'이었다. 다른 성례와 같이 치유 사역은 공동체 속에서 일어났다.

야고보는 한 행동에 주목한다. "주의 이름으로 기름을 바르며…" (5:14). 여기에는 물리적인 행동이 포함되었다. 의약적 치유의 목적으로 몸의 안과 밖에 올리브유를 바르곤 했던 고대 세계에서는 그것은 흔한 일이었다. 그러한 물리적 행동은 병든 자의 몸을 치유하는 목양 사역으로 이해하는 것이 적절할 것이다. 우리는 가끔 병든 자를 돌볼 때 우리의 관심을 표현하기 위해 어떤 말을 건네야 하지만 적절한 말을 찾을 수 없어 좌절감을 느낄 때가 있다. 이럴 때 손을 굳게 잡아 주는 것, 이마에 손을 얹는 것, 혹은 기름을 바르는 것은 말이 할 수 없는 것을 말해 준다. 특히 이러한 행동은 의식이 분명치 않은 환자에게는 말보다도 훨씬 강력한 언어가 된다.

치유 사역 가운데서 어루만지는 행동이 아주 중요하다는 것을 느낀다. 특히 하나님의 이름으로 터치하는 것은 중요한 행동 가운데 하나다. 손을 얹는 것은 모든 그리스도인들에게 관심의 표현일 뿐만 아니라, 성경에 의하면 모든 믿는 자에게 주시는 치유를 위한 카리스마의 표현이다(막 16:18). 이것은 단지 기독교에만 제한되는 치유를 위한 의지의 표현은 아니다. 그리스도인들은 자신들의 약함에도 불구하고 그들을 터치함으로써 병든 자를 수용함을 보여주는 인간의 자연적인 형식을 단지 도입한 것이다.

치유 사역과 의학

물론 기독교의 치유는 다른 의료 응급조치의 형태를 대신하는 것이 되어서는 안 된다. 이 두 요소는 상호 보완적이다. 이것이 가능하지 않다면 마음과 영혼에 상처를 입고 고통 가운데 있는 사람을 치유하는 것은 어려워진다. 우리는 얼마나 많은 질병이 정신적 스트레스와 깊이 관련되어 있는지를 잘 알고 있다. 이와 같이 하나님의 역사는 의사와 간호사들의 의료 행위를 통해서도 일어나고, 동료 그리스도인들의 영적인 사역을 통해서도 일어남을 경험한다. 두 형태는 서로 반대되는 것이 아니라 서로 의존적이다.

치유에 대한 신학적 숙고는 아주 다양하게 주어지고 있다. 가장 낮은 상태의 치유는 죽은 자를 위한 성례인 종부성사(extreme unction)의 형태로 주어졌다. 이것은 다른 고백 의식과 병행하여 주어졌는데, 마지막 성만찬을 베풀기도 하고, 축복, 영혼의 떠남 등의 순서와 함께 주어졌다. 임종을 앞두고 기름을 바르는 것은 임박한 죽음에 직면하여 하나님과의 평화를 얻게 하기 위한 마지막 시도가 된다. 이 마지막 순간에 어떤 치유가 일어날 것이라고 크게 기대하지는 않지만, 그것을 도외시하지도 않는다. 여기에서의 강조점은 인생사의 최종 결말에 있으며, 이것은 모든 사랑하는 사람들과의 작별의 순간을 갖게 하는 데 있다.

최근 들어서는 보다 치유에 대한 성서적, 교부적 관점을 회복하려는 시도들을 보게 된다. 그것은 믿음과 희망의 성례로도 간주되는데, 교회가 그 몸의 일부를 성례를 통해 회복하여 하나로 묶어주는 데 그 목적이 있다. 안타깝게도 치유의 괴상하고 장엄한 방식은 많은 그리스도인들의 주의를 찬탈해 버리는 경향이 있다. 심지어는 미디어에서조차 이것에 대해 언급하기 민망해할 정도로 괴상한 형태 때문이다. 이와 같이 그리스도인들은 치유에 대해 기독교 사상과 실행에서 다소 그 중심이 벗어난 것으로 간주해 버릴 가능성이 있다. 그러나 신약 성경을 읽어 보면 그러한 인상을 가질 수 없게 된다. 그러므로 우리는 기독교의 치유를 의학을 통한 하나님의 치유 역사와는 아무런 관련 없이 독자적으로 행해지는 괴상한 치료 행위로 생각해서는 안 된다. 우리는 기독교의 치유에 대해 성경적으로 말할 수 있어야 한다.

치유는 병든 자나 혹은 신체의 일부에 부상을 입은 사람에 대해, 세례를 통해 그리스도의 온전한 몸에 참여하는 것과 같이 그 몸에 응답하는 것이다. 이것은 언제나 건강에 대한 하나님의 뜻 안에서 함께하는 믿음의 표현이다. 이것은 목회자와 평신도가 함께 참여하여 나누는 공동의 표현이다. 이러한 목회의 형태는 아픈 사람과 함께하는 단순한 행동으로부터, 기도와 기름 부음에 참여하는 공교한 의식에까지 다양하게 가질 수 있을 것이다.[76] 그러나 세례 공동체의 책임은 모든 그리스도인이 함께 그리스도의 몸을 이루는 다른 교인들의 건강을 위하여

---

[76] 여러 세기 동안 병든 자를 위해 기름을 바르는 의식을 행하였던 형제단 교회(the Church of the Brethren)로부터 얻게 되는 이를 위한 좋은 참고 자료를 위해서는 *Pastor's Manual*(Elgin, Ill: Brethren Press, 1978), 63-71쪽을 참조하라.

지속적으로 기도하며, 의학적으로도 최고의 치료를 받을 수 있도록 그것이 필요한 사람들을 적절하게 돕는 것을 포함한다.

치유는 건강에 심각한 위험이 있을 때마다 반복해서 주어지는 것인데, 세례를 통하여 그리스도의 한 몸을 이루었음을 나타내는 중요한 표현이다. 그것은 목회자에게 뿐만 아니라 평신도들에게도 중요한 사역이다. 목회자에게나 평신도 모두에게 그것은 하나님의 자기 주심이 다른 사람의 몸 안에서 구체적으로 나타나게 하는 희망의 극적인 표현이다. 그들은 그리스도인들이 건강의 회복을 위해서 기도해 온 사람들이다. 하나님의 사랑을 통한 자기 주심은 언제나 의료 기술을 통해서도 나타난다는 것은 의심의 여지가 없다. 의학적인 수단을 포함하여 모든 방식을 따라 전인 건강을 이루어야 하는 것은 기독교의 치유 사역에 반영되어야 할 요소다.

IV

성직 수임식

성직 수임식, 혹은 안수식은 교회 안에 리더십을 세우기 위하여 크리스천 공동체에 허락하시는 하나님의 선물임을 증언하고 있다. 이것은 하나님의 교회를 세우기 위하여 모든 세례 받은 사람들에게 은사를 허락하시는 성령님의 역사를 기억하게 해준다. 오직 소수의 무리가 안수식의 성례를 받는다 할지라도, 성직 수임식은 다른 사람을 섬기도록 모든 사람을 부르시는 소명의 상징으로 역할하게 된다. 성직 수임식의 진정한 초점은 개인에게 안수하여 세우는 데 있지 않고, 공동체의 유익을 위하여 그를 안수하여 세우는 데 있다. 바울은 "또 역사는 여러 가지나 모든 것을 모든 사람 가운데서 역사하시는 하나님은 같으니"(고전 12:6)라고 기록하고 있다. 공동체를 위한 은사는 다르다. 그러나 모든 사람들은 교회 안에서 다른 개인의 필요를 위해 같은 성령님께서 주시는 은사를 받는다.

성직 수임식에서 무슨 일이 일어나는가? 첫째로, 세움 받는 사람이 공동체가 필요로 하는 은사와 은혜를 받았는지를 살펴보고 점검해야 한다. 후보자의 삶의 방식과 윤리, 믿음의 형태, 신앙관 등이 점검되어야 하며, 안수 받는 직분자가 사역을 위해 하나님의 부름을 받은 강한 신념을 가지고 있는지를 살펴보아야 한다. 회중들은 성직 수임식에서 그들에 대해 성직 수임에 가치가 있다고 선언하며, 안수 받은 리더로 받아들인다. 하나님의 말씀을 봉독하고, 설명한다.

후보자가 인정받고 하나님의 말씀을 들었을 때, 그 위에 손을 얹고 기도하게 된다. 기도의 형식은 3세기 이전 자료에서 온 것으로, 과거에 지도자들을 통해 허락하신 하나님의 역사를 감사함으로 선포하고, 하나님의 공동체를 잘 섬길 수 있도록 성직을 수임 받는 사람에게 동일한 능력을 부어 주시는 현재적 역사하심을 위해 성령님을 초대하는 기도를 드린다. 손을 얹어 안수하는 것은 교회의 리더십을 위한 하나님의 계속적인 은사를 통해 허락하시는 능력이 부여됨을 의미하는 행동이다. 기도는 이러한 은사를 경축하는 것이며, 안수 받는 사람에게 그것이 효과적으로 이루어지도록 탄원하는 것이다.

안수 받는 사람에게는 종종 어떤 특별한 선물이 주어지는데, 말씀과 성만찬의 사역자로서 그들의 업무를 효과적으로 수행하도록 한다는 의미로 성경이나 성작(聖爵, chalice), 성반(聖盤, paten)이 주어진다. 그리고 성만찬의 순서를 가지면서 새롭게 성직을 수임 받은 사람에게 예배를 진행하며 성체를 나누는 순서를 감당하게 한다.

신약의 교회는 지정된 리더십을 위한 필요를 경험했다. 예수님은 그의 사역을 배우고, 주님과 함께 그것을 감당할 수 있도록 하기 위해 제자들을 부르셨다. 그들은 예수님의 초청에 응답하여 나아왔다. 예수님께서는 그들을 떠나실 때 성령님을 보내 주실 것을 약속하시는데, 이는 예수님께서 그들 가운데 계속 임재하신다는 사실을 알려 주시기 위해서였다. 요한복음에 의하면, 부활주일에 예수님은 "저희를 향하사 숨을 내쉬며 가라사대 성령을 받으라"(요 20:22)고 말씀하셨다. 누가복음에 의하면 성령님이 오순절에 제자들에게 강림하는데, 그날에 제자들은 "다 성령의 충만함을 받고 성령이 말하게 하심을 따라 다른 방언으로 말하기를 시작"(행 2:4)하였다.

성직과 성령의 은사

여기에서 한 가지 사실이 분명해지는데, 성직 수임 사역의 은사는 공동체 한가운데서 성령의 역사를 드러낸다. 이와 같이 바울은 한 세대 후에 이것을 깊이 숙고하면서, 사랑의 은사 외에서도 "성령의 은사"(고전 14:1)의 다양성에 대해 언급할 수 있었다. 모든 은사는 한 가지 일을 지향해야 하는데, 그것은 교회를 세우는 일이다(고전 14:26). 그것이 얼마나 다양한가와 상관없이 그것은 이 한 가지 목적을 위해서 주어진다. 사람의 몸의 유비는 적절하다. 몸의 모든 부분은 상호의존 하에 작동한다.

사도행전은 열두 사도들이 말씀 사역에 전념하는 동안 가난한 사람들을 섬기고 구제하는 일을 위해서 안수집사들을 처음으로 세우는 장면을 통해 사역의 다양성에 대해 증언한다. 그들은 '전체 제자들의 모임'에서 안수집사로 세울 사람들을 선정한다. 그리고 사도들은 "기도하고 그들에게 안수"(행 6:6)하여 세운다. 바나바와 바울이 이방 선교를 위하여 파송을 받게 되는데, "금식하며 기도하고 두 사람에게 안수하여 보내니라"(행 13:3)라고 기록하고 있다. 그 다음에 그들은 "각 교회에서 장로들을 택하여 금식 기도하며" 장로들을 세우고 있다(행 14:23). 또한 사도들이 새로 세움 받은 장로들에게 권면을 주고 있는 광경도 나온다(행 20:28). 교회는 다양한 기능을 위해 안수 받은 사역의 다양성을 여전히 인식하고 있다.

초대교회에서는 손을 얹는 것이 '영적인 은사를 받게 하는'(딤전 4:14; 딤후 1:6) 것으로 널리 인식되었던 것 같다.[77] 이것은 조심스럽게 사용되어야 할 것이었으며, "안수함으로 네 속에 있는 하나님의 은사를 다시 불일 듯 하게 하기 위하여"(딤후 1:6) 손을 얹었다는 사실을 기억할 필요가 있다. 사역은 성령님께서 부어 주시는 은사로 세워진다. 이 은사는 안수 받은 사람이 수행하는 모든 사역을 통하여 하나님의 자기 주심이 선명하게 드러나게 한다. 선택, 기도 그리고 안수하는

---

[77] 종교적 권위들에 대한 유대교적 인식에 대해 비교하여 볼 수 있도록 로렌스 호프만이 잘 정리하고 있는데, "Jewish Ordination on the Eve of Christianity," *Studia Liturgica* XIII, 2-4 (1979): 11-41쪽을 참조하라. 이 잡지의 이 호는 전체 내용이 성직 수임, 즉 안수식에 대한 연구 논문을 모아 놓은 것이다.

것은 섬길 능력을 비준하고, 증강시킨다. 그러나 이것은 역시 하나님의 은사로 인식되어야 한다.

초대교회에서는 안수 받은 사역은 예전적 리더십에 강한 초점을 가지고 있다. 이것은 감독이나 교구 목사(presbyter), 혹은 장로(elder)의 역할에 확고한 형식을 부여한다. 이러한 직분의 질서를 구분하는 것은 초기에는 거의 분명하지 않았지만, 후기에는 보다 선명해진다. 그러나 감독이나 교구 목사는 성만찬을 집례할 책임을 가졌고, 성만찬 기도를 드릴 수 있었다. 이 역할을 감당하면서 성만찬 집례자는 목회 신학자로 역할하게 된다. 집례자는 정통 교리 혹은 바른 예배[78]가 무엇인지를 바르게 알고 기도할 능력을 갖추어야만 했다. 또한 그는 회중을 알고 있어야 하는데, 그들의 삶의 상황에서 감사를 드리기 위해서였다. 이그나티우스에 의하면 오직 감독이나 교구 목사는 이 직능을 행할 수 있도록 권위를 부여받았다.[79] 이것은 함께 살아가는 공동체의 삶을 위해 생생한 기능이다. 성만찬에서 목회 신학자로서 기능하도록 만드는 요소는 안수 받은 교구 목사다.[80]

성직 수임은 신앙 공동체를 세우기 위하여 필요한 다양한 은사와 은혜의 형태 안에서 하나님의 자기 주심을 구하면서 갖게 되는 상호적인 행동이다. 성직 수임은 어떤 특정 개인의 유익을 위한 권력 이양이 아니다. 오히려 하나님의 자기 주심은 공동체를 위해 개인을 통하여 주어진다. 개인의 성직 수임은 마치 결혼식에 오직 신랑만이 참여하는

---

78) 히폴리투스에 따르면 그는 이것을 *orthodoxia*라고 칭한다.
79) "Letter to the Smyrnaeans," 8:1, *Early Christian Fathers*, 115.
80) Herve-Marie Legrand, "The Presidency of the Eucharist according to the Ancient Tradition", *Worship*, LIII (Sept. 1979): 413-38쪽 참조.

것과 같은 일종의 변장이며, 궁극적 목적은 개인을 위한 것이 아니라 공동체를 위한 것이다.

목회를 위한 은사를 허락하시는 하나님의 선물은 성직 수임 예식에서 특별히 강조된다. 대부분의 성직 수임 예식은 후보자에게 질문하는 순서를 포함하는데, 이 은사가 주어졌음을 공개적으로 알리고 비준하기 위해서다. 공동체는 자주 그 후보자를 선출하고 인준하는 데 참여한다. 이와 같이 우리는 공동체를 위하여, 그 안에서 성직 수임 예식을 갖는다. 그 공동체는 개인, 협의회, 주교 관구, 혹은 종교적 제도일 수도 있다. 그러나 성직 수임은 순수하게 개인을 위하여 주어지는 것이 아니다. 교회가 성직을 수임할 때, 그 직분을 수임 받는 사람들이 섬길 바로 그 사람들 가운데서 그 사실을 인식하게 함으로써 리더십을 위한 하나님의 은사를 공적으로 인식할 수 있게 해준다.

성직 수임과 성령님

성직 수임은 교회 안에서 성령님의 역사하심에 대한 가장 분명한 증언 가운데 하나다. 다른 사회적 조직과 같이, 교회는 은사를 가진 개인의 리더십을 필요로 한다. 성직 수임은 안수를 통해 감당하게 할 사역을 위해 필요한 특별한 은사를 공급함에 있어서 성령님의 역사를 분명하게 인식한다. 또한 성령님께서 안수 받는 그 사람에게 필요한 은사를 부어 주시도록 초대한다. 이와 같이, 성직 수임은 광범위하게 말하자면 초대. 교회는 그것을 통해 필요한 모든 능력의 원천이 어디에 있는가를 분명히 인식하게 된다. 이것을 통해 교회는 성령님을 초대하며, 동시에 성령님께서 교회를 세우기 위해 이미 허락하신 은사들을 인식하며 감사드리는 것이다. 성령님께서는 이미 모든 사람들에게 세례를 통해 이러한 은사를 허락하셨으며, 어떤 사람들에게 성직 수임식에서 다시 특별한 은사를 허락하신다.

우리는 하나님의 뜻에 따라 소명을 받은 것과 교회적 소명 사이의 차이를 구분하려는 경향을 가진다. 전자는 어느 특정 개인이 어떤 능력을 가지고 있어 안수 받은 성직을 감당하도록 설득 받게 되는 소명이라면, 후자는 조직인 교회가 이전의 소명을 인식하고 안수를 통해 그것을 공표하는 것으로 구분한다.[81] 하나님의 자기 주심은 이 두 가지 소명 가운데서 나타난다. 암브로스나 어거스틴 같은 기독교 지도자들은 거의 한 순간에 그것을 인식하였음에도 불구하고, 성장과 성숙을 위한 일반적인 관심은 교회가 안수하여 세우는 사람이 신학적 훈련과 자질을 갖추도록 하기 위해 수년의 시간을 필요로 한다.

모든 그리스도인들은 그들이 받은 세례로 인해 다 사역자가 되었다. 안수 받은 사역자가 세례를 통해 일반적 사역 가운데 들어간 다른 그리스도인들보다 더 대단한 사역자는 아니다. 안수를 받고, 교회로부터 재정적 지원을 받는 직분자는 모든 세례자들에게 믿음의 공동체 안에서 새로운 삶의 본질에 대해 증언하는 사람들이다. 안수 받은 사역자에 의해 감당되는 사역은 모든 그리스도인들이 나누어야 할 목회를 가시적으로 만든다는 점에서 성례전적이다. 어떤 기독교 사역자의 안수는 모든 그리스도인들에게 그들 자신의 사역을 깨우쳐 주는 것이 되어야 한다.

소명의 거룩성에 강조점을 두는 반면, 개신교회는 세속적 직업에 대

---

81) Helmut Richard Niebuhr, *The Purpose of the Church and Its Ministry* (New York: Harper & Brothers, 1956), 64쪽 참조.

한 소명과 그것을 새로 맡게 된 사람들을 축하하는 어떤 방식도 개발한 적이 없다. 공적인 필요를 위해 감당하는 다른 직업들도 동일하게 거룩한 것이며, 설교자가 거룩한 것처럼 농부도 거룩한 것인데도 불구하고 오직 성직자만이 거룩한 것으로 인식되어 왔다.

성직 수임을 통해 교회는 안수 받은 사역자에 의해서 감당되는 사역이 의미하는 것을 분명하게 공표한다. 체면과 질서의 이유 때문에 안수 받은 사역자는 다른 사람들은 감당할 수 없는 어떤 기능을 수행한다. 가령 말씀을 선포하고 성만찬을 집례하는 일이나 교회의 질서 유지와 같은 일들은 아무나 할 수 없고 안수 받은 사역자에게 제한한다. 그래서 성직 수임 예식에서 교회는 수임 받게 되는 그 직분이 무엇인지를 온전히 공표하며, 안수함으로써 교회는 안수 받은 사역자에 의해서 감당되는 사역에 대한 경험과 관점을 분명하게 한다.

새로운 성직 수임 예식의 순서는 사역에 대한 성령론적 측면을 강조한다. 우리는 권위의 명령적 진술로부터—가령 "당신은 이제부터 권위를 갖게 되었습니다"라고 말해 주는—그 사역을 위해 은사를 부어 주시는 성령님의 초대로 그 관점이 바뀌고 있다. 성령님께 대한 교회의 전적인 의존은 이와 같이 가장 전면으로 드러나게 된다.

역시 이것은 예배의 상황(doxological context)에서도 행해진다. 성직 수임에서 교회는 역시 공동체의 삶을 함께 형성할 수 있도록 허락하시는 리더십에 대해 하나님께 감사를 올려드리며 찬양 드린다. 성직 수임은 언제나 감사의 예전이며, 교회를 위하여 행하시는 하나님의 역사의 지속을 기대하는 예전이다. 그러한 예배를 위해 성만찬을 갖는 것은 가장 적절하며, 모든 그리스도인들이 하나님의 자기 주심의 전 역사를 경축하며 함께 참여하게 된다. 그것은 사도들을 세우신 것으로부터 시작하여 새롭게 집사를 세우는 것까지, 계속해서 지도자들을 세우셔서 리더십을 발휘하게 하심을 따라 하나님의 자기 주심을 구체화하신 것이다.

V

기독교의 결혼

기독교의 결혼의 축하도 동일하게 기쁨이 넘치는 일이다. 물론 결혼은 모든 문화권에서 일반적인 일이다. 우리의 관심은 기독교의 결혼 예식이 하나님의 자기 주심의 사랑을 나타내는 것은 다른 모든 것을 넘어서서 어떻게 역사하는가를 살펴보기 위함이다. 우리는 이러한 것을 자연적 성례라고 부르고 있는데, 왜냐하면 그것은 인간 삶의 자연적 도리(order of nature)를 따라 행해지는 것이기 때문이다. 그러나 결혼식은 은혜의 도리(order of love) 가운데 행해진다. 피터 롬바르드는 인간의 타락 전에 그것은 하나님께서 직접 세우신 유일한 성례였다고 주장한다. 그러나 많은 중세의 신학자들은 결혼을 인간의 육욕에 대한 구제책이었다고 주장함으로써 결혼에 대해 보다 긍정적으로 말하는 것에 어려움을 가지고 있었다.

두 그리스도인들이 함께 결혼했을 때 무슨 일이 일어나는가? 두 사람은 기독교 예배와 합법적 변화를 위한 예배 가운데 나아온 증인들 앞에 함께 서 있다. 결혼 예식의 본질은 말과 행동을 통해 자기 나눔 (self giving)을 실현하는 것이다. 한 남자와 여자가 함께 혼인 서약을 하고, 이제 그들이 가진 모든 것을 함께 나눔으로 부부가 되는 것이다. 혼인 서약은 모든 가진 것을 상대방에게 주는 합법적인 용어다. 그것은 '소유하고 붙잡는 것'이며, 그러한 계약의 상태로 나아가는 것이다. 서약의 언어는 서로를 바라보고, 문화에 따라 다양한 것들을 나누는데, 반지와 같은 예물을 나누는 상징적 행동은 자기 나눔의 양식 (mode)이 된다. 공동체는 두 사람이 자유스럽게 상호 자기 나눔을 교환하였다는 사실을 증언하고 보증한다. 종종 자신을 주는 것은 말씀의 예전을 앞서며, 성만찬 안에서 하나님의 자기 주심의 다른 상징이 뒤따라온다.

결혼 예식에 대한 성경적 증언은 거의 없는 것이 사실이다. 예수님이 참석하셨던 가나의 혼인잔치(요 2:1-11)는 분명하게 유대교 혼인 예식이었다. 우리가 배울 수 있는 모든 것은 예수님과 하인들은 좋은 포도주가 어디에서 왔는지 알았다는 점이다. 일반적인 결혼에 대해 성경은 간음의 경우를 제외하고는(마 19:6-9; 고전 7:10-11) 성경은 결혼의 확고 불변의 특징을 견지하면서 결혼에 대한 풍부한 제시를 하고 있다. 바울은 결혼하지 않고 절제할 수 없다면 결혼하는 것이 낫다고 결혼에 대해 다소 소극적으로 제시하고 있다(고전 7:9). 그러나 그리스도인들이 결혼하는 예식에 관한 한, 우리는 성경에 그렇게 많은 정보를 가지고 있지 않다. 우리가 당시의 결혼에 대해서 알아보기 위해 할 수 있는 최선의 방법은 유대인들과 로마 문화권에서 어떠한 결혼 예식을 가졌는지를 살펴보는 것이다. 한편 그러한 문화권에서 그리스도인들은 그리스도인들과 결혼할 것을 권면하고 있다(고전 7:12-16).

교회가 축복하는 계약

신학적 숙고는 역사를 피할 수가 없다. 서구 사회는 특별히 결혼 예식에 대한 뛰어난 역사를 가지고 있는데, 그것은 합법적인 계약의 역사였다. 그 계약은 신랑 신부가 함께 실행하고, 교회가 증언하며 축복하는 계약이다. 우리는 지금 결혼의 완성(consummation)으로서의 완전한 상징행동에 대해 언급하고 있다. 그것은 공적인 행동이라고 할 수 없는 한 커플이 되는 비밀을 말하고 있다. 그래서 몸을 주는 것은 사실상 서약의 말을 주고받을 때 이루어지는데, "나의 몸으로 당신을 섬기겠습니다"라고 서약하면서 자신을 상대방에게 주는 것이다. 서구의 정신구조에서는 신랑 신부 자신들이 성례를 행하는 것이고, 사제나 목사는 단순히 돕는 역할을 한다.

중요한 하나의 대안은 동방정교회에서 발견하게 된다. 거기에는 성례를 주관하는 목회자는 그리스도를 위해 행하는 사제가 된다. 결혼의 사건(event)은 하나의 종말론적 사건(eschatological event)인데, 신랑 신부는 세상(나르텍스, 고대 기독교 회당에서 본당 입구 앞의 넓은 홀; 참회자, 세례 지원자를 위한 공간-역주)을 떠나 영원의 세계(교회 건물)로 들어간다. 바로 그곳에서 사랑에 기초하여 그들의 연합이 이루어지는데, 사랑이 지배하는 하나님 나라를 그곳에서 미리 선취하여 맛보는 것이다. 따라서 신랑 신부는 하나님께서 그들의 장래 가족들을 다스려 주실 것을 기대하면서 하나님 나라의 상징으로서 왕관을 쓴다. 동방교회에서 결혼과 관련하여 가장 중요한 사항은 이혼 후에 재혼하는 것이 허락되는데, 그때에는 신랑과 신부 그들 자신이 아니라 사제들이 성례의 집례자가 된다는 점이다. 서방교회를 힘들게 하는 문제들 가운데 하나는, 평생 지켜야 할 서약을 깨뜨려도 괜찮은 것처럼 느끼는 사람의 온전성에 대한 문제인데, 다소 다르게 보여진다.

시민 사회에서의 합법적인 요구는 기독교인의 결혼식이든 혹은 그렇지 않든 간에 어떤 결혼식에서나 주어지는 것이다. 우리 사회에서 어떤 사람들은 인간 발전 과정에 대해 우리가 학문적으로 알고 있는 것을 내세우면서 평생 서약의 필요성에 대해 의문을 제기하는 사람들이 있다. 그러나 그러한 의도는 결혼에 대한 전통적 기독교의 관점과 어울리지 않으며, 어떤 계약이든 깨뜨려도 괜찮다는 것은 어불성설임에 틀림없다.

왜 결혼은 교회의 축복과 함께 이루어지는 단순한 합법적 계약보다는 성례로서 간주되어야 하는지에 대한 질문을 피할 수가 없다. 그것은 쉽게 답변될 수 있는 사안은 아니다. 쉴레벡이 보여준 대로, 교회의 대부분의 역사는 교회가 개입하기 전 수천 년 동안 시민 사회로 하여금 그들 자신의 관습을 따르게 함으로써 결혼에 대해서는 다소 애매함을 가지고 있었다.[82] 그것은 아주 천천히 발전되어 가는데, 결국 영국에서 종교개혁이 일어나기 전까지는 교회 건물 안에서 반드시 혼인 서약이 이루어져야 한다고 주장함으로 가장 극점에 이르게 되었다. 결혼에 대해 관여하는 것에 교회의 무관심, 합법적 과정으로 발전해 감에 있어서 어떤 차이를 채워야 할 필요에 대해 아주 느리게 대처한 것, 그리고 예식에 대한 온전한 책임에 대해 느리게 수락한 것은 기독교의 기준을 다른 문화권의 기준에 부여할 수 없었던 이유였고, 이것은 깊

---

82) Edward Schillebeeckx, *Marriage: Human Reality and Saving Mystery* (New York: Sheed & Ward, 1965) 참조. 역시 응답으로서 Paul F. Palmer, "Christian Marriage: Contract or Covenant?" Theological Studies (Dec. 1972): 617-65쪽 참조하라.

이 주의해야 할 경계의 신호가 되어야 한다.

언약으로서의 결혼

최근의 주장들 가운데 기독교의 결혼을 하나님께서 증인과 보증인으로 역사하시는 언약(covenant)으로 이해하려는 경향이 있어 왔다. 그것은 믿음의 공동체 안에서 행해지는 행동이다. 최근의 예식에서는 믿음의 공동체가 신랑 신부를 후원하고 지지할 것을 서약하는 순서가 새롭게 들어가기도 한다. 이러한 두 가지 이유는 성례로서 행해지는 기독교의 결혼과 교회 건물에서 단순하게 행해지는 결혼식 사이의 가장 주요한 차이를 만들고 있다. 많은 교회들은 비신앙인의 경우에도 사회봉사 차원에서 교회 공간을 사용하도록 허락한다. 그것은 거룩한 공간을 소홀히 하는 것이라기보다는 사회에 대한 봉사이며, 교회가 소유하고 있는 참으로 귀한 공간을 점유하는 것에 대해 분명한 양해가 필요하다. 그러나 세속적인 결혼식이 교회 공간에서 행해진다 할지라도 그것은 공동체와 함께 기독교의 결혼 예식으로 행해지는 것과는 엄연히 구분되어야 하고 혼동이 일어나지 않아야 한다. 새로운 미국 감리교 예식은 엄연히 "기독교 결혼을 위한 예배"(**A Service of Christian Marriage**)라고 칭하고 있는데, 이것은 기독교 결혼식의 독특성을 가리키고 있는 명칭이다.

언약으로 이해할 수 있는 기독교 결혼은 공동체를 통하여 받을 수 있는 하나님의 선물이며, 이성(異性)의 신랑과 신부 사이에 사랑의 관계를 인정하고, 증언하며, 지탱할 수 있게 하는 성례다. 상호 서약을 통해 각자를 신랑과 신부로 받아들이는 행위는 하나님의 사랑을 증언하는 공동체 가운데서 일어나며, 결혼 언약(marriage covenant)을 강화하기 위해 하나님께서 사용하시는 약속된 채널이다. 공동체는 신랑과 신부가 그들의 서약을 통해 서로에게 연합됨으로 부부가 되는 것을 증언하며, 그들이 가정을 이루고 부부가 되는 것에 대해 축복하는 역할을 감당한다.

그러나 기독교 결혼이라 할지라도 이교도적인 요소와 기독교적인 요소가 기묘하게 혼합되어 있다는 점을 인정해야 할 것이다. 유대교, 로마, 게르만, 혹은 보다 최근의 결혼 풍습까지 많은 문화적 요소가 혼합되는 것을 피할 수는 없다. 스페인어권 문화에서는 신랑 신부 주변에 커다란 장미(lazo)[83]를 두며, 독일 게르만 문화권의 결혼 풍습이 보존된 곳에서는 악한 영을 속이기 위해 신부와 같이 옷을 입힌 신부의 하녀를 함께 등장시키기도 한다. 그러나 신랑을 보호하기 위해서 다른 남성을 단장시키지는 않는다. 로마 문화권에서는 신랑 신부에게 풍요를 누리라는 의미로 쌀을 던지기도 한다. 이러한 많은 관습들은 기독교적인 것은 아니다. 일반적으로 교회는 지역의 관습을 받아들일 것을 권장하고 있다. 왜냐하면 부분적으로는 기독교적인 요소가 결정적으로 그렇게 많지 않기 때문이기도 하고, 결혼식은 기독교 자체보다 우주적인 특성이 강하기 때문이라는 인식 때문에도 그러하다.

기독교 결혼식에서 하나님께서 우리를 위하여 행하시는 것은, 인간의 사랑을 깊게 하고 지지하시기 위해 하나님의 자기 주심을 허락하신다는 것이다. 또한 신앙 공동체를 통해 강화하고, 공동체의 축복을 받

---

83) 역주-주로 멕시코의 결혼 풍습 가운데 신랑과 신부가 제단 앞에 무릎을 꿇고 있는 동안 그들 주변에 커다란 장미를 두었던 풍습에서 유래되었다. 106송이의 아이보리 색깔의 덜 핀 장미송이와 14송이의 활짝 핀 붉은 장미송이로 만들었던 것으로 오늘날 신부들이 들고 있는 부케와 같은 것으로 발전한다-.

으면서 한 몸을 이룰 수 있게 한다는 점이다. 기독교 결혼은 하나님과의 언약의 사건(**matter**)이며, 공동체가 그것을 전적으로 지지한다. 그리스도인에게 있어서 기독교 결혼 예식은 교회, 가족의 새로운 실재를 선포하며, 창조한다. 기독교의 결혼은 하나님의 사랑의 자기 주심에 의해 세워지고, 유지된다.

VI

기독교 장례 예식

그리스도인의 장례는 우리를 향한 공동체의 마지막 사랑의 표현이다. 그것은 또한 슬픔 가운데 있는 유가족들에게는 하나님을 신뢰하는 믿음의 가장 최고의 도전이 된다. 장례 예식은 죽음의 신비와 삶의 가장 어려운 순간에서도 하나님의 사랑을 볼 수 있도록 우리들을 독려한다. 1179년 공의회 이후, 기독교 장례는 성례로 간주되어 지켜 왔다. 장례를 성사(聖事)로 다시 회복하려는 데에는 그만한 충분한 이유를 가지고 있다. 매장하는 것이나 화장하는 것, 유기(遺棄), 혹은 버려지는 형태의 죽음이라도 그것은 분명히 전인적 인격과 관련된 것이며, 그것은 그리스도인이든 비그리스도인이든 간에 동일하다. 그래서 우리는 이것은 자연적 성례라고 부를 수 있을 것이다. 이것은 기독교 신앙을 가진 사람들을 위해 변형의 순간이 되기 때문이다.

기독교 장례에서도 이것이 동일하게 일어나는 것은 분명하다. 다른 모든 장례식에서와 마찬가지로 기본적 기능은 고인의 시신을 처리하는 것인데, 그 과정은 예의 바르고 위생적인 방식을 따라 할 수 있어야 한다. 그리스도인에게는 이것은 동료 그리스도인들이 함께 모인 자리에서 행해진다. 죽음에 직면하여 하나님의 강력한 약속이 성경 봉독, 찬송, 시편 낭송, 그리고 설교 등을 통하여 다시 상기된다. 그리고 기도를 통해 세상을 떠난 고인을 하나님의 보호하심에 위탁하는 것이며, 시신을 본래 왔던 자리로 돌리는 것인데, 흙으로, 물로, 혹은 재로 돌리는 것이다.

기독교 장례에 대한 성경의 증언은 거의 존재하지 않는다. 기독교 장례는 비록 그 이해에 있어서 많은 변형을 가져왔지만, 근본적으로는 유대교와 로마의 장례 풍습을 그대로 따르고 있다. 로마의 관습은 죽음을 넘어서 가족 관계의 연속성을 기리고, 제의적 음식을 통해 상징화함으로써 기독교 경건에 영속적인 표지를 만들었다.[84]

장례와 부활 신앙

성경은 우리에게 장례 예식보다 더 중요한 많은 것을 말씀해 준다. 무엇보다도 부활 신앙을 선포해 주는데, 그리스도인들은 그들의 세례식을 통해 이것을 이미 경험한 바 있다. 그리스도께서 죽은 자 가운데서 부활하신 이후, 그리스도인들은 믿음으로 죽음에 직면할 수 있게

---

[84] Geoffrey Rowell, *The Liturgy of Christian Burial* (London: SPCK, 1977), 1-98쪽 참조. 그리고 Richard Rutherford, *The Death of a Christian* (New York: Pueblo Publishing Co., 1980), 3-107쪽도 참조하라.

되었다. 왜냐하면 그들은 이미 세례를 통해 죽었고, 부활의 소망 가운데서 살고 있기 때문이다. 바울은 고린도전서 15장에서 죽음에 대한 논의를 승리의 노래로 마치고 있다. "이 썩을 것이 썩지 아니함을 입고 이 죽을 것이 죽지 아니함을 입을 때에는 사망이 이김의 삼킨 바 되리라고 기록된 말씀이 응하리라. 사망아 너의 이기는 것이 어디 있느냐. 사망아 너의 쏘는 것이 어디 있느냐"(고전 15:54-55). 바울은 죽음을 '비밀' 혹은 '신비'라고 부르고 있다(고전 15:51). 여기에서 바울은 죽음에 대한 어떤 이론을 제시하려는 것보다는 하나님의 사랑의 승리를 선포하는 데 더 많은 분량을 할애하고 있다.

그리스도인에게 장례는 하나님의 자기 주심의 행동인데, 그 안에서 세상을 떠난 사랑하는 사람을 하나님의 부활의 능력을 의지하여 맡기게 된다. 그리스도인들은 다른 사람들보다 죽음에 대해서 더 많이 알아야 한다고 주장하지 않는다. 그러나 바울은 여기에서 보다 더 중요한 것을 자랑하는데, 그것은 바로 하나님에 대한 지식이다. 이와 같이 죽음이 신비로 남아 있지만 그것은 하나님의 사랑의 컨텍스트 안에 있는 신비다. 그것은 그리스도인을 위한 전체 장면을 바꾸어 놓는다. 기독교 장례에 있어서 하나님의 사랑은 우리의 상실보다 더 주요한 초점이다.

문제가 되고 있는 요소들도 있다. 믿음의 공동체는 가족을 잃은 슬픔 가운데 있는 사람들을 지원하고, 깊은 그리스도의 사랑을 보여주어야 한다. 비록 그러한 것이 사랑하는 사람을 잃은 상실의 아픔을 대신해 줄 수는 없지만, 이 땅에서는 믿음의 공동체가 유가족들을 감싸고 있고, 사랑하는 고인은 하나님이 보호하고 계심을 장례식을 통하여 증언할 수 있어야 한다. 다른 사람에 대해 이렇게 깊은 사랑의 관심으로 돌보아 주는 교회의 돌봄을 통하여 유가족들은 하나님의 자기 주심을 사회적인 관점에서 경험하게 된다. 고통 가운데 서 있을 때 그러한 신앙 공동체의 존재는 하나님의 사랑의 상징이 된다. 하나님의 사랑은 가시적이 되고, 단지 말과 장례를 돕는 행동으로 뿐만 아니라 함께 모인 그 장례의 사건 자체 가운데서 나타나게 된다. 개인적 장례는 교회가 보살펴야 할 것을 대부분 상실하게 만든다.

다른 사람의 장례는 우리들이 어떻게 죽어야 할지를 교훈해 준다. 다른 사람의 상실에서 우리도 바로 없어지는 것은 아니지만 인생의 진정한 본질이 무엇인지를 깊이 교훈 받게 된다. 누구나 자신이 결국은 죽음을 맞이하게 된다는 사실을 알 때에 비로소 온전한 성숙을 이루게 된다. 다른 사람의 장례식에서 죽음과 직면해 보는 것은 우리의 유한성의 의미와 전적으로 하나님을 의존하여야 하는 존재임을 우리에게 가르쳐 준다. 살아 있는 사람들이 죽음의 실재를 기억하는 것이 중요하다. 살아 있는 사람은 결코 그곳에 계속해서 있지 않을 우리 주변의 공동묘지를 따라가면서, 우리 의식의 가장자리에서 죽음에 대한 생각을 없이하는 대신에 그 실재를 기억하고 사는 것이 바로 성숙한 삶의 비결이다.

기독교 장례가 선포하는 것

오늘날 기독교 장례식이 우리에게 무엇을 말해 주는가? 두 가지 사실이 선포된다. 먼저는 죽음은 실재적이라는 사실이며, 사랑 가운데서 허락하시는 하나님의 자기 주심은 보다 더 실제적이라는 사실이다. 기독교 장례식이 목회적인 기능을 수행하는 여러 방식들 가운데 한 가지는 죽음의 실재를 부인하지 않는 것이다. 미국 문화에서 죽음에 대한 많은 상업적인 관점은 마치 우리가 죽음의 실재를 필할 수 있는 것처럼 속인다. '잠자는 방'(slumber chamber)이라는 용어를 사용하고, 관이라는 말 대신에 내부에 용수철이 든 매트리스가 부착된 '작은 상자'(casket)라는 말을 사용하고, 무덤이라는 말 대신에 '오고가는 시대의 바위'(rock of ages)라는 말을 사용하면서 사람들에게 죽음의 실재를 경미하게 만들려고 한다. 중세 시대의 사람들은 현대인들이 죽음에 대해 가지고 있는 미신적인 요소로 인해 결코 기뻐할 수 없었다. 왜냐하면 죽음에 대한 그들의 이해는 최소한 그림을 보듯이 아주 생생했기 때문이다.

　죽음의 실재는 피할 수 없고, 유가족들에게는 상실로 인한 끊임없는 고통으로 다가온다. 기독교 신앙은 아무도 그것을 외면할 수 없다고 가르쳐 주고 있다. 만약 죽음을 피할 수 있을 것이라고 주장한다면 그것은 왜곡된 것임에 틀림없다. 드고아 여인이 다윗에게 "우리는 필경 죽으리니 땅에 쏟아진 물을 다시 모으지 못함 같을 것"(삼하 14:14)이라고 말한다. 기독교 장례 예식은 살아 있는 사람들에게 우리도 죽은 자와 같이 죽음을 앞두고 있는 존재라는 중요한 사실을 증언한다. 무엇보다도 유가족들이 모든 것을 갈라놓는 죽음의 실재에 직면할 수 있도록 돕는 것이 필요한 첫 번째 단계다. 이러한 실재를 피하려는 시도는 단지 죽음의 실재에 대면하는 것을 지연시킬 수는 있겠지만, 믿음의 공동체가 사랑으로 그들을 돌보면서 그들 주변에 있게 된다면 그들은 넉넉히 대면할 수 있을 것이다. 슬픔이 너무 오랫동안 지속되는 것은 비참한 일이다. 슬픔은 그것을 돌보아야 할 공동체 안에서 해소될 수 있다.[85]

죽음과 하나님 사랑

기독교 장례가 증언하는 두 번째 것은, 비기독교 장례식과 다르게 죽음에 대해서 많이 알지 못한다 할지라도 우리는 하나님과 하나님의 사랑에 대해서 많이 알고 있다는 사실이다. 우리는 앞서 죽음을 당하시고 승리하신 그리스도께서 우리에게 보여주신 모범을 가지고 있다. 바울은 그것에 대해 다음과 같이 말해 준다. "이제 그리스도께서 죽은 자 가운데서 다시 살아 잠자는 자들의 첫 열매가 되셨도다"(고전 15:20). 우리는 마치 하나님께서 우리를 전혀 도우실 수 없는 것과 같이 죽음을 맞이하는 것이 아니라, 그리스도 안에서 이미 이 성경 구절을 통해 약속을 허락하시고, 승리 가운데서 부활하게 하신 것을 발견한 사람으로 죽음을 맞이하게 된다.

모든 기독교 장례는 무덤에 대한 예수 그리스도의 승리의 선포다. 이것은 죽음을 설명하지 않는다. 바울은 이 점에 대해서는 잠자코 있다. 그렇다고 기독교는 죽음에 대한 교리를 갖고 있지 않다고 말할 수는 없다. 대신 보다 더 중요한 것을 가지고 있는데, 죽음이 아니라 승리자로서 하나님을 증언하는 신론(doctrine of God)이 그것이다. 기독교 장례식은 죽음을 대면하면서 이 승리를 선포한다. 어떤 것은 외면하고 슬쩍 넘어가는 것처럼 보인다. 그러나 죽음의 자리에서도 분명한 것은 우리가 하나님의 사랑을 신뢰할 수 있다는 것이다.

---

85) 슬픔의 과정에 대한 좋은 개요적인 고찰을 위해서는 *A Service of Death and Resurrection* (Nashville: Abingdon Press, 1979), 20-34쪽을 참고하라.

기독교 장례의 목적

　기독교 장례의 첫 번째 목적은 슬픔 가운데 있는 사람을 돕는 신앙 공동체 한가운데서 그들을 위로하기 위한 것이다. 기독교의 모임에서 죽음의 실재 자체가 다시 확인된다. 그러나 더욱 중요한 실재가 선포되는데, 그러한 죽음의 자리에서도 하나님의 사랑은 승리하신다는 사실이 그것이다.

　기독교 장례의 두 번째 목적은 고인의 삶을 하나님의 보호하심 가운데 위탁하기 위함이다. 이것은 이미 주신 생명에 대해 감사드리는 것을 포함한다. 분명히 비극적으로 짧게 생을 마친 경우보다는 장수하고 많은 열매를 맺은 생을 산 것에 대해서 감사드리는 것이 훨씬 더 쉬울 것이다. 우리는 생명의 선물에 대해 매일 하나님께 감사를 드리며, 살아온 날 동안에 과분하게 베풀어 주신 은혜와 내일의 희망 때문에 감사를 드린다. 어느 누구도 내가 그날을 살아갈 가치가 있다고 생각하지 않고, 경이감과 놀라움 가운데서 주신 하루를 감사한다. 이와 비슷한 방식으로, 삶의 마지막 순간에 주신 생명에 대해 감사드릴 수밖에 없게 된다. 창조주께서 은혜롭게 모두에게 부어 주신 귀한 생명에 대해 감사한다. 이러한 점에서 성만찬은 그리스도인의 삶의 마지막을 경축할 수 있는 가장 적절한 방식이다. 그것은 그리스도인의 최고의 감사의 표현인데, 하나님께로부터 받은 순수한 선물인 삶 자체에 대해 감사하게 된다.

산 자와 죽은 자를 위한 기도

죽음의 자리에서 우리가 할 수 있는 것은 크게 없지만, 하나님께서도 행하시지 않는다. 그리스도인들은 대부분의 역사를 통하여 고인을 위해서 기도해 왔는데, 특별히 주님의 평화 가운데 안식을 누릴 수 있기를 기도해 왔다. 연옥의 위치가 어떻게 생겼는가를 깊이 고찰했던 중세 시대의 숙고에 대해, 성경에서 기록하고 있는 것 이상으로 너무 많이 알려고 하는 것이 얼마나 위험한 것인지 생각하면 여기에서 안전하게 지나갈 수 있을 것 같다. 죽음 자체에 대한 우리의 지식은, 그것은 도무지 알 수 없다고 결론을 내린 경건한 불가지론을 낳았다. 그러나 우리가 하나님에 대해 품고 있는 지식 때문에 우리는 고인을 위해 기도하고, 하나님의 사랑의 돌보심 가운데 그들을 위탁할 수 있게 된다. 죽음의 순간 이후에 하나님 앞에서 그들을 더 이상 붙잡을 수 없는 것처럼 행동하는 것은 아주 부자연스럽다. 왜냐하면 하나님의 사랑은 우리가 죽음을 맞아 눈을 감았을 때에도 결코 멈추지 않기 때문이다. 이와 같이 우리는 그들을 위한 우리의 기도를 통해 죽은 자들과 함께 연합할 수 있다. 그들과 같이 우리도 역시 세례 이후 죽음의 흔적을 가지고 있으며, 장래에 부활의 영광을 그들과 함께 공유할 것이다.

아마도 개신교와 로마 가톨릭 경건의 가장 결정적인 차이는, 기도를 통하여 산 자와 죽은 자가 계속적인 관계를 갖는 것에 대해 개신교 안에서는 그것을 전혀 인정하지 않는다는 데 있을 것이다. 역사적으로 이것은 이해할 만하다. 그러나 로마 가톨릭 교회는 죽음 이후에 무엇이 일어나는가에 대한 세련된 상상력을 가지고 있다. 이제 개신교 경건도 이러한 점에 다소 관심을 기울일 필요가 있는데, 성도의 교제와

생전에 뿐만 아니라 사후에도 하나님의 사랑의 돌봄은 계속되고 있다는 것에 대해 보다 강한 이해를 가질 때가 되었다. 하나님의 선물은 영원까지 자기 주심으로 계속되고 있다. 이제는 고인이 된, 우리들 앞서 살았던 사람들을 위한 기도는 그러한 실재를 확언해 준다.

   기독교 장례는 살아 있는 자를 위로하고 죽은 자를 하나님의 계속적인 돌보심에 위탁하는 예식이다. 공동체는 부활을 경축하는 공동체의 예배를 통해 하나님의 자기 주심을 경험한다. 공동체는 본질적으로 생명 가운데 있든 죽음 가운데 있든 사랑의 우리를 둘러싼다. 하나님께서는 이미 십자가와 부활 사건을 통해 일어났던 하나님의 자기 주심을 우리에게 증언하신다. 또한 우리들 각자에게 소망을 약속해 주신다. 기독교 장례 예식은 기독교 공동체에 있는 사람들을 위한 이 사랑의 표징을 남겨 준다. 이와 같이 장례는 모든 사람에게 자연적인 사건이지만, 그리스도인에게는 그것이 하나님의 자기 주심을 새롭게 경험하는 중요한 사건이다.

교회에서 정의를 수립한 교회만이
사회 정의를 위해 일할 수 있는 자격을 갖출 수 있게 된다.
하나님으로부터 받은 동등성을 경험할 수 있을 때
그리스도인들은 정의로운 사회 구조를 위해
일할 수 있는 선한 사람으로 나아갈 수 있다.

5장
성례전과 공의

예언적 사역, 제사장적 사역

전통적으로 개신교에서 설교는 예언자적 사역과, 성만찬은 제사장적 사역과 동일하게 여기는 경향이 있다. 안수 받은 사역자들에 의해 감당되는 사역의 예언자적 측면과 제사장적 측면 사이를 구분하는 것은 불행한 일이며, 그것들을 마치 본질적으로 전혀 다른 것처럼 생각하는 경향도 그러하다. 공의와 관련된 예배의 가장 중심적 부분이 설교라는 가정은 보다 심각하다. 성례전적 삶의 나머지는 본질적으로 그러한 이슈에 포함되지 않는다고 생각한다.

20세기 개신교는 사회 정의와 관련된 몇 찬송들을 찬송가 속에 추가하였다. 즉, "혼잡한 삶의 방식을 넘어가는 곳," "오, 하나님의 사람들아 일어나라", "하나님은 우리를 사람들에게 보내시네," "그리스도 안에는 동서가 따로 없네"와 같은 제목의 찬송은 현대인들의 귀에 그것이 들려주는 내용보다 더 포괄적인 내용을 들려준다. 월터 라우센부쉬와 같은 몇 지도자들은, "사회적 각성을 위한 기도"와 같은 기도집을 쓰기도 했다.[86] 그러나 공의를 위한 기독교의 투쟁 가운데 있는 많은 지도자들도 일반적으로 성례전과 공의 사이에 어떤 연결도 보지 못하고 있다.

예배에 대해 깊은 관심을 기울이는 진영에서도 자주 이것을 '성물실의 생쥐'(sacristy-rat), '제의(祭衣)의 실밥이 터진 것'(cut-of-chasuble)을 찾으려는 사고 구조 정도로 생각하는 실수를 범하고 있다. 그러한 정신 구조는 진정한 사회적 이슈에 대해 회피하면서 몸을 숨기게 만드는 결과를 낳는다.

개신교 신학자들이 그렇게 이해하려고 하는 것처럼, 목회의 예언적 측면과 제사장적 측면이 구약에서는 분명하게 나타나고 있지 않는가 라고 질문할 수 있다. 그러나 이것이 여기에서 다루려는 중심적인 내용은 아니다. 어떤 사람들은 삶 자체도 이것을 구획을 나누듯이 명확하게 나눌 수 없다고 주장한다. 그러나 그것도 우리가 여기서 다루려는 중심 내용이 아니다. 이 모든 것이 그리스도인을 형성함에 있어서 공의나 불의를 분명히 드러나게 하는 성례전의 거대한 역할을 간과하는 근시안적인 자세임을 드러내려는 것이 우리의 관심이다.

성례전은 사람의 가치에 대한 태도와 가정을 형성하고 숙고함을 통하여, 그들의 매일의 삶 가운데서 행함이 있는 그리스도인으로 형성하는 데 복합적인 역할을 한다. 실로 성만찬 예전의 말씀과 행동은 많

---

[86] Walter Rauschenbusch, *Prayers for the Social Awakening* (Boston: Pilgrim, 1910). Horton M. Davies, "The Expression of the Social Gospel in Worship," Studia Liturgica, II(September 1963), 174-92쪽 참조.

은 경우에 설교에서 선포된 것보다 더 정의에 대해 언급하고 있다.

우리가 반복해서 진술해 온 바이지만, 성례전의 메시지는 말씀만 전해지는 것보다 훨씬 깊이 있게 나아간다. 많은 신학교는 사회적 관심을 놀랍게 가졌던 영광스러운 전통을 가지고 있으면서도 안타깝게도 무감각했던 부분도 있다. 그것은 신학교에서 기독교의 사회 참여에 대한 성례전적 자료는 거의 학생들에게 설명하지 않으며, 신학교를 졸업한 후 안수 받은 목회자에 의해 행해지는 사역에서도 거의 이러한 점들이 발견되지 않는다. 이와 같이 예언적인 차원과 제사장적인 차원을 구분하는 잘못된 이분법이 아무런 비판 없이 계속해서 전달되고 있다.

이 장에서 우리의 관심은 사회적 구조를 형성하고 반영하는 데 있어서 다양한 역할들을 통하여, 성례전이 사회적 공의를 수립하는 데 어떻게 심오하게 관여할 수 있는가에 있다. 우리는 먼저 일반적인 관점에서 성례전과 공의의 관계성에 대해 살펴보고자 한다. 그리고 교회 안에서 공의의 토대가 되는 세례를 분석할 것이다. 그리고 교회 안에서 성례전이 공의를 세우는 일을 어떻게 저해할 수 있는지를 묘사하게 될 것이며, 세상에 공의를 수립하기 위해 성례전적 사명을 어떻게 감당할 수 있을지를 간추려 설명하게 될 것이다.

I

언약적 사랑과 공의

먼저, 공의라는 단어가 의미하는 바는 무엇인가? '언약적 사랑'(covenant love)의 상황에서 공의를 정의하기 위해 조셉 알렌 교수가 연구한 내용을 따라 정리하려고 한다. 여기에서 언약적 사랑이라 함은 "각자의 인간됨의 인식인데, 다른 어떤 사람보다 어떤 사람은 덜 중요하고, 가치가 없다고 생각하는 것을 거부하는 것이며, 나의 유익이나 다른 누구의 유익을 위해 사람을 단순한 수단으로 취급하는 것을 거부하는 것이다 … 공의는 경쟁적 요구 사이에서 적절한 균형이 이루어져야 하며, 사람의 권리가 적절하게 포함되는 상황에서의 언약적 사랑의 표현이다." 그는 여기에서 로마 법리학자 울피안(Ulpian)의 고전적인 정의를 이용하는데, 이것은 어떤 사람의 정당한 권리와 관련된 것이다. 이러한 공의에 대한 정의는 토마스 아퀴나스와 같은 중세의 신학자가 사용하였다. 그는 공의를 정의하기를 "일정하고 항구적인 의지에 의해 사람이 각자에게 자기의 정당한 권리를 부여하는 습관(habit)"이라고 규정한다.[87] 그러나 바른 행동의 궤도는 가끔 쉽게 구분이 되지 않는다. 특별한 예를 통해 사람으로 기인한 것은 크게 논쟁적이 된다.

알렌 교수가 칸트의 용어를 인용한 것은 서로 사랑하라는 계명 가운

---

87) Aquinas, *Summa Theologica* II/II, q. 58, a. 1 (New York: Benziger Brothers, 1947), II, 1435.

데서 살아가는 신앙 공동체의 상황에서 실행되어야 할 것으로, 기독교적인 관점에서 공의를 진술하고 있는 것은 커다란 장점이다. 모든 사람의 선을 위한 관심은 모든 사람의 권리를 동일하게 존중해야 할 의무를 동반하게 된다. 이러한 점에서 공의는 역시 사랑의 표현이다. 공의는 다른 사람의 권리를 추상적으로 이해하는 것과 함께 단순히 공평하게 할당하는 것 이상의 것이다.

그리스도인들은 그들이 정의롭게 행동하려고 하는 것과 마찬가지로, 사랑을 표현하는 여러 방식을 따라 행한다. 이러한 상황에서, 성례전은 본질적으로 공의와 연결된다. 성례전은 관계성 속에서 행동하는 어떤 수단을 제시해 주는데, 성례전이라는 가시적인 형태를 따라 그것을 새롭게 한다. 우리가 앞으로 보게 되겠지만, 성례전은 정의로운 것이 될 수 있지만 가시적으로 불의한 관계를 만들면서 왜곡할 수도 있기 때문에 어느 정도 모호함이 있다. 바로 그들의 인간성에 따라 비인간적인 방식으로 사용될 수 있는 가능성이 있는 것이다.

두 가지 가능성

성례전은 불평등, 종속, 굴종에 기초한 관계를 증강시키는 수단이 될 수도 있다. 이것은 결혼식에서도 있을 수 있는데, 신랑 신부가 동등하게 여겨지기보다는 시집오는 신부가 신랑보다 밑에 있는 존재로, 남편을 무조건 추종해야 존재로 취급되는 경우가 종종 있다. 그러므로 많은 경우 그 예식이 단순히 사회적 실재를 반영하고 있지는 않은지를 점검해야 할 필요가 있다. 예전은 그 사회의 지배적인 관점을 뛰어넘어서 더 깊이 나아갈 수 있어야 한다. 가령, 수 세기 동안 여성들의 열등한 역할에 대한 전형적인 관점은, 예배의 형태에서도 그러한 관점을 견지하는 데 강력한 역할을 했음을 부인할 수 없다. 그것은 오늘날 많은 사람들에게 시대에 뒤처지고 불공평한 것으로 느껴지는데, 특히 여성의 온전한 인간적 가치에 대해 거의 도외시하면서 그러한 관점을 견지해 왔다. 종종 성례전도 이러한 태도를 반영하는데, 많은 사람들이 공공연히 그것을 거론하는 것조차 망설이는 내용이 그대로 답습되는 경우가 많다. 제2 바티칸공의회 이전까지 로마 가톨릭 교회의 혼배성사에서도 신부를 위해서 그렇게 기도했다. "신부가 신랑에게 신실하게 하시고, 정숙하고 순결한 사람이 되게 하소서. 또한 자신의 약함을 알고 자신을 늘 강하게 하려고 노력하는 사람이 되게 하소서." 그러나 신랑에게는 동일한 적용을 하지 않고, 그를 위해서는 그런 기도도 드리지 않는다.

한편 성례전은 공의를 강화하는 수단이 될 수도 있다. 특히 여성이나 남성에게 동일하게 집례되고, 공평하게 거행되는 세례식에서 그것을 찾아볼 수 있다. 앞으로 살펴보겠지만, 세례의 선언 자체가 아주 급진적이어서, 교회 안에 존재하는 많은 공의와 관련된 문제가 메시지와 세례의 요구를 행함에 있어서 실패하고 있음을 알 수 있다.

이러한 메시지를 이해하는 데 실패하는 많은 이유는, 기본적으로 성례전이 말씀과 결합된 행동[88]이라는 사실에 놓여 있다. 말씀보다 습관적 행동이 검증되지 않고 행해질 수 있는 가능성이 높기 때문이다. 우리는 어느 설교에서 들은 것에 대해서는 도전하고 점검할 수 있지만, 매주 행해지는 어떤 것은 거의 다시 분석하지 않고 넘어가는 경향이

---

[88] 역주-여기에서 '행동'(action)이라 함은 단순한 행동이 아니라 믿음의 공동체가 거룩한 의식들을 행한다는 의미로 쓰인 단어이다.

있다. '아직껏 매주 행해지는 것들과 그것과 동반하여 주어지는 말씀의 영향은, 단지 주어지는 설교보다도 우리를 형성하는 보다 강한 힘을 가지고 있다.'

관계성의 본질의 추론

성례전은 가끔 믿음의 공동체 안에서 언급되지 않은 방식으로 관계성의 본질에 관한 추론들을 반영한다. 이러한 관계성을 이해하기 위하여 우리는 공동체에 관한 말로 주어지는 진술 이상의 것을 들을 필요가 있다. 또한 우리는 그리스도인이 세례 받고, 성만찬을 행하고, 결혼하고, 죽어 장례가 치러질 때, 거기에서 무엇이 진행되는가에 대한 역동성에 대해서도 관찰해야 한다.

공동체의 행동은 성직자 존중주의(clericalism), 성 차별, 연령 차별, 인종 차별, 민족 차별의 많은 예들을 무심코 드러낼 수 있다. 심지어 그러한 편견과 차별이 나타날 때 관용의 정신으로 해소하지 못하고 오히려 거기에 동조하는 자세로 설 수 있다. 행동들, 특히 습관적으로 행해지는 행동들은 너무 예민하거나 분명치 않아서 결국 그것들이 우리의 관심을 거의 끌지 못할 수가 있다. 여성을 위하여 우리가 활짝 문을 열 때에 그것이 함축하는 의미를 어떻게 깨달을 수 있을까? 우리가 그것을 행할 때도 여성들이 보다 약하다고 생각하기 때문이 아니라 그들이 여성이기 때문에 그렇게 할 것이다. 우리가 그것을 행하는 모든 시간에도 우리는 불평등의 미묘한 메시지를 반복하는 것이 된다.

성례전이 가지는 효력의 많은 부분은 반복의 힘이다. 습관처럼 행해지는 어떤 것은 우리들 삶의 본질적인 내용이 된다. 반복은 우리의 메시지를 강화하며, 그렇게 하여 생각 없이 그것을 받아들게 한다. 이것은 성례전이 가지는 힘이 되기도 하고, 문제(despair)가 되기도 한다. 그렇게 하여 그것은 정의로운 삶의 패턴을 강화해 주기도 하고, 반대로 불의의 패턴을 강화해 주기도 하는 것이다.

이러한 힘 때문에 성례전은 삶의 자세와 일상의 삶 가운데서 갖게 되는 관계성을 변화시키는 수단이 될 수 없게 되기도 한다. 이와 같이 세례에서 동등성의 경험은 길거리에서의 삶과 전혀 상치된 형태로 주어질 수 있다. 성만찬에서의 경험은 경제 정의에 관해 심각한 의문을 제기할 수 있게 한다.

성례전은 그리스도인의 삶을 강화한 만큼 세상의 문화에 대해서는 반대적인 방향으로 나아갈 수 있다. 성례전은 남편과 아내 사이에서 매일의 삶에 있어 관계의 진정한 본질이 무엇이어야 하는지에 대한 비전을 제시하는 주요 요소가 될 수 있다. 장례식은 그리스도인의 관점에서 죽음의 실재에 직면할 수 있도록 해준다.

성례전은 언약적 사랑의 관계성 안에서 다양한 사람들의 온전한 인간됨의 가치를 강조해 주는 힘 때문에 공의를 이룩할 수 있게 된다. 성례전은 각 개인의 온전한 인간적 가치를 다루면서 언약적 사랑의 심오한 표현이 될 수 있다. 때로는 경쟁적인 충성심이 논쟁으로 이끌어 갈 때에도 그렇게 할 수 있다. 그러한 사람이 믿음의 공동체 안에서와 그 너머의 세상에서 어떻게 표현될 수 있을 것인지를 깊이 고찰해 볼 필요가 있다. 성례전은 교회 안에서의 정의와 사회적 정의를 함께 다룬다.

II

세례: 공의를 위한 기초

세례는 교회 안에서 공의를 위한 기초다. 우리가 가지고 있는 교회의 세례의 경험에 대한 가장 초기의 기록은 바울 서신에서 발견하게 된다. 세례는 교회 안에서 가시적인 동등을 이룩한다는 주장을 바울은 여러 군데에서 분명하게 제시하고 있다. 아마도 전체 신약 성경 가운데 동등성에 대한 가장 강한 진술은 갈라디아서 3장 27-28절에 나오는 세례의 컨텍스트에서 제시되고 있다. "누구든지 그리스도와 합하여 세례를 받은 자는 그리스도로 옷 입었느니라 너희는 유대인이라 헬라인이나 종이나 자주자나 남자나 여자 없이 다 그리스도 예수 안에서 하나이니라." 이와 유사한 구절이 고린도전서 12장 13절에도 나온다. "우리가 유대인이나 헬라인이나 종이나 자유자나 다 한 성령으로 세례를 받아 한 몸이 되었고 또 다 한 성령을 마시게 하셨느니라." 골로새서 3장 11절에서 바울은 이제 그리스도인들은 '새로운 본성을 입게' 되었다고 말하면서 다음과 같이 주장한다. "거기는 헬라인과 유대인이나 할례당과 무할례당이나 야인이나 수구디아인이나 종이나 자유인이 분별이 있을 수 없나니 오직 그리스도는 만유시요 만유 안에 계시니라." 한스 디터 베츠(Hans Dieter Betz)가 제시하는 내용도 이러한 성경 구절들과 충분한 병행을 이룬다.

갈라디아서 3장 26-28절과 같은 말씀은 세례 예전 가운데서 주어진 말씀이라는 분명한 삶의 자리(*Sitz im Leben*)를 가지고 있다. 후에 기독교 예전은 갈라디아서에서도 이 구절과 유사한 진술을 포함한다. 그러므로 바울이 갈라디아서 3장 26-28절에서 제기하고 있는 제안을 바울 이전의 예전 상황으로 돌아가서, 부분적으로든 아니면 전체적으로든 한 번 감행해 보아도 좋다. 예전에서는 그러한 말씀이 새롭게 입교한 사람들에게 정보를 전달하는데, 최후의 심판을 기대하면서 하나님 앞에 종말론적인 상태에 대해서 말해 주며, 이러한 상태가 어떻게 영향을 끼치는지에 대해서도 알려 줄 수 있다. 사실 이것은 바로 지금 여기에서 그들의 책임뿐만 아니라 그들의 사회적, 문화적, 종교적 자기 이해를 변화시켜 준다.[89]

물론 우리가 그렇게 믿고 싶어한다고 할지라도 여기에서 우리가 바울 이전의 세례 예전을 추적한다는 것은 동의하기 어렵다. 그러한 예전의 형식을 확실하게 발견한다는 것은 거의 어려운 일이며, 그 이후에 사용된 것은 종종 나타나기는 하지만 단지 바울에게 의존할 수밖에 없기 때문이다. 디다케나 히폴리투스의 기록과 같은 아주 초기의 예전 문헌에서 발견되는 예배 형식에서는 이러한 구절의 언급이 보이지 않는 것 같다. 말의 어순에도 다소 일치되지 않는 부분이 있다. 갈라디아서에서는 성 차별에 대한 것이 언급되고 있고, 다른 세 성경 구절에서는 유대인과 헬라인, 노예와 자유자라는 이분법적 표현이 나오고 있다. 당시 상황을 고려한다면 성적 동등성은 모든 구절에서 가장 과격한 내용으로 보인다. 헬라인도 원하면 할례를 받을 수 있었고, 노예도

---

[89] Hans Dieter Betz, *Galatians*, Hermeneia Commentray(Philadelphia: Fortress Press, 1979), 184.

자유인이 될 수 있었다. 그러나 성적인 정체성은 바꿀 수 없는 영원한 것이기 때문이다.

바울은 세례를 다른 인간들을 구분하여 나누려는 인간적인 경향에 대해 반발하기 위해 제시하는 정당성의 이유로 활용하고 있다. 다른 사람의 인간적 가치를 부인하는 가장 쉬운 방법은 사람을 어떤 범주를 따라 구분하는 것이다. 누구에 대해서 경멸하는 자세를 가질 필요도 없이 어떤 존재는 이런 범주에 속한다고 구분해 버리면 쉽기 때문이다. 사람들은 인간 존재 그대로를 받아들이기보다는 그가 텍사스 사람이라든지, 하버드 출신이라든지, 그렇게 어떤 범주에 넣어 생각하는 경향이 있다. 그렇게 어떤 명칭을 따라 분류하게 되면 사람들은 즉각적으로 어떤 특별한 범주에서 그 사람을 선입관에 의거한 기대의 창으로 분류하게 된다. 텍사스 사람, 혹은 하버드 출신이라는 범주를 그에게 적용시키면 그와는 전혀 관련이 없는 내용이 그에게 따라붙게 된다.

물론, 그러한 범주화가 경멸적인 특성으로 나아가게 되면 보다 더 부당한 것이 될 수 있다. 가령, 흑인들은 모두가 그렇고 그러하며, 히스패닉들은 다 그렇다는 식으로 될 때와 같은 잘못을 범할 수 있다. 이 예에서 보면, 이러한 것들을 통해 우리는 실재와는 거리가 있고, 아주 편견이 가득한 판단을 하게 되는 고정관념을 형성할 수 있다. 예를 들면, 여자들은 그렇고 그렇다는 식으로 취급하는 것은 너무 쉽게 모든 것을 일반화하는 것이다. 그러나 어떤 사람들은 결코 그렇게 판단하고 행동하지 않는다. 이러한 범주화는 인간의 온전한 가치를 부인한다. 전혀 그렇지 않은 사람이나, 그러한 사람들까지도 한꺼번에 함께 매도하는 것이 된다. 정형화 된 이미지를 따라 사람을 판단하는 것은 선행하는 실제적 선호도를 따라 나타나며, 그 사람이 가지고 있는 본래적 가치는 외면된다.

세례에 대한 바울의 설명은 믿음의 공동체에서 사람을 어떤 범주에 따라 구분하여 판단하지 않고 있는 그대로를 보아야 할 필요에 대해 강조하고 있다. 그러한 구분을 제거함으로써 우리는 세례를 통해 허락하시는 그리스도 안에서의 하나 됨의 본질을 이해할 수 있게 된다. 바울에게 있어서 세례는 그리스도인들이 다른 사람들과 구분될 수 있는 하나의 중요한 특성, 즉 그리스도의 몸 된 교회 안에서 세례를 통하여 그리스도에게 연합된 것을 깨닫기 위하여 별로 중요하지 않은 사람이라도 차별의 벽을 초월할 수 있는 수단이 된다. 그 외에도 다른 모든 차별은 실로 부적절한 것이 된다.

평등의 성례전

세례는 모든 그리스도인들이 순수한 선물로 그것을 받으며, 누구에게나 동일하게 주어지기 때문에 평등의 성례전이다. 오스카 쿨만은 그리스도의 "보편적 세례"(*general* Baptism)에 대해 언급하는데, 그리스도께서 "세례를 받으시는 것"은 "하나님의 백성들을 위해 고난 받고, 죽는 것"을 의미했다고 주장한다(막 10:38; 눅 12:50)[90] 그는 다음과 같은 결론을 내린다. "그것은 예수 그리스도에 의해서 성취된 보편적 세례(*general* Baptism)의 본질에 속한다. 그 보편적 세례로 인해 생명의 유익을 얻는 사람들은 그들의 이해와 믿음의 결단에 있어서 전

---

90) Oscar Cullmann, *Baptism in the New Testament* (London: SCM Press, 1950), 19.
91) 위의 책, 20. 이탤릭체는 본래 원문에 나온 것임.

반적으로 자기들의 공로와 상관없이, 그것과는 완전히 상관없이 주어진다."[91] 우리가 새 생명을 얻기 훨씬 이전에 예수님께서는 우리를 위해 고난을 당하시고 죽으심으로 모든 것을 성취하셨다. 그러므로 세례는 분명하게 우리가 그것을 얻을 수 있거나 어떤 공덕을 가졌든지 간에 모든 인간 능력에 대해서는 독립적이다. 여기에서 누구에게나 주어지는 공평성은 정교하고 분명해지는데, 그리스도께서 행하신 일이 모든 것을 우선하기 때문에, 믿음과 행동에 있어서 우리의 모든 성취를 부적절한 것으로 만든다.

오직 그것은 우리에게 주어진 것이다. 하나님의 무조건적인 사랑의 행동이 우리를 그리스도와 동일시하여 하나님의 자녀로 칭하시며, 우리를 위해 행하신 그리스도의 모든 사랑의 행동으로 인해 우리에게 주신 은혜다. 하나님의 사랑은 우리에게는 신비일 수밖에 없는 방식으로 나타난다.

왕 같은 제사장 사역

이것을 기초로 하여, 제사장으로서 그리스도의 역사하심 안에서 우리를 그리스도에 연합하게 하시는 하나님의 은혜의 역사를 받아들이는 것이다. 세례를 통하여 그리스도인들은 이제 "왕 같은 제사장"(벧전 2:9)의 반열에 참여하게 된다. 유대 그리스도인들은 기름을 부음으로 제사장의 반열에 들어갈 수 있음을 의미화했다. 바울은 그것을 이렇게 표현한다. "우리를 너희와 함께 그리스도 안에서 견고케 하시고 우리에게 기름을 부으신 이는 하나님이시니 저가 또한 우리에게 인치시고 보증으로 성령을 우리 마음에 주셨느니라"(고후 1:21-22). 모든 세례 받은 그리스도인들은 세례를 통해 제사장 사역의 표지를 부여받는다. 에이단 카바나(**Aidan Kavanagh**)는 다음과 같이 말했다. "교회는 모든 성도들이 제사장직(**priesthood**)을 감당할 수 있도록 세례를 베푼다. 감독, 장로, 집사의 직분을 위해 안수한다."[92] 모든 그리스도인들은 일반적 사역 안에서 만인 제사장이라는 개혁을 나눈다.

이 제사장직은 권리이면서 동시에 책임이 되는 선물이다. 하나님의 사랑을 다른 사람에게 전하는 사역을 감당하는 것은 그리스도인들이 제사장이 되는 것을 의미한다. 그것은 그리스도의 항구적인 사역을 반영하는 것인데, 하나님의 사랑을 가시적으로 드러내는 표징이 되는 사역이다. 그리스도와의 연합을 통하여 그리스도인들은 이 세상에서 하나님의 사랑을 나타내는 사역을 계속한다. 이것은 모든 세례 받은 사람들의 가장 최고의 특권이며, 가장 심오한 책임이다. 우리가 그리스도와 연합하고, 그리스도로 옷 입는 것은 우리의 마음으로 상상할 수도 없는 놀라운 은혜다. 하나님과 인간 존재 사이에서 제사장적인 중보자가 되는, 그의 가장 중요한 활동에 참여함이 없이 먼저 우리에게 주시는 은혜. 이와 같이 이 세상에서 예수 그리스도의 몸은 제사장적 공동체인 교회가 된다.

모든 그리스도인들은 이 제사장적 사역을 공유한다. 그들 자신의 공로 때문이 아니라, 세례를 통하여 그들이 그리스도와 하나가 되었기 때문이다. 모든 사람은 그들의 제사장직을 보상으로 받는 것이 아니라

---

92) Aidan Kavanagh, *The Shape of Baptism* (New York: Pueblo Publishing Co., 1978), 188.
93) Tertullian, "On Baptism," ch. 17. *Ante-Nicene Fathers* (New York: Charles Scribner's Sons, 1899), III, 678-79.

선물로 받는다. 터툴리안 역시 세례를 제사장 직분에 적용시키고 있다. "우리가 동등하게 받은 것은 동등하게 줄 수 있다."[93] 그리스도를 그분의 사역으로부터 분리할 수 없는 것처럼, 세례의 선물로부터 제사장 직분을 떼어내는 것은 불가능하다. 이 두 가지는 하나이며 동일하다. 이 두 가지는 세례를 통하여 우리의 것이 되었다.

모든 차별의 거부

세례는 이렇게 모두에게 동일하게 주시는 공평한 선물이어서, 그리스도인들은 그것을 공평하게 받는다. 바울이 보았던 것처럼, 세례 안에서 주어지는 하나님의 선물은 성, 국적, 혹은 노예 상태 여부에 따라 주어지는 것이 아니다. 이것은 모든 인간의 특성(distinction)을 연결하는 차별이 없는 사랑이다. 이것은 세례 가운데서 경험되는 하나님의 자기 주심의 다른 차원에서와 마찬가지로 그리스도의 제사장직을 공유하는 일에 적용된다. 성, 국적, 노예 상태 때문에 어떤 사람에게 대표적인, 즉 '안수하는' 사역의 상징을 거부하는 것은 세례 자체를 거부하는 것과 같다. 단지 그들이 여성이라는 이유 때문에 안수를 거부하는 어떤 개신교 교단이나 로마 가톨릭, 정교회와 아시아의 교회들은 세례의 정당성을 부지중에 거부하는 것과 같다. 교회 안에서의 기본적인 정의의 이슈는 필연적으로 성례전 신학의 이슈다. 세례로 인하여 여성들이 그리스도와 그의 제사장직을 통해 함께 정체성을 찾게 되는가, 혹은 그렇지 않은가? 사람은 반만 세례를 받을 수는 없다. 어떤 사람은 그리스도와 세례를 통해 그의 사역에 연합이 되고, 어떤 사람은 그렇지 않은 것만 있을 뿐이다.

만약 그들이 모순이 없는데도 불구하고 여성에게 안수를 주는 것을 거부하는 교회는, 그들에게 세례 주는 것도 거부하려는 것과 같다. 세례를 받고 사역으로 나아가려는 사람은 누구나 그 일을 위해 안수를 받고 감당하려는 사역의 후보자가 될 수 있다. 신약 성경은 모든 그리스도인이 동일하게 세례를 받고 그 몸의 지체가 되게 하는 것이 그 비전이다. 그 몸 안에서 다양한 선물은 상호 교화(edification)를 위해 사용된다. 모든 그리스도인들이 세례가 의미하는 것을 신중하게 받아들일 수 있을 때, 여성들이 교회에서 안수 받는 것은 계속해서 배제될 수 없을 것이다. 세례 사건은 누구든지 세례의 온전성에 걸맞게 살게 하기는 어렵지만 사람들 사이에 존재하는 모든 장벽을 근본적으로 부서뜨리게 한다.

세례는 역시 안수 받은 성직자가 감당하는 사역과 교회를 동등하게 여기는 모든 성직존중주의의 형태도 거부한다. 안수 받은 사역들과 함께 모든 교회는 안수 받은 사역자를 '진정한' 그리스도인으로 취급하려는 유혹에 대해서 민감하다. 대표적인 사역이 감당하는 그러한 특별한 기능은 실로 다른 사회적 조직에도 필요하다. 그러나 세례는 언제나 모든 그리스도인들에게 동일하게 주어지는 기본적 선물이다. 세례를 받은 우리 모두가 수용자로서 동일하다는 사실을 세례는 우리에게 상기시킨다. 그리고 안수에 대해서도 적절하게 이해할 수 있도록 해주는데, 그것은 은혜를 받은 대로 그렇게 섬기는 수단임을 세례는 제시해 준다.

우리는 이미 세례가 모든 연령대의 사람들을 하나로 묶어 주는 요소라는 사실을 살펴보았다. 그리스도께서 주시는 모든 은혜는 우리의 나이와 상관없이 우리에게 주어진다. 유아세례를 받은 유아들이나 어린 아이들을 주님의 만찬 상에서 배제하는 것은 적절하지 않다고 의문을 제기했는데, 그러한 자세는 그들의 인식 능력을 조건으로 묶어 놓는 것이 되기 때문이다. 인식 능력은 사랑의 공동체 안에서의 삶을 경험하는 데 진정으로 필요한 것은 아니다. 이와 같이 세례는 나이 차이를 하나의 장벽으로 사용하도록 하는 불평등의 장벽을 깨뜨리는 요소가 된다. 이와 유사한 것은 나이 든 사람이나 노쇠한 사람, 정신적으로 미성숙 된 사람에게도 동일하게 적용될 수 있다. 세례는 부적절하게 그러한 차별을 만들 수도 있다. 세례는 교회 안에서 성 차별이 문제가 되는 것처럼 나이 차별의 적이 될 수도 있다.

분명하게 인종 차별에도 적용될 수 있다. 바울이 유대인이나 헬라인을 언급한 것은 세례에 인종, 국적, 민족 차별에 기초한 모든 차별이 사라지기를 바라는 의지를 함축한 것이었다. 그것들은 모두 세례반의 물 안에서 단순하게 용해되는 요소들이다. 1960년대 시민인권운동 기간에 통전적인 성례전으로 세례를 말하였던 것은 아주 일반적인 일이었다. 오늘날 사용하는 용어들은 많이 바뀌었지만, 그때 그러했다면 지금도 그것은 적절한 것이다. 모든 세례 받은 사람들의 교회적인 권리가 그들의 인종이 무엇이든지 간에 동일하다는 사실을 말해야 한다. 교회는 인간 종족의 소수 민족의 집합이다. 거기에는 백인 소수자들을 포함하여 모든 소수 인종들이 포함된다. 몸은 여러 부분으로 구성되어 있는데, 이것은 전체 건강을 위해서 필수적이다. 모두는 동일하게 하나님의 선물을 받은 자들이기 때문에 그들의 삶에 있어서도 동일하게 존엄성을 가진다. 무엇을 구걸하는 거지는 자랑할 것이 없다. 그리스도인으로서 우리가 가진 모든 것은 우리에게 주어진 것들이다.

세례가 함께 모인 회중들 가운데서 가장 높이 드러나는 가시적인 행동이라는 사실은 중요하다. 세례가 행해지지 않은 때에도 세례반은 우리에게 주어진 것이 무엇인지를 상기시켜 준다. 우리 모두는 같은 물을 통과하였고, 같은 몸 안에서 함께 일어났다. 세례는 진정한 인간 공동체의 본질을 선포하는, 언제나 종말론적 사건이다. 그 공동체 안에서 모든 인종과 민족의 차이는 다 씻겨 나간다. 언제나 세례가 이것을 우리에게 상기시킬 수 있게 할 필요가 있다. 이렇게 생생하게 인종적 동등성을 묘사해 주는 것을 볼 수 있는 곳은 어디에도 없다. 동일한 물을 통해 나아간 사람은 누구나 그리스도 안에서 형제와 자매가 된다는 사실을 우리는 주장하지 않을 수 없다.

세례는 우리 자신을 다른 사람에게 주도록 만든다. 외형적으로는 우리가 서로 다르지만 그리스도께서 보시기에는 우리는 하나다. 이러한 하나 됨은 우리를 넘어서 주님으로부터 오는 선물로 경험하게 된다. 우리가 세례에서 경험하게 되는 하나님의 자기 주심의 사랑이 없이는 편견을 극복한다는 것은 불가능하다. 단지 인간의 선한 의지로는 그러한 악을 근절할 수가 없다. 우리가 하나님으로부터 받은 자기 주심은 편견을 극복하는 데 있어 우리가 바르게 행동할 수 있도록 해준다. 세례는 다른 것으로는 도무지 극복할 수 없는 장벽들을 온전히 무너뜨릴 수 있다. 어떤 카스트 제도도 세례가 가져오는 평화의 공격 앞에서는 버티어 낼 수 없게 된다. 세례는 교회 안에서 공의의 필요성에 대해 지속적으로 증언한다. 그리스도의 몸 안으로 들어온 새로운 교인들에게 세례를 베푸는 모든 시간에, 하나님 보시기에는 모든 인간들이 동일함을 선포하는 것을 듣게 된다. 그들의 온전한 인간 가치는 세례를 베푸는 물 안에서 역사한다.

III

공의를 위한 기초

　세례는 교회 안에 공의를 위한 기초를 조성한다. 그러나 그동안 교회가 그 안에서 불의한 일에 관여하였음은 숨길 수 없는 사실이다. 공의를 위한 교회의 힘은 모호성(**ambiguity**)과 함께 어울려 한데 엮어진다. 불의의 힘은 서약으로 세워진 공동체 안에서 공의를 향해 존재한다. 성례전은 이 모호성도 역시 공유한다. 성례전이 온전히 인간적인 특성을 가진 이래, 그것은 하나님의 자기 주심보다 훨씬 덜 유익이 되는 목적을 위해 사용되는 쪽으로 전환될 수 있다. 성례전이 모든 사람의 인간적 가치를 온전히 증언할 수 있고 또 강화할 수도 있는 반면, 또한 그것은 종종 동일한 인간의 가치를 부인하는 쪽으로 사용될 수 있다는 것은 의심할 수 없는 사실이다. 우리 모두는 사회적으로 이미 결정된 성 역할을 강화하면서 공의의 캐리커처를 만드는 결혼식에 참여해 왔다. '안식처와 의상을 제공하는 것'을 남편의 의무조항으로, 그리고 '남편을 위해 좋은 가정을 만드는 것'을 아내의 책임으로 제시하는 것은 여전히 일반적인 사항이다.

　혹자는 교회가 공동체 안에서는 교회적 공의를 수립하는 데 실패하면서 사회적 공의를 증강시키려 하는 것은 아이러니가 아닐 수 없다고 말하는데, 교회는 종종 이러한 아이러니(어려움)에 직면할 때가 있다. 교회가 자기 공동체 안에서 바르게 행할 수 없다면 어떻게 사회 안에서 공의를 위해 증언할 수 있을 것인가? 교회는 구성원의 대다수에 해당하는 사람들(예를 들면 여성들)이나 소수의 사람들(예를 들면 흑인들)에게 공의를 실행하기를 부인하는 때에도 세상을 향한 정의를 위한 증언의 목소리는 높이고 있다. 정의에 대한 많은 부분을 부인하는 일을 수행하고 있고, 심지어는 성례전을 통하여서도 무의식적으로 그렇게 행하고 있다.

성례전이 공의를 수립하는 수단에 있어 역기능적으로 어떻게 역할하며, 어떻게 불의를 강화하는 데 관심을 쏟을 수 있는가를 살펴보는 것이 교회가 바로 설 수 있는 중요한 자리다. 우리는 그들이 가진 인간적 가치뿐만 아니라 개인의 교회적 가치에 대해서도 의문을 제기해야 한다. 그리스도의 몸의 일원으로서 각 개인을 우리는 어떻게 온전히 가치 있게 여길 것인가? 교회의 모든 사람들이 함께 고난을 당하고, 기뻐할 수 있어야 한다는 바울의 주장(고전 12:26)은 틀린 것인가? 백인 남성들이 주류를 이루는 교회에 섞여 자신의 존재 가치가 보이지 않을 때, 성례전은 그러한 불의에 대한 가장 확실한 본보기를 제공하고 있다.

성례전은 우리들에게 그리스도의 몸 안에서 드러나는 불의에 대한 가장 확실한 실마리를 제공해 줄 수 있다. 성례전은 그러한 무례를 교정할 수 있는 가장 좋은 기회를 제공해 준다. 우리로 민감할 수 있도록 가르쳐 줄 뿐만 아니라 반복을 통해 지속적으로 강화되는 바른 행동의 모범을 제공함으로써 그렇게 한다. 우리의 성례전적 삶은 지속적인 음미를 수행해야 한다. 혹 불의와 억압을 제공하는 수단을 따라 왜곡되지 않았는지를 깊이 음미하면서 그렇게 해야 한다. 그리고 그리스도인들이 직면하게 되는 문제들의 간단한 개요들을 작성해 볼 필요가 있다. 그들 자신의 실행이 성례전을 공의의 수단으로 사용하고 있는지,

그것을 회피하는 수단으로 사용하고 있는지를 구분해 보아야 한다.

성례전의 행동 영역과 언어 영역

성례전은 그것을 실행하는 행동 영역과 구두로 행하는 언어적 영역(words)으로 되어 있다. 실행의 의미와 그것을 행하는 사람들의 역할은 별 것 아닌 것처럼 여길 수 있는 가능성이 있다. 특히 우리에게 익숙하게 느껴지는 것에 대해서는 더욱 그렇다. 실행은 민감한 방식으로 우리가 사용하는 언어의 부분보다 어떻게 다른 것들을 더 가치 있게 행할 수 있는지에 관해 가르쳐 준다. 언어 부분을 분석하는 것은 상대적으로 단순하다. 필요하다면 모든 사람이 논의한 사항을 인쇄할 수도 있다. 그러나 실행은 가끔 우리가 듣고 싶지 않은 방식에서 의미하는 것을 우리에게 말해준다 할지라도 그러한 분석을 회피한다. 우리는 사람들이 해주기를 바라는 역할이 우리가 이미 해 왔던 일이면 거의 다시 새롭게 고찰하지 않기 때문에 논의하는 것을 회피하고는 한다. 이 언어적 부분에 대해 논의하기 전에 실행과 역할에 대해 조망해 보는 것이 좋겠다.

결혼식에서 신랑에게 신부를 인도하는 것은 무엇을 의미하는가? 한때 그것은 아버지로부터 신랑에게 소유권이 양도되었음을 의미하였던 적이 있다. 그러나 오늘날에는 그것이 무엇을 제시하는가? 한 사람을 한 사람에게 데리고 가서 양도하였다면 분명한 것은 신랑과 신부가 동등한 것은 아니다. 그것은 옛날 사회적 유물의 한 부분임에 틀림없다. 그렇다면 오늘날 그러한 것에 대체할 수 있는 방법은 무엇이 있을까? 전체적인 결혼식은 상호적인 예식으로보다는 추종을 함축하는 행동들이 더 풍부하게 남아 있다. 결혼식 날 하루 스타가 되고 일생 동안 어려움 가운데서 살아야 한다면 그것은 결코 보상이 될 수 없을 것이다.

언어적인 부분의 대부분은 오래전에 바뀌었다(감리교도들은 1861년 이전에 신부가 신랑에게 복종하겠다는 서약을 생략하고 정체성 부분에 대한 서약만 행하였다). 그러나 어떤 행동적 부분은 여전히 계약을 체결하는 데 있어서 인간 가치의 불균형을 강하게 함축하고 있다. 혹은 열등하게 여기는 부분이 있다. 다른 부분은 개인적 존재를 상실하게 만드는 부분도 있다. 1960년대 후반에 전국 화초 재배자 대회에서 결혼하는 부부를 위한 전단에는 이제는 초 두 자루가 될 수 있다는 제시를 하고 있는데, 그동안은 한 초만 밝히고는 했었다. 어쩌면 이러한 상징론은 신학적 기준점에서는 검증되지 않은 것이다. 그러한 상징론에 따르면 둘이 한 몸을 이루게 되지만 그들은 지금 여전히 결혼까지 이르게 된 관계가 향상된 두 개인으로 여전히 남아 있다. 함께 결합된 존재(한 촛불)가 되기 위해 결코 자아를 내놓지 않는다.

유아세례를 받은 아이들을 성만찬 상에 참여시키기를 거부하는 것이 차별의 형태라는 사실을 깨달은 사람은 그렇게 많지 않다. 그러나 그것은 연령 차별의 표시를 드러내는 것이다. 이에 대한 우리의 관점은 지금쯤은 이미 분명해졌다. 믿음의 집에서는 연령에 상관없이 모두가 다 평등하다.

어떤 개신교회에서는 선의의 감독들과 안수 받은 사역자들은 자신들의 배우자들을 마치 그들과 함께 동일하게 안수 받은 것처럼 여긴다. 그들의 의도는 아주 좋다고 생각한다. 목회는 언제나 자신이 안수를 받았든지 그렇지 않았든지 간에 남편과 아내가 함께 공유하는 사역이기 때문이다. 그러나 다른 한편으로는 좋지 않은 메시지도 확인할 수 있다. 배우자 한쪽이 안수를 받으면(안수 받은 쪽은 늘 남자 쪽일 경우가 높다) 그 배우자는 언제나 함께 안수 받은 것으로 포섭되는데, 그것은 교회가 한 사람 사례비로 두 사람을 사용할 수 있게 되는 경우가 된다. "나의 보다 좋은 반쪽"(my better half)이라는 말처럼 듣기에 밉살스러운 말은 없다. 어느 누구도 다른 한쪽의 반쪽은 아니다. 그 사람이 안수를 받았든, 그의 배우자이든 간에 우리는 모두 온전한 개인들이다.

여기에는 우리가 행하는 것에 더 민감해야 한다는 과정에 대한 표징이 있다. 최근까지 로마 가톨릭 교회에서는 여성들이 고해성사를 하려면 성직자와 여성들 사이에 손수건과 같은 어떤 형태의 장벽을 만들어 놓고 해야 했다. 그러나 이것은 남성들에게는 요구되지 않았다. 다행스럽게도 그러한 차별은 이제 사라진 것 같다. 장례식에서 관을 덮었던 보를 사용하는 움직임이 널리 퍼져 있었는데, 이것은 비록 죽음의 자리에서까지 과시하고자 하는 의도를 중시하는 움직임이었다. 본래 관을 덮는 보는 죽음 앞에서는 누구나 동일하다는 것을 전달하는 것이다. 특히 관의 가격이나 화환으로 치장된 것보다는 그리스도께 주의를 기울일 수 있도록 하기 위하여 관을 덮는 보를 사용하였다.

성례, 복장, 집례

모든 예배의 행위는 사람들이 감당하는 역할의 형태에 따라 개인의 지위에 관계된 진술(political statement)이다. 많은 것이 무의식적으로 주어지고 형성된 것임에도 불구하고, 어떤 것도 우연히 주어진 것은 없다. 예배 가운데서 우리가 감당하는 역할은 가끔 권력과 권위에 대한 공동체의 진정한 믿음을 강조한다. 최근까지 교회의 안내위원은 주로 중년 남성들을 세우는 것을 당연한 것으로 여겼다. 그러한 중년 남성 안내위원은 마치 은행가와 같아 보였는데, 매주 돈을 모아들이고, 이제 은행에서처럼 교회에서는 그것을 더 이상 즐기지 않는 사람 같아 보였다. 자원봉사로 연주하는 오르간 반주자는 주로 여성이었다. 풀타임으로 사례를 받는 전임 음악 담당 사역자는 늘 남성이 되는 경향이 있다. 로마 가톨릭 교회에서는 성경 봉독자와 신부를 돕는 복사 (**acolyte**)는 언제나 소년이나 남성이다. 이와 같이 소녀들에게는 이것을 통해 뭔가 중요한 사실을 전달하고 있다. 개신교 성직자들 사이에서 널리 사용되고 있는 검은 설교 가운도 어깨를 다소 부풀려 만든 복장이었는데, 신체적 고매함과 위엄을 가진 사역임을 드러내기 위해서였다. 이것은 약하고 억압된 자와 동일시하려는 목회 이미지와는 전혀 다른 미심쩍은 모습이 아닐 수 없다. 의복은 무엇보다도 하나의 의사 소통 수단이다. 점점 개신교회에서는 고대 로마 가톨릭 교회의 장백의 (長白衣, 역주-흰 삼베로 만든 미사 제복), 남성과 여성이 함께 입는 흰 가운, 그리고 제의(**chasuble**)를 예배를 인도할 때 성직자가 입을 수 있는 가장 적당한 복장으로 여기는 경향이 늘어가는 것 같다.[94]

    성례전에서는 그것을 집례하는 사람이 어떠한 스타일로 그 예식을 집례하느냐에 따라 실제로 많은 것이 커뮤니케이션 되는 것을 본다. 집례자가 사회하는가, 아니면 위압적으로 지배하는가? 대부분의 회중예배는 인도하는 목회자가 결정적인 역할을 한다. 성직자들이 그들에게 위임된 권한을 따라 예배를 인도할 때 그 방식이 아주 다양한 것을

---

94) 역주-실제로 미국 감리교회나 장로교회 목회자들 가운데 전통적인 가운 대신에 이러한 복장을 착용하는 목회자들이 많이 있다.

알 수 있다. 예배의 좋은 인도자는 자신의 역할을 어떤 그룹의 모임의 사회자의 역할과 동일하게 생각한다. 어떤 회의를 잘 주재하는 사람은 그 조직의 모든 멤버들이 온전히 참여할 수 있게 하려는 의도를 가지고 회의를 이끌어 가는 사람이다. 좋지 못한 사회자는 많은 멤버들에게 자신의 생각을 표현하거나 변호할 기회를 주지 않고 이끌어 간다. 여기에는 적극적인 참여보다는 기세에 눌려 조용한 침묵이 계속된다.

예배 가운데 성직 존중주의는 목회자가 회의를 주재하는(preside) 형태보다는 위압적으로 지배하는 불공평(injustice)의 한 형태다. 그것은 예배에 있어 '온전하고, 의식적이며, 적극적인 참여'를 막는 원인이 된다. 평신도들은 종종 성직자들보다 더 놀라운 역할을 할 수 있다. 예를 들면, 성경 봉독과 같은 것이 그것이다. 예배를 잘 인도하는 스타일은 가능하면 많은 사람들로 예배를 인도하는 일에 함께 관여할 수 있도록 만든다. 특히 남자나 여자, 어린아이들까지 예배자들이 교차적으로 참여할 수 있도록 배려한다. 주재하는 스타일인가를 알 수 있는 좋은 실마리는 그 집례자가 다른 사람과 리더십 역할을 공유하면서 얼마나 자주 자리에 앉느냐에 달려 있다. 만약 그가 예배 시간 내내 서 있다면 그는 주재하는 스타일보다는 지배적인 스타일이라고 할 수 있다.

성례전과 다양한 문화

성례전에서 다양한 행동들은 다른 인종과 문화 가운데서 행해지는 실행들을 반영하는데, 특히 결혼식과 장례식에서는 더욱 그렇다. 이와 같이 신랑 신부를 빙 둘러싸고 장미 화환(lazo)과 함께 부르는 히스패닉의 전통이나 목걸이를 걸어 주는 인도의 결혼 관습, 후추 과에 속하는 구장(蒟醬; betel leaf)의 잎사귀를 신랑 신부에게 주는 스리랑카의 결혼 관습은 문화적 관습의 좋은 본보기다. 주요 문화에서는 낯선 것은 거부하는 경향이 있다. 큰소리로 박수를 치는 것은 흑인 교회 안수식의 특징적인 것이다. 그러나 만약 그러한 것이 주요 백인 교회 전통에서 사용된다면 아마도 그것은 눈살을 찌푸리게 할 것이다. 소수 그룹에서는 아주 자연스러운 이러한 표현의 형태는 배제하는 것보다는 포함하는 쪽으로 나아가면서, 모임 가운데 인종과 문화의 다양성을 고려함에 대해서 신중한 노력이 필요하다.

음악을 선택하는 문제에서 이것은 가장 분명해진다. 1982년 미국 감리교회는 처음으로 스페인어로 된 히스패닉 찬송을 영어로 음을 달아 찬송집 부록인 *Supplement to the Book of Hymns*에 포함시켰다. 그 교단은 오랫동안 스페인어를 말하는 회중들을 가지고 있었지만 그때에서야 결정이 된 것이다. 다른 문화권의 찬송과 음악 스타일이 지배적인 문화권의 찬송가와 음악 안에 그들의 방식을 결국 영입하게 되었다. 아시아계 미국인, 히스패닉, 아프리카계 미국인(흑인) 그리고 원주민 미국인(인디언)의 음악을 예배 가운데서 부를 수 있게 되었다. 그러한 경향은 모든 사람을 풍요롭게 했고, 그것을 만든 인종 그룹의 인간적 가치를 인정하는 것이 되었다. 삼성송(Sanctus)이라는 말은 전 세계적인 것이 되었는데, 음악적 세팅은 일반적으로 높고 특별하며, 다른 문화를 배제하는 한 문화를 반영한다. 음악적 세팅의 다양성은 다른 주일에 삼성송을 통해 하나님을 찬양하는 다양한 인간 그룹을 반영하면서 사용할 수 있을 것이다. 음악은 의도적으로 포괄적으로 사용되어야 한다.

성례전에서 언어 활용과 공의

성례전은 역시 구두로 표현되는 말(spoken words)을 사용한다. 언어는 우리의 실재에 대한 이해를 형성하는 데 결정적인 역할을 한다. 우리가 사용하는 언어는 다른 사람을 향한 우리의 태도를 반영한다. 다른 인종이나 문화를 향해 그 사람이 경멸적인 용어를 계속 사용하는 한 그것을 정당하게 취급하는 데에는 거의 관심을 가지고 있지 않은 것이 된다. 경멸적인 차원은 소수인종을 분류하고, 온전한 인간의 존엄성보다는 그러한 기준에 따라 사람을 쉽게 평가해 버린다. 다른 사람을 정당하게 취급하는 첫 번째 단계는 그들과 말할 때 그들이 사용하는 다른 용어를 사용할 수 있어야 한다.

성례전은 구두로 표현되는 언어에 관한 한 공의의 문제에 대해 결코 면제되어 있지 않다. 여성에 대해서는 차별적으로 대하거나 혹은 그들을 무시하려는 '성 차별주의 언어'의 경우에 특히 그렇다. 그러한 많은 문제는 성경에서도 종종 표현된다. 차별적인 언어는 자주 번역자에 의해서 불필요하게 추가되기도 했다. 부분적인 해결 방법은 보다 번역에 충실하는 방법이 있고, 성경에서 제시된, 그러나 외면되어 온 여성적 이미지에 대해 보다 주의를 기울이는 것도 한 방법이다. 이러한 영역에 있어서 노력들은 계속되고 있다.

필연적으로 성례전은 하나님을 말하고(of), 하나님께 말씀드리고(to), 하나님을 위해(for) 말하는 언어를 사용한다. 지난 2천 년을 돌이켜 보면 하나님을 남성 명사로 사용해 온 것을 뒤집는다는 것은 거의 어려워 보인다. 이것은 나사렛 예수님께서도 그리하셨기 때문이다. 구원은 특별하고, 구체적인 개인 안에서 일어난다. 왜냐하면 인간 존재는 여성이든 남성이든 어느 한 정체성을 가지기 때문이다. 그러나 하나님을 단지 남성 명사 하나로 제한할 때, 그것은 제한적이고 독단적인 것이 된다. 어느 누구도 하나님을 제한하려는 마음을 가진 것은 아니지만, 어느 하나의 성에만 제한하여 사용하는 언어는 점점 그 성에 국한시켜 생각하기 쉬운 경향을 가지게 된다.

오늘날 어떤 글을 쓸 때, 하나님을 언제나 3인칭 남성 명사인 '그' (he)로 말하는 것은 하나님의 이미지를 제한하는 것이 된다. 하나님은 모든 한계를 초월하시는 분이신데, 신성의 여성적 측면은 완전히 제한해 버리는 것이 되기 때문이다. 하나님에 대해서 말할 때 대명사에 관한 한 늘 그렇게 되는 것 같다. 두 가지 가능성은, 하나님을 지칭하는 대명사를 사용할 때 아예 남성 대명사이든 여성 대명사이든 사용하지 않는 방법이 있고, 남성, 여성을 동시에 섞어 가면서 사용하는 방법도 있을 것이다. 전자는 인칭대명사를 전혀 사용하지 않기 때문에 거의 비인격적인 분으로 그려지거나, 동시에 대명사를 사용하지 않으면 자주 반복하여 사용할 수밖에 없게 된다. 후자의 경우에는 두 가지를 혼용해서 사용할 경우 혼동의 우려가 있다. 우리들 중에 어떤 사람은 재귀대명사를 제외하고 하나님에 대해서는 거의 대명사를 사용하지 않는 경우도 본다. 이 경우는 '하나님 자신'(Godself)이라는 재귀대명사만 필요하게 된다. 하나님을 묘사할 때 폭넓은 영역을 사용함에 있어서 다른 발전이 있는 것을 본다. 특별히 기도 가운데서 하나님을 호칭할 때 더욱 그렇다. "모든 자비의 하나님", "우리에게 생명을 허락하신 하나님", "공의의 하나님" 등과 같은 것이 그것이다. 이러한 형태의 새로운 언어의 탐구는 성경적이고 고대적인 것과 함께 하나님의 실재에 대한 이해를 확장시켜 준다. 시편은 이러한 것에 대한 많은 가능성들을 제시해 준다.

각 성례전에서 사용되는 언어는 사람을 말하고(of), 사람에게 말하고(to), 사람을 위해(for) 말한다. 영어는 최근 몇 년 동안 이 영역에 있어서 주요한 변화가 일어나고 있다. 'Man'이라는 단어는 이제 더 이상 '인류'(humanity)를 지칭하는 용어가 아니다. 우리는 이제 모든 인류를 지칭하는 표준적인 용어로 남성 중심의 용어가 어떻게 잘못 사용되고 주제넘게 사용되었는가를 깨닫고 있다. 물론 우리 문화에서는 상상할 수도 없는 일이기는 하지만, 모든 사람을 'women'이라는 말로 표현하는 것 역시 잘못된 것이다. 'Man', 'mankind', 'men'과 같은 남성명사를 대표명사로 사용하는 것은 이제 새로운 성공회, 루터교, 미국 감리교회 예배서에서는 조용하게 사라지고 있다. 최근에는 미국 로마 가톨릭 교회 주교가 그러한 용어를 미국에서 사용되는 성만찬 기도문에서 제거하려는 움직임이 있다. 그러나 다른 미사나 예식에서는 이러한 관심을 여전히 반영하지 못하고 있는 실정이다.

특히 성례전 가운데 불리는 많은 찬송에는 더 문제가 많아 보인다. 20세기 초 사회운동 중에 포괄성을 강조하기 위해 쓰인 많은 찬송가들은 반대를 받아서 전혀 채택되지 못했기 때문이다. 최근에 찬송가 부록에 들어간 곡 가운데 "그리스도 안에서는 동서의 구분이 없다네"(In Christ There Is No East Nor West)라는 곡에 '형제들'(brothers)이라는 단어가 '하나님의 자녀들'(children)이라는 단어로 바뀌어서 찬송가에 편입되었다. 포괄성에 대해 논의하면서 이 찬송을 언급하는 것은 이 찬송이 "믿음의 형제들이여 함께 손을 잡고 나아가세"라고 초청하면서 현재적 시각으로 보면 배타적으로 오직 남성명사를 사용하고 있기 때문이다. 그러한 찬송을 전적으로 배제하는 것이나, 찬송가에 어떤 구절은 삭제하는 방법, 혹은 포괄성에 문제가 있는 부분을 약간 변경하는 것도 하나의 대안으로 느껴진다. 어떤 찬송가는 더 이상 부르기를 원치 않는 찬송도 있다. "저 북방 얼음산과 또 대양 산호섬"(From Greenland's Icy Mountains)과 같은 제국주의 경향을 가진 선교 찬송가는 오늘날의 많은 찬송가집에서 빠졌다.[95]

어떤 찬송에 변화를 준다는 것은 많은 한계가 있다. 성례전에서 어떤 때에는 삼위 하나님에 대해 어떤 때에는 한 분을 지칭하기도 하고, 어떤 때에는 세 분을 다 지칭하도록 지정할 필요가 있다. 현재 '성부'(Father), '성자'(Son), '성령'(Holy Spirit)이라는 칭호 대신에 대체할 적당한 용어가 없는 것이 사실이다.

삼위 하나님의 기능을 따라, '창조주 하나님'(Creator), '구속주 하나님'(Redeemer), '보혜사 하나님'(Sustainer)과 같은 의례적인 용어로 대체하고자 하는 시도들은 삼위 하나님의 공동의 사역에 대한 관점을 희미하게 하면서 고통 가운데서 발전해 온 기독교 신학에 큰 잘못을 행할 수 있다. 극단적인 경우에는 그러한 용어가 삼위일체 신학보다는 삼신론(tritheism)을 제시하는 것이 될 수도 있다. 아직 삼위(the three)라는 말은 일체(one)처럼 분명하다. 성자 하나님의 과거와 미래의 역사하심을 기억하고, 성령 하나님께서 오늘 여기에서 역사하시도록 초대하면서, 성부 하나님께 드리는 성만찬 기도의 경우에 삼위일체께 드리는 기도의 형태로 도입할 필요가 있는 성만찬 기도가 그 한 예라고 할 수 있다.

삼위일체는 구원의 전체 과정에 참예하신다. 이와 같이 창조는 성부

---

95) 역주-우리 찬송가에도 실린 이 곡은 "Missionary Hymn"으로 알려져 있으며, 메리 하워드(Mary Howard)가 작사하고, 로웰 매슨(Lowell Mason)이 1823년에 작곡하였다.

하나님의 독점 사역이 아니다. 이 사실을 요한복음 1장 2-3절은 다음과 같이 말씀한다. "그가(말씀이) 태초에 하나님과 함께 계셨고 만물이 그로 말미암아 지은 바 되었으니 지은 것이 하나도 그가 없이는 된 것이 없느니라."

삼위일체의 첫 번째 위격이 되시는 분에 대한 어떤 대체적인 용어도 성부 하나님에 대한 예수님의 특별한 관계를 규정할 수가 없다. 실로 유대인들이 하나님의 이름을 함부로 부를 수 없던 때에 '아버지' 라고 불렀던 것은 참으로 급진적인 용어였음에 틀림이 없다. 그래서 유대 지도자들이 예수님을 죽이려고 드는데, 바로 안식일 규정을 깨뜨리고, "하나님을 자기 아버지라고 부르는 것"(요 5:18) 때문이었다. 이것은 그리스도인들의 많은 시편 사용에 대한 기초가 되고 있다. 예수님께서 사용하셨던 그 용어를 그대로 받아들인다면 예배에 접근하는 것이 보다 쉬워질 수 있다. 즉 예수님께서 하나님을 아버지로 계속해서 부르고 계시는 것처럼 우리도 그렇게 할 수 있다. 이와 같이 다양한 장소에서, 성만찬 기도문, 세례 형식, 주기도문, 그리고 두 에큐메니칼 신앙고백에서와 같이 성부, 성자, 성령에 대한 용어를 만족스럽게 대체할 수 있는 것은 아직 없다.

아직 우리는 더 많이 연구해야 한다. 'Godself' 와 같은 새로운 용어들은 몇 년 사용하다 보면 자연스러워질 수 있다. 하나님을 향해 '당신' (you)이라고 불렀던 것과 같이 이것도 오래 사용하다 보면 익숙해질 수 있다. 우리가 사용하는 언어는 사람을 지칭할 때 여성과 남성을 포함하여 명확하게 사용해야 한다. 이것에 대한 우리의 이해는 삼위 하나님의 위격에 대해 표현할 때도 마찬가지다. 이것은 여러 해 작업하고 실험해야 할 발견의 과정을 필요로 한다.

언어는 남성과 여성을 동시에 포함하여 모든 인간적 가치를 따라 사용하는 것이 필수적이다. 또한 소수 인종들도 함께 포함하여 포괄적으로 사용되어야 한다. 우리 문화에서는 '흑인'(black), '노인'(old), '시각장애인'(blind), '청각장애인'(deaf), '보지 못하는'(unseeing), '말 못하는'(mute), '키 작은 사람'(midget), '난쟁이'(dwarf), 혹은 '키 작은'(small)과 같은 단어들은 일반적으로 경멸적인 용어로 쓰인다. 특히 검은 피부색이라고 말할 때는 흑인들을 잠재적으로 무시하는 표현으로 사용되고는 했다. 특별히 성례전 예전에서 이러한 편견에 찬 언어 형태에 대해서는 계속적으로 민감하게 고려할 필요가 있다.

다른 문화에서 주장하는 내용을 인정하는 다른 방법은 그들의 언어를 사용하는 것을 격려하는 데 있다. 앞서 우리가 살펴본 대로, 개인은 언어를 통하여 가끔 자신을 다른 사람에게 주고는 한다. 문화도 분명하게 그러하다. 이와 같이 미국 가톨릭 교회의 28퍼센트가 그 출신에 있어서 히스패닉 사람이라면, 대부분의 사제들이 스페인어로 성례전을 집례할 수 있는 능력을 갖춘다면 그들은 훨씬 잘 사역하고 있는 것이 된다. 개신교의 주요 교단들이 폐쇄적으로 영어권 교회로만 자신을 생각하던 이야기는 이제 옛말이다. 미국 감리교회는 스페인어권 회중들을 위해 일년에 두 차례씩 컨퍼런스를 갖는다.

말과 행동은 성례전을 위해 둘 다 필요하다. 정해진 기존의 예전과 의식을 사용하다 보면 불가피하게 정의롭지 못한 표현과 행동을 만들 수도 있고, 그것을 강화할 수 있는 위험이 있다. 교회는 사회를 위한 누룩이 되어야 할 위치에 있어야 하지만, 성례전을 집례하는 데 있어서 이렇게 정의롭지 못한 모습을 견지하게 된다면 결코 세상의 누룩이 되지 못할 것이다. 그러한 문제는 믿음을 약화시키고, 경건한 그리스도인들의 삶의 품위를 떨어뜨릴 수 있다. 한 사람이 다른 사람보다 못하고, 열등하다고 생각하거나, 인종 차별주의, 성 차별주의, 연령 차별주의, 성직 존중주의 등의 희생물이 되는 일이 교회에서 계속해서 벌어지고 그러한 차별의 언어들이 사용되는 것은 성례전에서 인간의 손과 입을 통해 성취되는 하나님의 자기 주심을 왜곡하는 것이 된다.

우리의 대안은 다른 곳에 있지 않고 가까이 있다. 우리는 끊임없이 경계해야 하며, 우리의 행동과 말에서 교회 안의 공의를 필요로 하는 곳이 어디인지 주의를 기울여야 한다. 성례전에서 우리가 행하는 행동들을 계속적으로 음미하면서, 무의식적으로라도 편견을 갖거나 배타적이 되거나 차별을 가지고 말하고 행동하지 않으려는 분명한 노력이 있어야 한다. 그렇게 될 때 성례전은 보다 공의를 위한 강력한 힘을 지니게 된다. 다른 모든 사람이 가지는 온전한 인간적 가치에 대해 관심을 잃어버리지 않을 때 그것은 정의를 위한 힘이 될 수 있다. 여기에서 우리의 세례를 분명하게 기억하게 될 것이다.

IV

세상을 향한 성례전의 영향력

세례는 하나님의 자기 주심의 은혜를 받아들임으로써 동등성을 바탕으로 한 공동체 안으로 들어가게 하는 입교 의식이 된다는 사실을 살펴보았다. 그러한 공동체에는 공의를 위한 탐구가 계속되고 있다. 성례전은 의를 위한 강한 추진력이 될 수 있음과 같이 또한 특정 그룹의 사람에 대해서는 억압의 수단이 될 수도 있다. 이제 세상에서 성례전이 수행해야 할 사명에 대해 살펴볼 차례다. 그리스도인들은 모든 시대 가운데 성례전을 교회 안에서 전적으로 사용되어야 할 요소로만 생각하려는 경향이 있다. 마치 그것은 성례전의 영향력을 교회 문을 벗어나지 못하고 더 멀리 나갈 수 없는 것으로 생각하면서 스스로 제한하려고 하는 경향이다. 그러나 성례전은 우리고 살고 있는 사회를 향하여 외적이면서도 심원한 영향력을 가지고 있다. 실로, 세상에 대한 교회의 영향력은 대부분 성례전적 삶에 의해서 형성된다. 이것은 특별히 성례전에 대해서, 그리고 화해에 있어서는 특히 그러한데, 우리가 이미 그러했고 지금도 계속하고 있는 대로, 정의를 위한 세상의 투쟁에 있어서는 심원한 영향을 끼치게 된다.

정의를 위해 투쟁하는 현장에 대해 성례전이 가지는 공헌은 '지속성' (persistence)이라는 용어에 잘 표현되어 있다. 딱 잘라 말해서 세례는 우리들을 그리스도인의 삶으로 들어가게 하는 관문이 된다. 그러나 성례전적 삶의 다른 차원은 연속성(continuity)에 있다. 성만찬과 화해는 모든 그리스도인들이 일생 동안 수행해야 할 필수 요소다. 그것은 우리가 너무 오래 살아서 잃어버리거나, 너무 성공하여 더 이상 필요하지 않게 될 수 없는 절대적으로 필요한 것들이다. 그리스도인으로서 우리의 전체적인 삶은 말씀과 성례전을 통해 하나님이 주시는 것을 받는 삶이다.

그리스도인들이 세상에서 정의를 위해 감당해야 할 공헌은 바로 이것을 기초로 하여 세워진다. 그리스도인들은 하나님의 자기 주심을 경험했기 때문에 이제 자기 자신을 주는 삶을 살 수 있어야 한다. 새로운 미국 감리교 성만찬 예전에는 성만찬 이후 기도에서 이러한 사실을 잘 진술하고 있다.

> 사랑하는 주님,
> 우리에게 주님 자신을 주셨습니다.
> 이제 우리는 나아가 다른 사람을 위해서
> 우리 자신들을 주면서 살겠습니다.
> 주님의 사랑은
> 우리를 전혀 새로운 사람으로 만들어 주셨습니다.
> 주님의 사랑을 받은 백성들로서
> 우리는 기쁨으로 주님을 섬기겠습니다.
> 주님의 영광으로
> 우리의 온 가슴을 가득 채워 주셨습니다.
> 이제 우리가 행하는 모든 일에서
> 주님께 영광을 돌리며 살 수 있도록 도와주옵소서.
> 아멘.[96]

그리스도인들은 성례전 가운데서 하나님의 자기 주심을 경험했기 때문에, 이제 그들은 다른 사람을 위해서 자기 자신을 줄 수 있게 된다. 사회 정의를 위한 교회의 공헌은 주로 성례전을 통해 세상 가운데

---

96) *We Gather Together* (Nashville: The United Methodist Publishing House, 1980), 11.

하나님의 사랑을 가시적으로 만드는 능력으로부터 나오게 된다. 하나님의 역사를 통해 형성되고, 변화 받은 모든 그리스도인들은 그렇게 하나님의 사랑을 가시적으로 보여주는 일에 있어서 일생토록 지속적으로 성장해야 필요성을 가진다.

지속성의 원리

지속성은 정의를 위한 노력에 있어서 필수적인 요소다. 어떤 정치적 캠페인에 참여해 본 사람들은 지속성이 얼마나 중요한지를 잘 안다. 단기간의 캠페인을 통해서 사회를 변형시키는 경우는 흔치 않다. 어떤 사람이 정의를 위한 싸움에 참여했다면, 그는 긴 투쟁 가운데 뛰어든 것이다. 악의 세력은 너무 강력하고, 악한 방법으로 사는 사람들은 오히려 잘사는 것 같아서 많은 사람들이 쉽게 포기하고 좌절해 버리는 것 같다. 불의도 역시 끈질기게 영속적이지만 보다 더 든든한 지속성 앞에서는 길을 내놓는다. 성례전은 그리스도인들이 악의 세력과의 전투에서 '거기에 든든히 서 있게 하는' 강력한 양식이 된다.

성만찬과 화해의 성례전에서 하나님의 자기 주심을 계속적으로 되풀이하여 경험하는 것은 그리스도인들이 자신감을 가지고 세상에 참여할 수 있는 기본적인 힘의 원천이 된다. 왜냐하면 그리스도인들은 언제나 성례전에서 하나님의 사랑을 가시적으로 확인하면서 다시 충만케 되기 때문에, 불의에 저항하기 위하여 자기를 내어 주는 것이 가능해진다. 이와 같이 그리스도인들은 매주 함께 다시 모여 감사를 드리고, 하나님의 용서를 구하면서 화해를 경험하기 때문에 지속할 수 있는 능력을 가지고 '선한 싸움을 싸울 수 있게' 된다. 정의를 위한 노력은 우리가 살아 있는 한 계속될 것이다. 또한 성만찬과 화해의 성례전도 역시 그렇게 계속될 것이다. 그래서 우리는 선한 싸움을 계속할 수 있게 된다. 하나님은 영원히 지속성을 가지신다. 그리고 우리도 살아 있는 동안에 그렇게 살 수 있게 될 것이다.

성만찬: 하나님의 자기 주심의 원천

우리가 살펴본 대로, 성만찬은 다양한 방식으로 경험할 수 있는 하나님의 자기 주심의 원천이다. 성만찬은 하나님께서 인간의 역사 가운데서 희생적 사랑으로 하나님의 독생자를 주셨다는 사실을 가장 선명하게 우리에게 일깨워 준다. 우리는 매일, 매주, 매달, 세상을 이길 수 있는 하나님의 사랑으로 우리에게 드러나는 성만찬의 사건을 경험할 수 있게 된다. 우리는 지속적으로 그 사랑을 새롭게 기억하고, 회상하고, 경험할 필요가 있다. 우리 자신을 타인을 위해 내어주어야 할 필요를 잊어버릴 즈음에 성만찬은 하나님께서 자신을 우리를 위해 주셨다는 사실을 우리에게 새롭게 상기시켜 준다.

그러한 하나님의 자기 주심의 경험은 우리가 선을 행하고, 바르게 살 수 있는 유일한 희망이 된다. 하나님께서 먼저 우리를 사랑하셨기 때문에 우리는 다른 사람에게 선을 행하며, 말씀과 성례전을 통해 그 사랑을 인식한다. 그러한 하나님의 사랑에 대한 경험이 없이는 우리는 이기적인 유익만을 위해 살아가게 될 것이다. 우리는 우리의 조건을 떠나서 아낌없이 주어지는 사랑을 경험하기 때문에 우리의 사랑을 다른 사람에게 아낌없이 줄 수 있다. 성례전은 우리가 자아에 사로잡혀 살아가는 것으로부터 자유롭게 해주며, 그렇게 해서 우리 자신을 또한 줄 수 있게 한다.

하나님의 사랑의 수혜자가 되었기 때문에 우리가 다른 사람에게 주는 사랑은 개인을 향하는 것처럼 사회를 향하게도 할 수 있다. 그러한 사랑이 하나의 형태를 가지는 것과 같이 사회 정의에 대한 우리의 이해에 의해서 그것은 형성된다. 성만찬을 통해 우리를 자유롭게 하는 사랑은 보다 바른 사회 질서를 수립할 사명 가운데 표현되는 사랑이다.

성만찬에서 사회 정의를 위해 우리가 누리게 되는 힘의 일부분은 종말론적인 차원을 가진다. 유토피아적인 현실 도피를 벗어나서 성만찬은 여기에서 공의의 하나님 나라를 미리 맛보는 것이다. 그러한 하나님 나라는 모두에게 사명을 부여한다. 성만찬은 핍박이라는 최악의 상황 속에서도 가시적으로 남의 도움 없이도 독립적으로 서 있는 그리스도인들을 볼 수 있을 만큼 이렇게 초대교회에서는 혁명적인 힘이었다. 아마도 이것은 존경 받을 만한 기독교 국가가 성만찬에서 종말론적 요소를 잃어버리고, 모두를 위한 공의에 기초한 하나님 나라를 전하는 것 대신에 이 땅 위에 적합한 평화를 세우려는 경향을 가지는지에 대한 이유다.

현대의 예배 개혁을 시도하는 사람들은 다시 말씀에 강조점을 두고 있다. 이것은 성만찬이 언제나 우리가 아직 깨닫지 못한 실체를 지향한다는 사실을 말씀은 언제나 우리에게 상기시켜 주기 때문이다. 최후의 승리와 함께 예수 그리스도의 다시 오심, 마지막 메시아의 향연의 선취, 지금 이 땅에서 행한 것을 "하나님의 나라에서 성취"(눅 22:16)하는 것 등은 우리의 현재 사회 제도가 완성된 것이 아니라 불완전한 것임을 우리에게 상기시켜 준다. 이와 같이 성만찬은 기존의 사회 제도나 현재의 경제 구조에 대한 재가(sanction)로는 결코 볼 수 없다.

세상의 정의를 위한 등대

장자크 폰 알멘은, 기독교 예배는 언제나 세상을 향하여는 위협으로 다가갈 수밖에 없다고 주장한다. 왜냐하면 그것은 세상을 심판대 앞에 세우기 때문이다.[97] 동시에 그러한 예배는 아직 성취되지 않아 존재하지 않는 바른 제도(order)에 대해 희망의 등대로 서게 된다. 그리스도인들은 현재의 사회적 실태에 대해 만족하지 않는다. 왜냐하면 성만찬은 언제나 그러한 사회적 실태에 대해 심판하고 나서기 때문이다. 동시에 성만찬은 가장 의로운 제도를 하나님께서 세워 가실 것이라는 약속의 말씀을 세상에 선포해 준다.

이와 같이 성만찬은 그리스도인들이 세상을 변화시키는 힘의 원천이며, 하나님이 이 땅에 이루기 원하시는 하나님 나라와는 멀리 떨어져 있는 기존의 사회를 향해 그 안에 있는 거짓된 확신에 대해 비난을 제공하게 된다. 성만찬은 사람을 위하여 무산계급을 통치하는 어떤 독재자가 제시한 것보다, 자유방임의 자본주의가 제시한 것보다, 또는 다른 어떤 인간적인 뛰어난 처방이 제시하는 것보다 더 많은 급진적인 비전을 약속해 준다. 그리고 이러한 인간적 수단과는 달리 성만찬은 역시 공의를 위해서 일할 수 있는 힘을 제공해 준다.

오랜 제국주의 통치가 끝난 이후 스리랑카에서 글을 썼던 티사 발라수리아(Tissa Balasuriya)는 화가 난 목소리로 이런 질문을 던지고 있

---

97) Jean-Jacques von Allmen, *Worship: Its Theology and Practice* (New York: Oxford University Press, 1965), 62-68.

다. 그 엄청난 억압을 당했던 사람들과 그 모진 억압자들이 어떻게 같은 자리에서 함께 주님의 성만찬을 나눌 수 있다는 말인가?[98] 이것은 적당히 빠져나갈 수 있는 질문이 아니고, 즉각적인 답변을 필요로 하는 질문이다. 주님의 성만찬을 나누는 모든 사람들은 심판대 앞에 설 수밖에 없는 죄인들이다.

주님의 자기 주심은 우리에게 강요하여 주시는 것이 아니다. 우리는 기쁨으로 그것을 받을 수 있고, 사랑 가운데서 다른 사람을 향하여 응답으로 나아갈 수 있다. 그러나 그것은 우리에게 변화될 것을 강요하지는 않는다. 그리고 강압적으로 우리의 악을 깨닫게 하려고도 하지 않는다. 평등하지 않은 자원에도 불구하고 억압자와 억압받았던 사람이 각기 조종하는 방법을 개발할 수 있다. 억압자를 향한 도전적인 증오와 분노의 발전은 온전히 인간됨을 상실하지 않을 수 있게 한다. 죽이고 싶어하는 마음은 그것을 행하는 것만큼이나 가증스러운 일이 될 수 있다(마 5:22).

성만찬에서 함께 성찬을 나누는 사람도 분명히 계속해서 죄를 지을 수 있다. 그러나 그들은 변화를 위한 보다 위대한 자원을 가지고 있는데, 은혜로운 자기 주심의 가장 놀라운 상징행동을 받은 것과 공의 위에 세워지는 하나님의 다스리심을 증언하는 것이 바로 그것이다. 모든 사람은 하나님의 사랑의 수혜자들로서 누구나 동등하게 의존적이라는 사실을 깨달아야 한다. 궁극적 차원에서 우리 모두는 동일한 존재들이며, 하나님의 법을 따라 살아야 할 의무 가운데 서 있는 존재들이다.

---

98) Tissa Balasuriya, *The Eucharist and Human Liberation* (Maryknoll, NY: Orbis Books, 1979).

이것이 그들을 가장 최상의 존재가 될 수 있도록 보증하지는 않는다. 우리들 가운데 많은 사람들에게 매주 가장 민주적인 행동은, 성만찬을 받기 위해 줄을 서는 것이다.

우리 옆에 무릎 꿇고 있는 사람이 누구인지 모르지만, 성만찬을 받기 위해 가로대(rail)에 무릎을 꿇고 있을 때 성만찬 상 앞에서 우리 모두는 동일하다. 여기에서 우리 모두는 하나님의 은혜를 받아야 하는 아무런 자격도 없는 마치 거지와 같은 존재로 서 있다. 그것은 마치 『예배서』(*The Book of Common Prayer*)에서 "주님의 식탁에서 우리는 부스러기도 받을 가치도 없는 존재들입니다"라고 고백하는 것이 이러한 내용을 드러내 주고 있다. 동등성을 불러 일으켜 주는 성만찬 예전은 이런 점에서 우리 사회의 어떤 곳에서보다 불평등을 극복할 수 있는 힘을 가지고 있다.

성만찬을 받기 위해 무릎을 꿇는 가로대에서 우리는 동등하게 하나님의 사랑의 수혜자들이며, 오직 적절한 응답은 우리 존재와 우리가 가진 것 모두에 대해 감사를 드리는 것이다. 바울은 고린도 교회에게, 그들이 주님의 성만찬 상에서 동등함으로 함께 주님의 성찬을 나누고 있다는 사실을 일깨워 주어야 했다. 그들이 서 있는 그 한가운데서 그리스도의 몸을 분간하는 데 실패한다면 그들은 대신에 자신들에 대한 심판을 먹고 마시는 것이 된다(고전 11:29).

우리가 자신을 모든 것을 받은 수용자로서 인식하는 것은, 동일하게 전체 피조 세계에도 적용할 수 있다. 초기 교회와 동방교회의 예전은 그리스도인들이 성만찬을 가질 때 감사를 드렸던 중심 부분으로서 하나님의 창조 역사를 강조하였다. 동방교회의 그리스도인들은 지난 2천년동안 구속뿐만 아니라 창조를 향하여 하나님께 계속하여 감사를 드려 온 것이다. 불행하게도 이것은 서방교회에서 사라지고, 하나님의 창조 역사는 성만찬 기도에서 거의 언급되지 않았다.

서구 문화가 자연을 향하여 자원을 개발하면서 정복적인 자세를 가지고 어떻게 발전되어 왔는지를 숙고해 보는 것이 필요하다. 뒤늦게 새로운 예전은 이러한 공백을 완전히 메워 주고 있다. 다시 성만찬은, 모든 환경적 결정은 그리스도인들이 하나님의 창조물로 인식하는 우주에서 행동할 때 반드시 염두에 두어야 할 도덕적 이슈임을 기억할 수 있도록 도와줄 수 있게 되었다.

사회 정의 수립

성만찬은 사회 정의를 위한 교회의 헌신에 있어서 가장 중심적인 활동이다. 그것은 선교의 자원으로 작용하며, 세상 안에 공의를 요청함에 있어서 증인으로 작용하게 된다. 그러나 그것은 우리가 행동하는 유일한 근원은 아니다. 모든 그리스도인들은 우리가 어떻게 사회 정의 수립을 위해 헌신하든지 간에 우리가 얻으려고 애쓰는 실제에 미치지 못한다. 우리의 부족함은 화해의 성례전을 필요로 한다. 화해를 이루시는 하나님의 역사만이 성례전으로 하여금 지속적인 갱신을 위한 근원이 되게 된다. 그 안에서 우리의 부족함을 극복할 가능성을 경험하게 되며, 다른 사람도 유사한 상황 가운데 있음을 알게 된다.

우리는 완전치 못한 세상에 살고 있고 여전히 죄악의 지배 하에 놓여 있으므로, 우리의 잘못에 직면할 수 있어야 한다.

분명 하나님의 나라는 아직 여기에 이루어지지 않았고, 우리는 민족, 지역 공동체 그리고 교회의 죄에 대해 관여하고 있다. 이와 같이 우리는 가끔 통제할 수 없는 구조적 죄악의 올무에 걸려 있는 우리 자신을 발견하게 된다. 우리가 옳지 않다고 생각하는 전쟁을 위해 세금을 내야 할 구조에 속박되어 있는 자신을 발견하게 된다. 혹은 눈에 띄게 인종 차별 정책을 펼치는 정당을 위해서 일할 수도 있고, 가난한 사람들을 착취하여 이득을 챙기는 사업에 관여하도록 강요를 받기도 하는 구조 속에 놓여 있다. 각 경우에서 우리는 개인적인 삶에서 뿐만 아니라 사회적 구조 가운데서 죄악의 지배 하에 살아간다. 의롭게 살기를 추구하지만 우리가 살고 있는 사회 때문에 죄책감으로부터 벗어나기가 어렵다. 우리가 이미 지적한 대로 교회는 성례를 행할 때 오히려 이러한 불의한 사회적 구조들을 강화하는 경우도 있음을 발견하게 된다.

화해와 사회 정의

화해는 하나님께서 우리를 비난하시는 것이 아니라 용서하신다는 사실을 상기시켜 준다. 우리의 양심을 고찰함으로써 죄악의 구조에 참여하고, 개인적으로도 정의롭지 못하게 행동한 것을 깨닫게 된다. 참회의 고백을 통해 우리의 죄와 악을 극복하는 데 무능하여 좌절하였음을 분명하게 시인하게 된다. 그리고 하나님의 용서의 말씀을 통하여 그러한 죄악의 짐으로부터 자유롭게 되며, 죄악과의 전투의 최선봉에 설 수 있게 된다. 화해는 죄책감으로부터 벗어나 자유롭게 살 수 있도록 해방시켜 주는 하나님의 용서의 말씀이다. 그것이 절망을 극복하고 하나님의 용서를 경험하는 방법이다. 그러한 용서를 통한 안도감 없이, 그리고 궁극적으로 모든 것이 우리에게 달려 있지 않고 하나님께

달렸다는 계속적인 용서에 대한 확신 없이는 우리는 포기할 수밖에 없을 것이다. 이와 같이 죄를 용서받고 하나님과 화해하는 것은 우리에게 안식을 가져다주며 영적 싸움에 대해 염려하는 그리스도인들을 견고하게 세워 주게 된다.

우리는 성만찬과 함께 화해를 위한 우리의 필요를 견고케 할 수 있다. 거룩한 성인과 같은 삶을 사는 사람이나 죄인으로 사는 사람이나 동일하게 하나님의 이름으로 들려주시는 용서의 말씀을 들을 필요가 있다. 화해는 그리스도인의 지속성을 개발하는 데 있어서 필수적이다. 그것이 없이는 우리는 짧은 기간 싸울 수 있는 사람으로밖에 설 수 없고, 결국 실망 가운데서 물러날 수밖에 없게 된다. 그러나 지속적으로 주어진 화해로 인해 우리는 일생을 계속할 수 있는 지속성을 가질 수 있게 된다.

성례전은 우리의 삶에서와 우리가 살고 있는 이 세상 가운데 공의를 실현하기 위한 교회의 캠페인에 있어서 필수적인 부분이다. 성례전을 통해 교회는 우리가 살고 있는 사회에 대해 진정으로 정의로운 모델이 될 수 있다. 그때 교회와 사회는 함께 모두를 위한 정의에 기초한 하나님 나라를 기대하게 된다. 그러나 교회 안에서조차 성례전에 있어서 모호성이 있고, 성례전 자체가 그들에게 주어지는 학대로부터 자신을 보호할 능력도 없는 사람들의 집단을 억압하는 수단으로 오용될 수 있는 지속적인 위험을 안고 있다. 그러므로 교회는 지속적으로 자기 점검을 필요로 한다. 교회 안에서의 정의를 수립한 교회만이 사회 정의를 위해 일할 수 있는 자격을 갖출 수 있게 된다.

하나님으로부터 받은 동등성을 경험할 수 있을 때 그리스도인들은 정의로운 사회 구조를 위해 일할 수 있는 선한 뜻을 가진 사람으로 나아갈 수 있다. 성례전에서 받은 것 때문에 그리스도인들은 다른 사람을 위한 정의를 추구하는 데 자신을 드릴 수 있게 된다.

성례전이 공동체의 삶과 세상을 향한 사명을
수행함에 있어서 풍성한 힘의 출처가 된 이래,
성례전 실행을 자세히 음미하는 것은 절대적으로 필요하게 되었다.
그것은 어떻게 하면 성례전이
가장 효과적으로 사용될 수 있을지를 음미하는 것이다.

6장
성례전 실행의 개혁

그리스도인의 광대한 힘의 원천

성례전은 그리스도의 몸을 세우고 지탱하는 데 있어서 광대한 힘의 원천이다. 성례전을 통하여 그리스도인들은 자신을 믿음과 사랑 가운데 세우며, 마음과 몸의 치유를 경험하고, 방황을 극복하게 되며, 다른 사람을 섬길 수 있도록 자신을 준비하게 된다. 믿음의 공동체는 다양한 방식을 통해 성례전 가운데서 하나님께서 자기 자신을 주셨음을 경험하게 된다. 이것은 공동체의 일원들로 하여금 그들이 경험한 하나님의 사랑 때문에 자기 자신을 다른 사람에게 줄 수 있도록 도와준다.

기독교 목회의 모든 유형은 그것이 일반적으로 평신도들에 의해 행해지는 것이든, 안수 받은 목회자들에 의해 행해지는 대표적인 것이든 간에, 그리스도인들은 그들이 받은 것을 토대로 사역한다는 사실에 기초한다. 냉수 한 잔이든, 다른 사람을 상담하고 권면하는 것이든, 예배 공동체 안에서 들을 수 있고 볼 수 있도록 해주는 사랑에 기초한다. 이러한 사랑의 행동들은 본질적으로 그 출처에 있어서 공동적(communal)이다. 그것이 멀리 떨어진 고속도로에서 일어나는 것이든, 개인 사무실이나 집에서 행해지는 것이라 할지라도 동일하게 공동적이다. 그리스도인들은 그것을 공동적으로 받은 것이기 때문에 그러한 경우에 개인적으로 자신을 줄 수 있게 된다.

성례전이 공동체의 삶에서와 세상을 향한 그 사명을 수행함에 있어서 풍성한 힘의 출처가 된 이래, 성례전 실행을 자세히 음미하는 것은 절대적으로 필요하다. 즉 그것은 어떻게 하면 성례전이 가장 효과적으로 사용될 수 있을 것인가를 음미하는 것이다. 이것은 그리스도인의 믿음의 빛 안에서, 그리고 인간적인 지식의 차원에서 성례전 실행에 대한 지속적인 재점검을 필요로 한다. 오늘날 그러한 관심은 로마 가톨릭 교회와 개신교회에서 성례전을 실행함에 있어 주요한 개혁을 가져오고 있다. 로마 가톨릭 교회에서는 제 2 바티칸 공의회로부터 시작된 개혁이 공개적으로 일어나고 있으며, 공적인 여론조사에 의하면 평신도들 대다수가 긍정적으로 그것을 받아들이고 있다. 이러한 개혁은 성공회, 루터교, 그리고 다른 개신교단에서도 광범위하게 일어나고 있다. 그러나 종종 그것은 어떻게 진행될 것인지 예고할 수 없이 계속되고 있다.

이제 우리는 이러한 개혁이 어떻게 인식되고 있으며 어떠한 기초 가운데 이행되고 있는지를 살펴보려고 한다. 그때 우리는 성례전 실행의 가장 효과적인 형태의 핵심적인 요소들이 무엇인지를 논의할 수 있게 된다. 우리는 성례전에 대해 살펴본 것을 통해 우리가 배운 것들을 적용하여, 어떻게 하면 성례전을 가장 효과적으로 실행할 수 있을 것인지에 대해 비판적으로 숙고하려고 한다.

I

그리스도인의 제사장 사역

세례를 통하여 모든 그리스도인들은 서로를 돌보는 일에 헌신하게 된다. 우리의 몸과 같은 교회는 어떤 교인이든지 그들의 행복한 믿음 생활을 위해 누구도 소홀히 할 수 없다. "눈이 손더러 내가 너를 쓸데 없다 하거나 또한 머리가 발더러 내가 너를 쓸데없다 하거나 하지 못하리라."(고전 12:21) 은사의 관점에서 보면 서로 다른 방식으로 사역하지만, 교회의 구성원들은 모두 각자 다른 사람의 건강을 보증하고 세우는 사역을 한다.

모든 그리스도인들은 세례를 통하여 하나님의 사랑을 다른 사람에게 중재하는 그리스도의 제사장 사역을 감당하도록 세움 받은 사람들이다. 모든 세례 받은 교인들은 안수 받은 목회자들과 함께 감당해야 할 일반적인 사역을 가지는데, 이것은 성례전 사역을 포함한다. 어떤 역할은 안수 받은 목회자들이 감당하는 것으로 정해져 있지만, 모든 성례전은 그리스도인들이 서로를 향한 사역에 적극적으로 참여할 것을 요청한다. 평신도 없이 행해지는 성례전은 일반적인 것이 아니라 이례적인 것이다. 세례식이나 결혼식과 같은 어떤 성례전은 성직자가 없이 행해지기도 한다. 세례 받은 사람들에 의해 행해지는 사역은 모든 성례전이 행해지는 컨텍스트가 된다.

개혁자들은 이러한 통찰력과 실행을 회복하고 싶어 했다. 비록 성례전을 집례하는 것은 안수 받은 목회자에 깊이 의존하면서도 때때로 루터는 성례전 실행에 있어서 성직자가 없어도 되는 것처럼 여기는 경향을 보이고는 했다. '만인 제사장론'은 비록 그것이 실제로 이루어지지는 않았지만 그가 즐겨 사용했던 종교개혁을 위한 중요한 슬로건이었다. 이 용어는 자주 평신도의 위치를 높이는 데 사용되기보다는 성직존중주의를 공격하고 깎아내리는 용도로 사용되었다. 그러나 그것은 모든 그리스도인이 그리스도의 이름으로 서로를 향해 제사장이 되어야 할 필요성을 증언하려는 강한 노력이었다.

여전히 그리스도인들은 만인 제사장론의 개념이 주는 영향력에 대해 온전히 깨닫는 것 같지 않다. 이러한 영역에 있어 최근 중요한 진보는 제 2 바티칸 공의회 이후 로마 가톨릭 진영에서 일고 있다. '성인을 위한 입교 예식'에서 평신도의 역할은 필수적이다. 개인적 후원자뿐만 아니라 전체 믿음의 공동체의 사역을 통하여 새로운 그리스도인은 능동적으로 선발되고, 성만찬을 위한 특별한 사역자로 훈련된다. 그들은 미사에서 성만찬을 보조할 수 있을 뿐만 아니라 환자와 집안에 몸져누운 교인들에게 성만찬을 가져가는 일과 같은 매일의 사역에 참여하게 된다. 이러한 방식으로 그들은 교구 목회를 큰 폭으로 확대해 간다.

모든 그리스도인들은 병든 교인들과 사고로 다친 환자들을 방문하고 기도할 목회적 책임을 가지고 있다. 또한 기뻐하는 자들과 함께 기뻐할 책임도 가졌다. 평신도들 역시 그리스도인을 세우는 세례와 약혼, 결혼, 혹은 슬픔을 당한 가정을 돌보는 일 등과 관련하여 그들을 돕는 사역을 함께 감당해야 한다. 다양한 평신도의 사역 없이 세례, 결혼, 기독교 장례를 행하기는 어렵다. 유아세례자들에게 대부모(Godparents)가 되고 후원자가 된 사람들은 전체 회중을 대표하는 사람들이다. 결혼식을 돕는 사람들은 공동체 안에서 후원자 그룹이 된다. 상을 당해 가족을 잃은 슬픔에 잠긴 가정에 음식을 가져오는 친구들의 행동은 믿음의 공동체가 폭넓게 그들을 돌보고 있다는 상징적인 행동이 된다.

특별한 사역을 위한 구별

성례전을 기획하고, 준비하고, 실행하는 책임은 대부분의 교회에서는 안수 받은 사역자에게 위임된 사역이다. 그러한 사역은 일반적 사역에 달려 있고, 그것에 의해서 보충된다. 성례전의 실행은 교단에 따라 다양한 형태를 가진다. 그러나 일반적으로 대표적인 사역은 사역자들이 주요한 책임을 가지는데, 그들은 동역자와 계승자를 세우는 일이나, 성만찬에서 대감사의 기도를 통하여 믿음의 공동체를 함께 모아야 하는 책임을 가진다. 어떤 교회는 화해의 성례전에서 용서의 선언이나 입교나 세례식에서 손을 얹어 안수하는 것을 목회자들에게만 제한하는 것을 본다. 이와 같이 대부분의 교회는 특별한 경우를 제외하고는 안수 받은 성직자만이 성례전을 집례할 수 있도록 제한하고 있다.

여기에는 다양한 이유가 있다. 가장 널리 받아들여지고 있는 이유로는, 성경이 "모든 것을 적당하게 하고, 질서대로 하라"(고전 14:40)고 명령하고 있기 때문이다. 역할에 대해 널리 받아들여지고 있는 공통적인 사항은 예배에는 질서가 필요하다는 점이다. 두 번째 이유는 그것이 모두에게 적용될 수 있는 것이기를 바라지만, 성직자들은 예배를 인도하는 데 있어서 훈련되어 있고, 예배에 대해 보다 전문적인 능력을 가지고 있기 때문이다. 안수 받은 목회자는 모든 사람들의 필요에 대해 민감하게 반응할 수 있는 대표적인 역할을 위해 헌신된 사람들이다. 그들은 동시에 전체 교회의 믿음과 삶에 지역교회 공동체를 연결시키는 일에 전력하고 있는 사람들이다. 대부분의 교단은 이러한 점을 안수 받은 성직자들이 대부분의 성례전을 집례하도록 위임하고 있는 충분한 이유로 간주한다.

'목사'라는 용어는 그리스도인들의 공동의 상황에서 리더십 역할을 함축하는 용어이다. 실로 '목사'라는 용어는 '목자'라는 의미를 가졌는데, 이것은 '양 무리'라는 의미를 가진 '회중'(cum gege)이라는 관련된 단어를 떠나서는 이해하기 어려운 단어다. 목자와 양 무리 사이의 성숙의 관계성은 아주 중요하다. 반대로 회중들이 없이 '목사' 혹은 '목회적'(pastoral)이라는 용어를 사용하는 것은 이 용어가 가진 본래적 의미에 역행하는 것이다.

목사와 그의 회중들과의 관계성의 중심에는 말씀과 성만찬의 사역이 있다. 이러한 책임성은 기본적으로 예배하는 회중들 한가운데서 목사에 의해 수행되는 상호 공동적인 기능이다. 목회적 돌봄은 회중들과 상대적으로 거리가 가까운 사무실 책상이나 병원 침대 위에서보다는, 강단에서와 성만찬 가운데서 사람들로부터 더 멀리 서서 사역이 이루어진다. 개인에 대한 상담은 목회 사역의 지극히 중요한 부분을 차지한다. 그러나 그 사역은 말씀과 성만찬을 통해 모인 회중들의 상황 가운데서 일어난다. 예배하는 회중들은 목회적 돌봄이 행해진 상황 가운데 서 있다. 그러므로 공예배를 인도하는 예배 리더십은 예배의 목회적 특성과 깊은 관련이 있는데, 이러한 역할은 목회 사역의 중심이 된다.

목회적 돌봄과 성직 존중주의

지난 15세기 동안 교회는 성례전을 통해 목회적 돌봄의 대부분을 행해 왔다. 사람을 돕는 중심적인 수단은 어려움 가운데 있는 사람들이나 인생 여정의 위기 상황 가운데 있는 사람들을 견고하게 세우고, 화해와 치유의 사역을 견고하게 감당하는 회중들과 목회자의 사역을 통해서였다. 조셉 정만(Josef Jungmann)은 다음과 같이 기록하고 있다. "여러 세기 동안 역동적으로 진행되는 예배야말로 목회적 돌봄의 가장 중요한 형태이다."[99]

교회는 성례전적인 시스템을 통해 수많은 그리스도인들에게 출생에서 죽음까지 목회적 돌봄을 제공하며, 사람들이 그들의 믿음의 공동체를 통해 도움을 받고 또 나눌 수 있도록 도와준다. 불행하게도 중세 후기에는 성례전적 시스템이 너무 성직자 중심으로 되어 있었고, 그러한 현상은 서구 교회가 거의 비슷했다. 성례전이 가진 힘은 성직자만이 가질 수 있는 것으로 생각하는 독점적인 특성을 지니고 있었다. 이러한 성례전의 힘은 초기 교회가 다양한 목회를 통해 사용했던 다양한 예배서들 가운데 생생하게 드러나고 있다. 이것은 점차적으로 성직자와 수도원의 수도사들만 독점적으로 사용할 수 있는 한 권의 책으로

---

[99] Josef Jungmann, *Pastoral Liturgy* (London: Challoner, 1963), 380.

흡수되었다. 즉, 미사 전서(missal), 일과 기도서(breviary), 주교 전례서(pontifical), 그리고 의식서(ritual) 등이 그것이다.

종교개혁은 교회론을 바탕으로 이러한 성례전적 시스템에 도전하면서 이러한 성직존중주의를 거부하였다. 성례전의 '바벨론 유수'(captivity)의 많은 부분은 과도한 성직존중주의로부터 나왔으며, 그것에 의해 지지를 받아 왔다. 이러한 바벨론 유수는 루터가 그 문제점을 지적하였는데, 특히 잔을 오직 성직자에게만 제한한 것, 성만찬 이해에 있어 화체론 주장, 성만찬을 희생제사의 재연으로 왜곡되게 이해한 것 등을 강하게 거부하였다. 개혁자들은 성례전에 있어서 성직자들의 중심적 역할을 부정한 것이 아니라, 성직자들에게 국한시키는 그러한 기능들을 전체 그리스도인 공동체의 상황 가운데 두려고 했다. 루터는 만약 그리스도인들 몇 명이 성직자 없이 무인도에 고립되게 되었다면 성례전은 전적으로 평신도가 집례할 수 있다고 보았다. 성례전은 전체 공동체가 공유하는 책임이었다. 이것은 19세기 미국의 개척 시대에 그리스도 제자회(the Disciple of Christ) 교단에서 받아들여졌던 생각이었다. 그 교단에서는 성만찬 기도도 평신도가 감당하는 부분이었다.

성례전을 보다 적절한 교회론적인 구조 속에 두려고 했던 종교개혁의 노력에서도 상실한 것들이 있었다. 그러한 과정에서 성례전적 시스템은 흩어져 버렸다. 하나님 앞에 바른 양심을 가지려는 상징 행동으로 화해는 실제적으로 포기되었고, 보다 참회적인 차원이 강조되면서 성만찬을 참회의 차원에 접목시켰다. 분명히 목회 현장에서는 계속적으로 필요하고, 인간적 필요성도 사라지지 않고 있음에도 불구하고, 치유의 성례전은 이미 심각하게 그 가치가 저하되기도

했고, 교회에서는 이미 치유의 성례전은 그만두게 되었다. 개혁교회와 자유교회 전통에서는 장례식이 생략되거나 세속화되었다. 결혼식과 성직 수임식은 별로 중요하지 않은 것으로 바뀌어서 겨우 보존되고 있을 뿐이다.

그러한 결과, 성례전 예배가 로마 가톨릭 교회에서는 가장 중심적인 위치에 놓여 있지만 개신교 예배에서는 주변적인 것으로 움츠러들게 되었다. 분명 그것은 루터나 칼빈, 크랜머 혹은 웨슬리가 기대하거나 바랐던 것이 아니었다. 성례전적 시스템을 성직자 중심으로 진행하지 않도록 하는 것은 성례전 자체의 위치를 완전히 바꾸어 놓는 결과를 가져오게 되었다.

오늘날 우리는 미국의 개신교회에서 말씀과 성만찬의 새로운 개혁이 잘 진행되고 있는 것을 보게 된다. 이제는 성직존중주의가 더 이상 문제가 되고 있지 않다. 로마 가톨릭 교회 자체도 그러한 문제점으로부터 많이 벗어난 상태다. 예배에 대한 외면과 무관심은 중심적인 걸림돌이 되고 있다. 개신교 예배 안에 새로운 개혁이 일어나고 있는데, 말씀과 성만찬의 균형을 회복하려는 움직임들이 일어나고 있다. 성서일과 도입이 널리 받아들여지고 있고, 강해설교로 복귀하는 움직임들은 예배에서 하나님의 말씀을 봉독하고 설교하는 일의 중심성을 강조하면서 분명한 회복을 보여주고 있다. 성만찬을 보다 더 자주 행하려는 움직임도 기독교 예배가 가지는 성만찬의 차원을 다시 회복하고 있는 좋은 예라고 할 수 있다. 세례를 시행하는 정책에서도 보다 상세한 돌봄과 실행이 진행되고 있다. 목회적 돌봄의 기초로서의 다른 성례전에 대한 중요성을 새롭게 인식하면서 관심을 갖게 된 것도 분명한 사실로 나타나고 있다. 미래 세대들이 우리 시대의 예배에 있어서 어떤 점을 변화시켜 가면서 어떤 용어를 사용할 것인지 우리가 미리 예견할 수는 없다. 즉, 개혁(reformation), 재형성(reshaping), 재구성(re-formation), 갱신(renewal), 새로운 활력을 불어 넣는 것(revitalization), 혹은 회복(recovery)이라는 타이틀이 사용될 가능성이 있다. 변화는 이러한 모든 것을 반영한다.

II

효과적 집례를 위해

교회는 성례전을 온전케 하기 위해서는 효과적인 가이드라인이 필요하다는 사실을 오랫동안 인식해 왔다. 인간의 사회활동을 통해 우리는 효과적인 절차가 중요하다는 사실을 알고 있다. 어떤 절차를 위한 규칙은 그 비즈니스의 모임을 촉진한다. 법원에서도 정의를 수립하기 위해서 정해진 관습을 따른다. 교회에서 성례전의 집례를 위한 책임을 위임받은 사람들은 어떤 합의된 기준을 기초로 하여 섬길 이러한 힘을 사용하게 된다. 소위 세례는 반복해서 받지 않는다. 세례를 위해서는 물을 사용한다. 이러한 합의된 실행의 대부분은 오랜 경험의 축적에 의한 것이다. 목회자는 성례전을 어떻게 하면 효과적으로 할 수 있을 것인가를 발견하려고 새롭게 시작하지 않는다. 오히려 교회가 어떻게 하는 것이 가장 좋은 것인지 발견한 축적된 경험을 기초로 하여 시작한다.

  성례전을 실행할 책임이 있는 사람은 그것을 어떻게 하면 가장 잘 사용할 수 있는지를 훈련 받아야 한다. 제한적인 내용을 벗어나서 그러한 훈련은 그들을 자유롭게 만들어 준다. 예술가들은 그들이 창조적이 되기 위해서는 먼저 훈련을 통해서 그 자료에 대해서 전문가가 될 필요가 있음을 안다. 불에 그것을 구웠을 때 진흙이 가지고 있는 특성에 대해서 완전히 친숙하게 되기까지는 아무도 도자기에 대한 창조적인 예술가가 될 준비가 되지 않은 것이다. 훈련은 자유를 제한하면서 가장 창조적으로 사용할 수 있도록 만들어 준다. 성례전도 훈련되지 않게 사용하게 되면 혼란 가운데 빠지게 되고, 다른 목회의 내용들도 하찮게 여기게 만들 수 있다.

  이것은 주석 설교에서도 마찬가지다. 설교자들은 가장 효과적인 주석 설교를 행하기 위해 어떤 습관을 몸에 밸 정도로 훈련할 필요가 있다. 설교자는 본문을 읽으면서 떠오르는 어떤 자신의 생각이나 주제에 집중하기 보다는 전체 본문에 집중하여 듣는 훈련을 필요로 한다. 혹자는 본문의 단락이 말하는 실제적으로 말씀하는 바를 구분하기 위해 가능한 모든 언어적인 도구를 사용한다. 바른 설교자는 이러한 작업이 바른 것인지를 확인하기 위해, 그리고 학자들이 본문을 어떻게 다루고 있는지를 살펴보기 위해 주석이나 다른 책들을 활용하기도 한다. 이것은 설교자에게만 국한된 것이 아니라 그 설교를 듣는 모든 사람을 위하여 그 설교자의 준비를 가장 효과적이게 도와준다.

  성례전을 잘못 행하는 것은 다른 목회자의 사역에도 해가 될 수 있는 위험이 언제나 존재한다. 만약 누가 어떤 상황 가운데서 결혼 예식을 집례하면서 교단이 제시하는 기준을 따라 행하지 않는다면 그것을 정직하게 따라 행하는 목회자에게는 누가 될 것이다. 세례의 엄격한 기준을 따라 행하는 목회자는 그것을 느슨하게 따라 행하는 이웃 교회 목회자 때문에 오히려 어려움을 겪게 될 것이다. 공통적으로 받아들여질 수 있는 기준에 따라 성례전을 집례할 수 있는 훈련을 하는 것은 안수 받은 사역자가 감당하는 목회 사역 중 동료와의 협력관계에서도 필요한 일이다.

어떤 목회자들은 언제나 사람들이 요청하는 것에 대해 아니라고 대답하기를 망설이는 사람이 있다. 이것은 판단 받는 것에 대한 두려움으로부터 자유로울 수는 있을지 모른다. 그러나 목회자들이 사람들을 목회적으로 돌보는 가장 좋은 수단 가운데 하나는 잘못된 것으로부터 옳은 것이 무엇인지를 명확하게 구분할 수 있도록 도와주는 것이다. 분명하고 주도면밀한 기준 없이는 누구도 바른 윤리적이고 성례전적인 판단을 내릴 수는 없을 것이다. 교회가 늘 모든 사람이 원하는 바를 다 들어주면서 잘 섬길 수는 없다. T. S. 엘리엇은 교회가 부드러워야 할 때는 엄격했고, 엄격해야 할 때는 부드러웠던 때가 있었음을 우리에게 상기시킨다. 교회가 견고하게 서야 할 때, 융통성이 있어야 할 때가 언제인지를 아는 것은 어떤 기준을 명확히 알고 그것을 정확하게 사용할 수 있을 때 가능해진다.

규범과 자유로움

규범은 운전자를 위한 자동차 매뉴얼과 같은 것이다. 그것은 어떤 결정이 필요할 때 거기에 대해 정확하게 판단하고 결정을 내릴 수 있도록 도와준다. 운전자의 매뉴얼을 법률적인 자료로만 생각할 사람은 아무도 없다. 그럼에도 불구하고 큰 위험을 무릅쓰고 그것을 무시해버리는 경우가 허다하다. 그래서 "모든 방법을 다 사용해 보아도 안 될 때는 매뉴얼의 지침을 읽어보세요!"라고 농담을 하기도 한다. 그러나 우리가 그것을 먼저 읽어본다면 많은 문제를 피해갈 수 있다는 것을 우리는 잘 알고 있다. 자동차는 매뉴얼의 지침이 일러주는 방식대로 한다면 문제없이 오래 사용할 수 있으며, 아주 잘 달리게 된다. 성례전도 오랫동안 인정된 규범(norms)을 따라 집례하게 될 때 가장 잘 집례할 수 있다.

인간 삶의 복잡성은 종종 목회자로 하여금 어떻게 하면 성례전을 통해 개인들과 공동체를 가장 잘 섬길 수 있을지 결정할 필요를 느끼게 한다. 그러한 경우에 특별한 판단을 완벽히 내릴 수는 없다. 어떤 결혼식에서 성만찬을 갖는 것이 좋은지, 그렇지 않은지에 대해 어떻게 결정을 내릴 수 있겠는가? 어떤 사람이 세례를 받기에 준비가 잘 되었는지, 그렇지 않은지를 어떻게 결정을 내릴 수 있을 것인가? 공 예배에서 화해의 순서를 가질 것인가, 아닌가를 어떻게 결정할 것인가? 규범들은 이러한 질문에 대해서 해답을 제시하지는 않는다. 그러나 그것은 자신의 지혜에만 의지하게 하지 않고, 보다 정확한 정보에 의거하여 판단할 수 있도록 도와줄 것이다. 이와 같이 규범은 무엇을 결정하는 데 있어서 유용한 자산이 된다.

과거에 로마 가톨릭 교회는 교회 법규집(canon)에 명시된 규범적인 조항들을 절대적인 것으로 취급하였다. 법규집의 규정을 따라서 미사를 집례하는 것이 가장 안전한 방법이었다. 제2바티칸 공의회 이후에는 지역 교구의 사제들이 그곳의 형편에 따라 결정을 내릴 수 있도록 다양한 선택사항을 제시하면서, 예배에 대한 합법적이고 교회법적인 접근을 보다 수월하게 하였다. 이제 신학교에서 예배학 과목은 단지 예배 규정에 의거하여 가르쳐야 하는 과목으로 제시되지 않는다. 물론 목회자들이 어떤 결정을 하기가 어려운 사항들에 대해서 참고할 수 있는 예배에 대한 규범들이 여전히 제시되고 있다. 무미건조한 규정에 얽매이게 했던 주장은 한때 로마 가톨릭 미사에 있어서 가장 주요한 불행의 이유였다. 그러나 그러한 문제는 이제 대부분 과거가 되었고, 민감하고 창조적인 결정은 일반적인 규범을 기초로 하여 지역별로 그 실정에 맞게 결정을 내릴 수 있게 되었다.

많은 개신교 교단에서는 너무 예배 규정에 얽매여있어 문제가 되고 있는 로마 가톨릭 교회와 그 상황이 정반대이다. 상황은 마치 이스라엘 역사에서 혼돈의 시대 가운데 서 있는 것과 비슷하다. "그때에 이스라엘에 왕이 없으므로 사람이 각각 그 소견에 옳은 대로 행하였더라." (삿 22:25). 그러한 무질서 상태는 19세기 실용주의 정신에 영향을 받아 역사적, 신학적 기준보다는 무엇이 효과적이고 효율적인가를 더 선호했던 미국의 개신교에 의해 크게 증강되었다. 목회자들은 왜 그렇게 해야 하는지에 대한 질문을 제기하기보다는 무엇이 효율적으로 보이는가에 대한 관심을 가지고 단순히 행하였다. 역으로 어떤 목회자들은 효율적이지 않은 이유가 되지 않는 것조차도 목회 현장에 효율적이 아니라고 생각하는 것은 무엇이든지 내던져 버리고는 했다. 자유교회 예배 전통은 점점 예배에 대해서 그들이 가지는 자유를 예배 순서를 결정하는데 있어서, 하나님의 말씀에 순종하여 자유롭게 되는 본래적인 의미보다는 자신들이 선호하는 것을 따라 예배 순서를 자유롭게 결정하는 쪽으로 해석하려고 하였다. 그러한 생각을 가지고 있는 사람들에게는 "당연히 주어져야 할" 것들에 대해 자신들의 생각이나 편의에 따라 쉽게 내던져 버리게 되었다.

성례전 실행의 개혁을 위한 규범들도 이제 변화를 위해 주어져야 한다. 삶의 변화가 주어지는 관점에서 성례전 실행의 의미에도 변화가 이루어져야 한다. 20세기 초반 뉴욕 주 로체스터의 한 장로교 목사에 의해 시작되어 소형 개인용 성만찬 잔을 사용하게 된 것은 큰 발전을 이룬 것으로 간주된다. 성례전 실행에 있어서 다른 변화는 신학적 이유 때문에 주어지는데, 제 2 바티칸 공의회 이후 로마 가톨릭 교회의 교인들을 위한 성만찬 실행에 변화가 주어진다. 우리가 사용하는 규범이 무엇이든지간에 그것은 역동적인 것이 되어야 하고 신학적 이해와 문화적 패턴을 반영할 수 있는 것이어야 한다.

고려해야 할 세 가지 차원

성례전 실행에 있어서 개혁할 부분을 제시할 때 세 가지의 일반적 규범들을 고려할 필요가 있다. 일반적 규범들은 목회적(pastoral), 신학적(theological), 역사적(historical) 관점을 다룬다.[100] 각 영역에서 주어지는 문제는 실행(action)을 위한 모든 결단에 영향을 미친다. 만약 이러한 영역에서 어떤 심각한 난제에 직면한다면 어떤 방향으로 그것을 해결하려고 하기 전에 그것을 깊이 숙고해야 하는 시간이다. 그래서 이 세 영역을 삼각형으로 만들어 각 영역을 위한 점검 사항을 만들어 보는 것도 고려해 볼 수 있다. 목회적, 신학적, 역사적 영역의 점검 사항에서 모든 것을 확인했다면 실행하는 과정은 만족할 만한 것이

---

[100] 이러한 내용을 보다 온전하게 다룬 자료를 위해서는 본인의 책, *New Forms of Worship* (Nashville: Abingdon Press, 1971), 1-3장을 보라.

될 것이다. 만약 그렇게 확인이 되었다면, 그때에 진행하는 것은 별다른 문제가 없이 실행의 자유를 누릴 수 있을 것이다. 그러나 세 영역의 한 부분이 불완전하다면 그때 성례전의 실행은 다시 점검되어야 할 것이다.

목회적 규범

먼저 성례전 실행에 있어서 고려되어야 할 목회적 규범은 언제나 "예배가 특정 시간, 특정 장소에 있는 사람들의 필요성에 적합하게 구성되어야 한다"는 점이다. 목회자는 교인들에게 친숙한 방식을 고려해야 한다. 그래서 그들이 어떻게 실행되는 예배의 부분들을 이해하는지에 민감해야 한다. 그것은 사람들을 알아야 한다는 의미뿐만 아니라, 그들이 편하게 느끼는 문화적 표현을 받아들여야 하고 존중해야 한다는 것이다. 예를 들면, 그들의 음악적 취향은 더 이상 생각할 필요도 없이 무조건 "개선되어야 할" 것은 아니다. 무엇보다도 목회자는 자신의 교인들을 있는 그대로 사랑하도록 부름 받았다.

이것은 대학교육을 받은 목회자가 종종 자기도 모르게 성직자의 문화를 개발해 왔기 때문에 그것은 그렇게 생각만큼 쉬운 것은 아니다. 또한 목회자들이 자신의 교인들을 잘 아는 것은 언제나 가능하지만 그들의 문화를 인정하는 것은 쉬운 일은 아니다. 다만 목회자가 교인들이 있는 그대로 사랑하고, 그들의 문화를 자신의 것에 맞추게 하고 싶은 유혹만 벗어날 수 있다면 그것은 가능해진다. 미학적으로 이것은 마치 아무 것이나 다 수용될 수 있는 것처럼 느껴지는 순전한 실리주의(philistinism)로 느껴질 수도 있을 것이다. 그러나 어떤 문화에도 구별을 위한 기준은 있다. 예를 들어, 사람들이 어떤 음악적 성취 수준에서 노래하고, 또 그렇게 할 수 있는 것에는 다양성이 있다.

결정을 내리는 데 있어서 목회적 차원은 인간의 과학적 통찰을 포함한다. 여기에서 미학이 매우 중요할 뿐만 아니라 사회학, 문화 인류학, 커뮤니케이션 이론, 그리고 발달 심리학 등의 발견이 중요하다. 우리의 관심은 특별한 공동체의 일원들이 그들을 위해 궁극적으로 실제적인 것을 어떻게 표현하고 인식하는지에 대한 것이다. 이것을 이해하기 위해 우리는 인간 과학의 통찰력을 필요로 한다.[101]

이 지점에서 우리는 성례전 실행의 질(quality)에 대해 직접적으로 관심을 기울여야 한다. 성례전이 가진 힘이 하나님의 자기 주심을 보여주는 능력에 있다면 그때 최대로 커뮤니케이션의 차원을 성취할 수 있도록 집례되는 것은 필수적인 요소이다. 우리가 성례전 실행의 질에 대해 논의할 때 사람들마다 각기 차이가 있고, 그들의 인식하는 방식도 아주 다양하다는 점을 인식하게 된다. 우리가 브롱스(역주-뉴욕 시 북쪽의 한 도시) 남쪽에서 의사소통을 하는 것과 몇 십 마일 떨어진 파크 아베뉴(Park Avenue; 역주-뉴욕 시 중심 번화가로 유행의 중심지)에서 의사소통한 것은 상당히 다를 수밖에 없다. 개혁을 위한 목회적 규범은 상황에 따라 그 질이 달라질 수밖에 없다. 그러한 상황에 따른 질은 주어진 상황에서 가장 효과적인 것이 무엇인지를 결정하는데 필수적인 요소가 된다.

---

101) Geroge S. Worgul, Jr. *From Magic to Metaphor* (New York: Paulist Press, 1980), 47-120쪽을 참조하라.

신학적 규범

성례전 실행을 위한 신학적 규범은 "우리가 행하는 것은 기독교의 신앙을 반영한 것이 되어야 한다"는 점이다. 이것은 기독교 신앙과 갈등을 빚고 있는 어떤 표현의 형태를 새롭게 개발한다는 의미가 아니다. 기독교 내부에는 다양한 교리들이 있을 뿐만 아니라 이것은 성례전 자체에도 적용되고 있다. 우리는 지금 성례전을 어떤 부분적으로 교리를 증명하는 것 정도로 삼자는 이야기가 아니다. 오히려 그것을 기독교의 중심적인 진리를 반영하도록 하자는 것이다. 많은 경우에 그러한 진리들은 주변적인 것이었다기보다는 오히려 논쟁점이 되었던 주제였다.

이 책에서 우리가 활용하는 방법론은 성례전 그 자체로부터 기독교의 신학으로 옮기는 것이다. 성례전의 실행(actions)들은 그리스도인들이 믿는 것이 무엇인지를 알고자 하는 바를 우리에게 아주 많이 말해준다. 이러한 점에서 그리스도인들이 행하는 것은 그리스도인들이 믿는 바를 드러내 주는 표지를 제공해 준다.

물론 그것만으로 충분하지는 않다. 이러한 행동들이 그리스도인들에게 의미하는 것이 무엇인지를 살펴보아야 하며, 그것들을 어떻게 언어로 옮길 수 있을 것인지도 살펴보아야 한다. 우리가 이미 살펴본 대로 신약성경의 기자들은 이러한 문제에 아주 고심했음을 알 수 있으며, 기독교의 역사를 통해 지속적으로 회자되었던 이미지를 제시하고 있다.

조직신학의 발전은 결코 간과될 수 없다. 특히 4세기, 5세기에 삼위일체론과 기독론에 대한 갈등들을 해소한 것은 더욱 그렇다. 현대 성례전 개혁에 있어서 삼위 하나님의 각 위격이 감당하시는 각기 다른 역할을 구분한 것에 대해 인식을 새롭게 한 것은 아주 중요한 일이다. 최근에 구원론, 종말론, 교회론, 그리고 기독교 신앙의 다른 차원들에 대한 탐구는 성례전의 형태에 대한 중요한 역할을 제시한다. 이와 같이 성만찬, 세례, 결혼에 대한 종말론적 차원에 관심이 증폭되고 있다.

궁극적으로 성례전은 하나님께서 이 세상에서 어떻게 역사하시는가에 대한 우리의 이해를 반영한다. 신학적 점검 사항과 관련하여 어떤 숙고하는 행동들이 그리스도인들이 일반적으로 하나님의 역사를 인식하는 방식과 일치하는지에 대한 질문이 제기된다. 만약 일치하지 않는다면, 정말 만약에 그러한 행동들이 하나님의 부재와 무관심을 함축하는 것이라면 점검 사항에서 잘못된 것으로 표시될 수밖에 없다. 그러면 무엇이 적절한 실행인지에 대한 질문을 제기하면서, 기독교 신앙의 중심 부분과 일치하는지에 대해 신학적으로 자세히 살펴보는 것을 피해갈 수는 없다.

역사적 규범과 전통

역사적 규범은 "우리 20세기의 긴 여정을 따라 전 세계에 흩어져 살고 있는 수백만의 그리스도인들의 예배 경험으로부터 독립적으로 결정을 내릴 수는 없다"는 점을 제안해 준다. 성례전 실행에서 그렇게 많은 사람들의 믿음은 무시할 수 없는 아주 중요한 자산이다. 가장 낮은 차원에서 지금까지 행해왔거나 간과해 온 것은 우리 시대에는 실행하기 어려운 것이 무엇인지를 잘 알려준다. 우리가 역사를 잘 알지 못하게 되면 그것을 반복하게 되는 대가를 지불하게 된다. 가령 성만찬에서 주어지는 포도주를 스트로를 통해 마셨던 행동과 같이 오래전에 버렸던 실행을 다시 시행할 필요는 없어 보인다.

그러나 보다 높은 차원에서는 역사를 활용하는 것은 실로 가장 자유롭게 하는 도구이다. 역사는 기독교의 예배 가운데서 무엇이 계속되어 왔는지에 대한 우리의 지식을 확대해 줄 수 있다. 또한 그렇게 계속되어 온 것이 역사 가운데서 어떻게 다양하게 표현되었는지를 우리에게 알려준다. 그러한 시간과 장소의 배열 한 가운데서 항구적인 특성과 관련된 것으로부터 문화적으로 조건 지어질 수 있는 것을 구분할 수 있어야만 한다. 대부분의 문화권에서는 성만찬의 빵과 포도주를 머리 위에 올려놓는 것은 극히 자연스럽지 않은 일이다. 그러나 아프리카의 어떤 문화권에서는 그것이 아주 자연스러운 일이다. 많은 문화권에서는 봉헌의 순서를 함께 가지는 것이 중요한 행동으로 간주되는 것을 도외시할 수는 없다.

역사에 대한 지식은 우리의 문화적 어떤 표현에 사로잡혀 다른 것은 전혀 생각하지 못하는 것으로부터 우리를 자유롭게 할 수 있으며, 우리 여건 속에서 가장 의미 있는 것이 무엇인지 다른 가능성을 고안할 수 있게 해준다. 그러한 지식이 없으면 우리로 하여금 익숙한 것에만 사로잡혀 있게 한다. 그러한 지식과 함께 우리 자신의 한계를 초월할 수 있게 된다. 인간 상황의 계속성은 다양한 사람들에게 의미 있는 많은 것을 우리에게도 가능하게 만들어 준다. 역사는 가장 신실하게 우리의 창조적인 노력을 확대하는데 있어서 무엇이 필수적인지를 구분할 수 있도록 도와준다.

그 위에 기독교의 모든 부분은 다양한 교회의 증언을 필요로 한다. 에큐메니칼 운동은 교파는 이제 더 이상 섬이 아니라는 사실을 가르쳐 준다. 모든 교단, 모든 회중들은 전체 교회가 증언하는 것보다 광의적인 증언을 필요로 한다. "종말로 형제들아 무엇에든지 참되며 무엇에든지 경건하며 무엇에든지 옳으며, 무엇에든지 정결하며, 무엇에든지 사랑할만하며, 무엇에든지 칭찬할만하며, 무슨 덕이 있든지 무슨 기림이 있는지 이것들을 생각하라." (빌 4:8). 이 말씀은 우리 모두가 함께 고백하고 나누어야 할 말씀이다. 오늘날 교단의 전통은 극히 교회론적인 특성을 가지는데 각 교회는 다른 교회로부터 "무엇에든지 정결하며 무엇에든지 사랑할 만하며"와 같은 상태를 인정받을 수 있어야 한다.

이것은 지역 교회의 전통에 사로잡혀 있어야 한다는 뜻이 아니다. 오히려 그 반대 사실을 의미한다. 유아세례를 행하는 교회들은 역으로 그렇지 않는 교회의 경험과 근본적 이유를 깊이 숙고해 볼 필요가 있다. 우주적인 교회는 특정 지역의 교회들의 경험을 통하여 보다 풍요로워질 수 있다. 여기에서 우리가 제안하는 많은 실행들은 이미 널리 경험되는 것도 있다. 가령, 병든 자에게 기름을 바르는 것은 이미 형제단 교회(the Church of the Brethren)에서 행해지고 있는 것이다. 과거와 현재의 역사에 대한 지식은 우리들의 성례전 실행을 개혁하는데 있어서 가장 주요한 자원이 된다.

성례전 개혁 방향 제시

이 장을 마무리하면서 성례전을 기획하고, 준비하고, 행하는데 있어서 35가지의 특별한 개혁 사항을 제안하면서 결론을 내리고자 한다. 미국의 주요 개신교 교회에서 말씀과 성만찬의 개혁으로서 주어지는 현재적 노력에 대해 방향을 제시하려고 하였다. 우리가 제시하는 이러한 개혁은 많은 교단에서 이미 행해지고 있는 것이 아닐 수도 있다. 오히려 일반적인 규범을 바탕으로 하여 현재 마땅히 행해져야 할 것을 제안하려고 했다.

이러한 개혁은 필요한 곳에 변화를 불러일으키기도 하고, 어떤 경우에는 토론의 논점을 제시하려는 수단으로 제시되었다. 우리의 성례전 실행은 계속적으로 재평가되어야 할 필요가 있다. 이러한 개혁은 앞에서 이미 언급된 3중의 일반적 규범, 즉 목회적, 신학적, 역사적 규범에 기초한다. 여기에 모든 내용에 대해 완벽하게 논의할 여유가 없기는 하지만 간략하게 살펴보고자 한다. 어떤 경우에는 그것이 가능하다고 믿지만 필요한 것처럼 보이지 않는 것도 있을 것이다. 각 개혁 사항은 이 세 가지의 점검사항을 통과한 것이어야 한다.

이러한 성례전 실행의 개혁 지침을 제시하면서 우리에게 주어진 교인들을 목회적으로 더 잘 돌볼 수 있는 방법을 찾으려고 해야 할 것이다. 어떤 사항들은 성례전 실행의 다양성 때문에 다른 교단보다는 우리 교단에 더 적절한 것도 있을 것이다. 오순절 예배 전통으로부터 성공회 예배 전통까지 살펴보고 언급하는 것은 여기에서 불가피한 일이다. 공통적인 사항은 예배를 인도하는데 있어서 목회적 리더십을 증강시킴으로서 사람들을 더 잘 섬길 수 있는 방법을 찾으려는데 있다. 만약 이러한 개혁에 대한 제안이 모든 것을 살펴본 다음에 마지막에 주어진다면 충분히 제안할 가치가 있을 것이다.

III

여기에서 다루게 되는 처음 세 가지 성례전 개혁은 성례전에 대한 일반적인 사항을 다루게 될 것이다. 그리고 우리는 입교 예식과 다른 성례전들에 대한 내용을 차례로 다루게 될 것이다.

성례전에 대한 일반적 개혁 사항

1. "성례전은 하나님이 사람들에게 하나님 자신을 주시기 위해 공동체 가운데서 선포되고 실행되는 말씀과 성례전 행동을 통해 새롭게 행하시는 하나님의 상징 행동으로 이해되어야 한다."

성례전을 과거의 사건들을 기억하기 위해 주어지는 경건의 보조도구 이상의 것으로 이해하지 않으면 진정한 성례전 실행의 개혁은 불가능해진다. 이러한 개혁 사항은 이후에 제시할 모든 내용의 가장 기본이 된다는 사실만을 강조하면서 이미 언급된 내용을 다시 반복할 필요는 없을 것 같다. 그러나 이것은 많은 개신교 신자들에게는 아주 급진적인 단계이다. 그들은 성례전을 하나님의 행동으로 이해하기 때문에 이것은 주요한 변화가 있고, 신성시하는 것이 다소 약화된 것이다.

2. "모든 성례전에서 중요한 상징 가치가 온전히 성취되기 위해서 신중하게 주의를 기울여야 한다."

성례전을 어떻게 실행하는가와 관련된 가치는 그것을 통해 하나님의 사랑을 가시적으로 볼 수 있도록 하기 위한 중요 목회적 관심사가 되어야 한다. "외적이고 가시적"인 것은 "내적이고 영적"인 것에 반대되는 개념이 아니다. 이 두 가지는 같은 실재의 다른 측면일 뿐이다. 본질적으로 외적, 내적, 그리고 가시적, 영적인 차원은 하나이며, 동일한 것이다. 인간의 사랑과 그것을 표현하는 것을 구분하지 않는다. 하나님의 사랑과 그것을 드러내는 것 사이의 어떤 구분을 필요로 하지 않는다. 예배에 있어서 가시적이고 만질 수 있는 차원에 대해 무관심한다고 해서 더 영적인 것이 되는 것은 아니라, 예배자들을 위해 그 효과를 줄이는 결과를 낳게 된다.

3. "성례전적 실행은 언제나 도입되는 말, 행동, 역할 등이 바르지 못하고 차별하는 형태로 쓰이고 있지 않는가에 대해 깊이 숙고하여 행해져야 한다."

보다 적극적인 관점에서 정리하면 성례전은 하나님의 자기 주심을 누리는데 있어서 누구나 동등한 자격을 가졌음을 천명하는 기회를 제공하여야 한다. 또한 모든 그리스도인들에게 자신들이 교회 밖의 세상을 보다 공평하고 공정한 사회가 될 수 있도록 할 사명을 가졌음을 일깨우면서 그 일을 감당할 수 있는 준비를 하도록 하는 수단이 되어야 한다. 성례전은 교회와 세상 가운데서 변화를 불러일으키는 동인(agent)이 되어야 한다. 교회는 그 자신의 세계에 갇혀 잣대가 되어야 할 사명에 대해서 간과하면서, 오직 교회 안에 있는 자기 교인들에게 필요한 사항에 대해서만 언급하는 형식으로 성례전을 행할 수 있는 위험을 언제나 안고 있다. 교회 안에 공의를 실현하기 위해 경각심을 가지고 지속적으로 자기 점검을 해야 할 필요가 있다. 성례전은 그리스도인들로 하여금 이 세상에서 정의를 위해 일할 수 있도록 해준다.

세례 예식에 대한 개혁 지침

4. "세례를 받고자 하는 사람은 그 자신이나 부모가 반드시 적절한 면담과 교육을 받은 후에 행해야 한다."

이것은 세례를 행하는 일을 새롭게 하는데 있어서 필수적인 사항이다. 세례는 너무 중요하기 때문에 후보자에 대한 적절한 준비가 없이 행해져서는 안 된다. 유아세례의 경우에는 그 부모에 대한 교육을 통해 적절한 준비가 주어져야 한다. 초대 교회는 3년 이상을 세례를 위한 준비 기간을 갖게 했다. 유아세례자의 부모는 그들이 어떤 책임을 수행해야 하는지에 대해 분명하게 인식할 수 있게 해야 한다. 세례를 받고자 하는 모든 청소년들이나 성인들은 세례자는 윤리적, 교리적으로 어떤 삶의 변화를 요구하는지에 대해서 인식할 수 있어야 한다.

부모는 그들의 자녀들이 세례를 받을 때 그들이 수행해야 할 책임이 무엇인지를 배우면서 놀라게 될 것이다. 그것이 필요로 하는 것이 무엇인지를 발견하였을 때 아직 준비가 되지 않았다고 판단되면 세례 받는 것을 다음으로 연기하는 경우도 있을 것이다. 어쩌면 아무런 의미도 모른 채 자신의 아이에게 세례를 주는 것보다는 그것이 훨씬 더 현명한 선택이 될 것이다. 부모들이 교육을 받고 상담을 통해서 받게 할 것인지 아니면 연기를 할 것인지를 결정할 때 교회와 그들은 세례가 형식상(pro forma)의 일이 될 때보다 훨씬 더 그들의 성실성을 유지한다.

5. "유아세례는 어느 한쪽이든지 부모가 신앙고백을 드린 그리스도인이어야 하며, 믿음의 환경 가운데서 아이를 양육하기로 약속하여야 한다."

물론 이것에 대한 예외는 있을 수 있는데, 누군가가 그 아이의 부모를 대신하여 대리인으로서 후원자가 되기로 약속하는 경우에는 예외로 할 수도 있다. 이것은 미국 사회의 유동성을 생각하면 다소 문제가 될 수도 있다. 왜냐하면 후원자가 되기로 한 사람이나, 혹은 유아세례를 받은 아이의 가정이 다른 곳으로 이사를 갔을 경우에는 적절하게 역할을 할 수 없을 것이기 때문이다. 모든 어린이에게 차별 없이(남녀를 가리지 않는) 세례를 베풀어야 한다는 이유 때문에 믿음으로 양육할 수 없는 상황인데도 세례를 주는 것은 적절치 못하다. 부모가 신실한 그리스도인이 된 후에 나중에 언제든지 그들의 아이들이 세례를 받을 수 있도록 해야 한다. 믿음으로 양육할 준비가 되어 있지 않은 상태에서 세례를 받는 것은 그저 세례를 마술적 행위 정도나 안전과 보호를 위한 부적 정도로 여기게 할 것이다. 세례는 언제나 수세자와 그들을 성숙한 믿음으로 성장할 수 있도록 인도할 책임이 있는 부모나 여타의 사람들의 헌신을 요구한다.

6. "기독교 입교의식의 연합이 다시 회복되어야 하는데, 세례, 안수, (혹은 기름 부음), 그리고 첫 성만찬의 참여 등이 나이와 상관없이 동시에 주어져야 한다."

교회의 역사를 통해서 보면 동방 정교회나 동방의 교회들 (Oriental churches)이 이것을 잘 실행하였음을 알 수 있다. 서방 교회는 12세기 이후에 이것을 시행하였다. 하나님께서 우리들을 그리스도와 연합시키기 위해 역사하실 때, 반절 정도로 이루어 놓고 나중에 나이가 들면 완전하게 하시는 것이 아니다. 청소년이나 성인이나 입교는 단 한 번에 온전히 이루어진다. 유아나 어린 아이들도 동일하게 취급되어야 한다. 이러한 요소들을 통합한 예전은 하나님의 행동하심을 강조하는 것이지, 우리의 행동을 강조하는 것이 아니다. 이러한 통합은 루터교, 성공회, 미국 감리교회의 새로운 예전들에서 잘 제시되고 있다.

7. "세례는 일생을 통하여 정기적으로 갱신되어야 하고, 재차 확인될 필요가 있다."

하나님께서 우리의 세례에서 행하신 것은 우리의 일생을 통해 감사함으로 기억되어야 한다. 사람은 인생의 여정을 계속하면서 온전한 인격을 이루어 가는데, 이것은 사람마다 서로 같을 수도 있고, 다를 수도 있다. 우리의 세례에 있어서 늘 새롭게 의미를 재발견하기 위해서는 정기적인 노력을 필요로 한다. 이러한 것을 위해서 로마 가톨릭 교회는 부활 전 철야기도에서 이러한 순서를 갖기도 한다. 루터교, 성공회, 미 연합 감리교회의 새로운 예전에서는 부활절이나 다른 절기에 이것을 할 수 있게 배치하고 있다. 세례반이나 세례조 (baptistry)를 강단에 늘 볼 수 있게 위치시키는 것도 자신에게 주어진 세례 사건을 지속적으로 기억할 수 있게 하는 좋은 방법이다.

8. "세례 자체는 반복되어서는 안 된다."

우리에게 주어진 하나님의 약속은 그것에 대한 우리의 응답이 어떻게 주어지며, 희미한지 아닌지에 상관없이 주어진다는 사실은 분명하다. 세례가 실제적으로 이루어졌는지 아닌지에 의심이 있다면, 조건적인 세례가 행해질 수도 있을 것이다. 어쩌면 이런 말로 세례식을 시작할 수 있을 것이다. "당신이 이미 세례를 받지 않았다면 내가 세례를 주겠소." 세례의 갱신이나 재확인은 세례를 다시 베푸는 반복이 아니라 세례를 통해 우리 가운데서 하나님께서 행하신 일들을 감사하면서 다시 기억하는 것이다.

9. "세례는 언제나 예배 공동체 가운데서 공적인 사건으로 주어져야 한다."

믿음의 공동체의 존재는 물의 사용만큼이나 중요해진다. 세례는 언제나 모든 공동체가 함께 참여한 가운데 주어지며, 그 공동체 앞에서 행하는 것은 상징 행동의 기본적인 부분이다. 만약 그 백성들이 참여하지 않았다면 하나님을 위해 하나님에 의해 부름 받은 백성들, 즉 "택하신 족속, 왕 같은 제사장, 거룩한 나라, 그의 소유된 백성"(벧전 2:9)의 일원이 되는 것을 강조하는 것은 어려울 것이다. 공동체 역시 그 세례를 통하여 공동체를 세우신 분의 뜻을 따라 다시 새롭게 되는 경험을 하면서 공동체의 기초가 무엇인지를 재발견하게 된다.

10. "세례는 교회력의 특정 시간에 세례를 베푸는 특별한 축제일 가운데 정상적으로 이루어져야 한다."

새로운 루터교 예배 개혁에서 주창된 대로 이러한 실행은 예수 그리스도 안에서 하나님의 역사를 계속적으로 기억하는 일과 함께 세례를 묶어 준다. 이것은 세례를 단지 특별한 사건으로 경험하게 할 뿐만 아니라 기독교의 전체적인 신비의 통합적인 부분이 되도록 도와준다. 세례식을 함께 가질 수 있는 특별히 추천할만한 교회력의 사건은 주님의 수세일 (주님의 세례 받으심을 상기하면서), 부활주일 전 철야기도 (이것은 세례를 위한 가장 거룩한 절기인데, 특히 부활을 새롭게 경축할 수 있다), 오순절 성령 강림절 (전 시간을 통해 교회의 탄생을 기억하면서), 그리고 제성절(All Saint's Day; 시간들 속에서 교회 안에서 이루신 그리스도의 사역을 기억하면서)에 세례를 함께 실시하면 그 깊은 의미를 더 효과적으로 살릴 수 있을 것이다. 이러한 절기에는 특별 찬송, 배너, 다른 시각 자료들을 적절하게 활용할 수 있을 것이다.

11. "세례가 가지는 깨끗케 하는 힘을 온전히 드러내는 상징 가치(sign value)가 명시되어야 한다."

물의 씻기는 힘은 현존하는 가장 분명한 예전적 상징이다. 그러나 가끔 너무 축소되어 사용되면서 많은 세례는 마치 드라이클리닝처럼 나타날 수 있다. 물의 일반적인 사용은 그것이 어떤 양식으로 사용되든지 간에 하나님의 구원의 행동을 증언하는데 도움을 준다. 우리는 그 행동 가운데서 하나님의 풍성한 용서의 행동에 의해 모든 죄를 깨끗하게 씻김을 받았다. 침수하는 것(immersion)은 이것에 대한 가장 강력한 상징이다. 물에 잠기게 하는 것이나 침수(submersion)는 최근까지 서방에서 행해진 것과 같이 유아세례를 위해서도 점점 널리 사용되고 있다. 그러한 상징을 잃어버리게 되면 씻음은 설명적인 행동(demonstrative act)이 될 수 있다. 물을 뿌리는 것이나 단지 머리에 소량의 물을 끼얹는 것은 이러한 특성을 너무 축소시키면서 효과적인 상징이 되게 하는데 약해질 수 있다. 분명한 것은 적절한 세례반이 필요한데, 최소한 직경 약 60cm 되는 세례반이 필요하다. 단지 조그만 주발 그릇 정도 되는 것은 적절치 않다. 물은 보여야 하고, 들려야 하고, 간접적으로 모든 참여자들이 느낄 수 있어야 한다. 세례식에서 무엇이 일어나는데, 이것은 어떻게 말로 다 표현할 수 없는 것이다. 이것은 물에 잠길 때 분명하게 드러나는데, 이것은 사람들이 어떻게 의사소통을 하는가에 우리가 민감해 하는 것처럼 모든 형태의 세례에서도 그렇게 되어야 한다.

성만찬을 위한 개혁 지침

12. "성만찬은 지역 교회에서 매주일, 가장 중심적인 예식으로 지켜져야 한다."

이것은 그리스도의 교회(The Church of Christ), 그리스도의 제자회(The Disciples of Christ), 로마 가톨릭, 그리고 정교회 그리스도인들에게는 그렇게 현저하지 못한 것 같다. 그러나 우리가 이미 3장에서 논의한 대로 매주 성만찬을 행하는 것을 회복하는 것은 대부분의 개신교회의 예배 개혁에 있어서 가장 최고의 우선순위에 해당한다.

그럼에도 불구하고 현재 대부분의 개신교회에서 월에 한 번, 혹은 간헐적으로 행하는 성만찬의 형태와 성만찬에 대한 생각들 아래서 성만찬을 매주일 시행하도록 하는 것은 완화되지 않는 재난처럼 생각하는 것이 분명히 있을 수 있다. 성만찬이 매주 늘 행해진다면 (즉 그것이 실로 정식적인 예배의 순서가 된다면) 너무 과도하게 길어지고, 애처로워지고, 참회를 강조하는 것이 될 것이라고 염려하는 사람도 있다. 여기에서 성만찬의 의미를 신중하게 재고하고 특히 성만찬을 실행하는 방식을 완전하게 다시 수립하는 것이 필수적인 일이라고 할 수 있다. 대부분의 경우에서 성만찬 기도의 중요성이 특별히 연구될 필요가 있고, 분병 분잔 하는 방식이 특별히 변혁되어야 할 것이다. 다른 많은 것들이 매주 성만찬을 시행하는 것을 회복하기 전에 수행되어야 그것이 유익한 것이 될 것이다. 수행되는 특별한 개혁은 본질적인 방향성을 지향할 수 있어야 한다.

13. "성만찬은 언제나 하나님의 말씀 봉독과 설교를 포함해야 한다."

개혁자들은 이것에 대해서 모두가 일치된 견해를 보이고 있다. 즉 말씀과 성만찬은 함께 주어져야 한다고 그들은 일치된 주장을 제시한다. 이 두 가지는 그것이 함께 결합될 때 최상의 것이 된다. 이것이 서로 떨어져서 행해지게 되면 두 가지 모두 효과를 상실하게 될 것이다. 이것은 성만찬 전에 간략하게 주어지는 소위 "성만찬 묵상"(communion meditation)이 주어져야 한다는 말이 아니다. 예배 순서 가운데 성경봉독이 주어지고 그 성경 본문을 강해하는 설교가 주어져야 한다는 의미이다. 하나님의 말씀은 모든 성만찬 예식에서 반드시 선포되어야 하고, 행해져야 한다.

14. "성만찬은 중요한 행동들이 가장 최고로 가능한 상징 가치를

갖도록 집례 되어야 한다."

성만찬에서 행해지는 행동들은 그것이 신중하게 행해질 때 말로 행하는 것만큼, 어느 때는 그 이상의 것을 전달해 줄 수 있다. 동작만으로도 얼마나 많은 것들이 전달되는지를 발견하기 위하여 가끔 아무런 말이나 음악이 없이 성만찬을 진행하는 것도 좋은 배움의 기회가 된다. 성만찬의 4중 행동, 즉 떡을 취하여(taking), 축사하고(**blessing**), 떼어(**breaking**), 나누어 주는(giving) 행동은 중심적인 동작이 된다. 그러나 중요한 의미를 전달하는 수많은 보조 행동들이 있다. 성경을 다루는 방식도 다루는 사람의 신학에 따라서 많은 의미를 말해주기도 하고, 의미 없는 것이 되게 하기도 한다. 그것은 떡과 포도주를 다루는 동작에서도 마찬가지이다. 실제로 우리는 떡을 하나님께서 당신의 자녀들에게 주시는 선물로 다루고 있으며, 그 은혜의 수혜자의 손으로 떡을 만지는가? 아니면 떡을 나누어 주는 모든 행동의 의미를 놓치고 단순히 떡을 집어 들어 나누어주는가? 그런 점에서 평신도들도 성체를 나누는 훈련을 함으로써 하나님 아버지의 마음으로 그것을 나눌 수 있도록 할 필요가 있다. 떡을 떼는 것도 역시 우리가 신중하게 그것을 행할 때 가장 의미 있는 행동이 될 수 있다.

15. "성만찬 기도(the eucharistic prayer)는 정해진 사람에 의해서 행해져야 하는데, 함께 모인 공동의 삶의 중심에서 감사드림(thanksgiving)으로 모아져야 한다."

대부분의 교단에서는 안수 받은 장로, 목사, 혹은 성직자가 그들의 안수 받음, 신학 훈련, 그리고 함께 모인 공동체의 모든 사람들을 잘 알고, 사랑하는 마음을 바탕으로 하여 성만찬 기도를 드리고는 한다. 그것은 목회자가 목회 현장에 있는 목회 신학자(pastoral theologian)로서 행하는 가장 중요한 기능이기도 한다. 공동체의 믿음은 공동체가 이러한 감사를 드리고, 그 공동체의 존재 의미가 되시는 하나님의 행동에 대해서 분명히 말하여야 하며, 그것을 선포하는 것이 되어야 한다. 공동체의 대표로서 집례자는 이 믿음을 선포하여야 한다. 성도들은 이러한 선포에 대해 환호와 아멘을 통해서 이 믿음에 대한 그들의 동의를 표현한다. 최근의 연구들은 중세와 종교개혁 시기에 드려졌던 성만찬 기도의 불충분한 부분을 분명하게 밝혀내고 있다. 신학생들이 자신이 사역할 교회의 회중들과 특별한 절기에 드려지는 예배에서 이 성만찬 기도를 작성할 수 있을 때 그 사람은 졸업할 온전한 준비가 된 것이라고 말하기도 한다.

16. "성만찬은 세례 받은 사람이라면 누구에게나 개방적으로 베풀어져야 한다."

어떤 교회에서는 유아세례를 받은 아이들은 성만찬을 받는 데서 제외되기도 한다. 어떤 교단은 다른 교단에서 세례 받은 사람을 배제시키기도 한다. 세례 받지 않은 사람들은 먼저 세례를 위해 자신을 준비하고, 가능한 한 빨리 신앙을 준비하여 세례를 받고 성만찬에 참여할 수 있도록 권면하는 기회가 되어야 한다. 성만찬은 윤리적, 교리적인 관점에서 요구되는 헌신에 대한 결단과 고백이 준비되지 않은 사람들을 주님의 성만찬 상에 환영하기 위해 주어지는 예전이 아니다.

17. "성만찬은 가능한 한 가까이에서 보일 수 있도록 성만찬 상이 준비되어 모든 사람들 앞에서 행해져야 한다."

많은 개신교 교단에서 목회자들이 중세 교회의 성만찬 집례 패턴을 따라 회중들에게 등을 돌린 상태에서 집례하는 경우가 있는 것을 보게 되는데 이것은 실로 이상한 일이 아닐 수 없다. 마치 하나님이 그들 가운데 계신다기 보다는 멀리 계시는 것처럼 행하고 있기 때문이다. 1965년 이래, 로마 가톨릭 교회의 성만찬 상도 사제들이 회중들을 바라보며 집례할 수 있도록 옮겨지고 그 위치가 바뀌었다. 만약 성만찬상이 너무 낮으면 목사가 그 앞에서 지금까지는 무릎을 꿇어 왔던 많은 개신교 교회처럼 30인치 정도 높이라고 말하기도 한다. 성만찬상은 기본 높이(39인치)로 조정될 필요가 있다. 그 높이는 앉아 먹는 식탁보다는 서서 먹는 주방의 카운터 정도의 높이면 적당하다.

일단 회중을 바라보면서 성만찬을 집례하게 되면 하나님의 가족들 앞에서 등을 돌린다는 것이 이제는 어렵다는 것을 깨닫게 된다. 자신의 회중들에게 문자적으로, 그리고 상징적으로 도달할 수 있고, 터치할 수 있기에 충분할 정도로 위치하면 함께 모인 공동체의 친교를 강조할 수 있는 기본적인 단계를 갖춘 것이 된다. 교회당의 건축 세팅이 때로는 그리스도 안에서 동등한 존재가 되었다고 설교하는 것보다 그리스도인 공동체의 본질을 사람들로 하여금 이해하게 하는데 더 크게 역할하는 것을 본다. 만약 건물의 구조가 설교한 내용과 상반된다면 그 건물 구조가 가진 의미가 더 강한 외침이 될 것이다.

18. "떡과 포도주는 위조품이 아니라 실제 성물이 사용되어야 한다."

아무런 맛을 갖추지 않는 제병(와이퍼; wafer)이나 어떤 브랜드의 포도 주스, 혹은 인공적으로 만들어진 제품 등과 같은 대체 물품은 분명히 성경적 증언에 위배된다. 그것은 또한 세계 모든 교회가 공통적으로 지키는 것이 되기보다 주님의 성만찬을 특정 교단의 것으로 고립시키는 결과를 가져올 것이다. 포도 주스는 상대적으로 현대의 고안물이다 (1876년 ??훈련??(Discipline)이라는 감리교 예배 지침에서 처음으로 그 사용을 추천하였다). 별 맛이 깃들어 있지 않은 제병의 사용은 그보다 훨씬 오래되었다. 그러나 1552년 ??예배서??(Book of Common Prayer)가 언급하고 있는 대로 "그해에 얻어진 가장 최고의, 그리고 가장 순수한 밀 빵"을 사용하는 것이 가장 좋다. 위조 빵이나 포도주는 우리의 성만찬 말씀과 실행에 있어서 위배되는 것이며 연합을 위해 장애가 될 수 있다.

19. "공동의 잔(chalice)과 실제 한 덩이의 빵으로 나누는 방식과 같은 본래의 것으로 회복되어야 한다."

같은 잔과 하나의 떡을 나눌 때(고전 10:16-17) 성취될 수 있는 교회의 연합이라는 상징 가치는 너무 중요해서 흔히 간과될 수 있는 부분이다. 공동으로 잔을 돌려서 마시고, 그 부분을 씻고 다른 사람에게 넘기는 방식으로 사용하게 되면 감염의 위험과 위생문제를 우려하지만 실제로 그러한 위험성은 교회 안의 공기를 마심으로 인해 감염되는 것보다 그 위험성은 낮다. 사람들이 많이 모이는 교회의 공기를 마심으로 오염될 것 같아 예배 참석을 꺼리는 사람은 거의 없다. 성만찬 예배 가운데서 빵을 떼는 것은 중요한 행동이다. 하나의 빵이 떼어지고, 그것을 사용할 때 그 상징 가치는 훨씬 더 증가하게 된다.

그것을 떼고 다루는 것은 아무나 해서는 안 되고 오직 제한된 사람만이 다루어야 한다. 한 덩이의 빵이 손과 손을 통해 전달될 때 그러한 동작의 위생적 측면 때문에 불평하는 것은 어쩌면 정당한 것일지도 모른다. 목사나 돕는 사람들이 빵을 다루게 되면 그에 대한 반대의 이유는 적어질 것이다.

20. "성만찬에 참여하는 사람은 자신의 자리를 떠나 성만찬 상 주변에 앉거나, 서 있거나, 혹은 무릎을 꿇고 받아야 한다."

동료 그리스도인들과 함께 앞으로 나아가는 동작은 예배의 가장 웅변적인 동작의 하나이다. 동시에 모두가 받게 하는 것은 얻는 것이 없게 되며, 분명하게 회중석에 앉아서 성찬을 받는 것은 논쟁의 여지가 있다. 모든 공동체가 함께 은혜를 받기 위해 성찬상 앞으로 나아가는 것이나 성만찬을 분배하는 지점으로 나아가는 것, 그리고 성만찬 가로대(rail; 역주–예전적 예배를 드리는 교회에서 성만찬 상을 둘러싸고 강단 둘레에 무릎을 꿇고 서서 성체를 받을 수 있도록 만들어 놓은 울타리와 같은 것)로 나아가는 움직임을 통해서 많을 것을 얻게 된다.

이제 많은 교회에서 목회자나 보조하는 사람이 서 있는 각 통로의 앞부분의 성만찬 분배지점으로 나아가서 서서 성찬을 받는 것이 가장 일반적인 방법이 되었다. 혹은 성만찬을 받는 사람들은 성만찬 가로대로 나아가 무릎을 꿇고 그가 원하는 만큼 오래 있거나, 혹은 바로 자리로 나아가거나 하는 방식으로 주어지기도 한다. "성만찬 배제"(table dismissals)라는 용어보다 예배의 의미를 손상시키는 말은 없는 것 같다. 이러한 배제는 예배의 길이를 줄일 수 있을지 모른다. 그러나 그것은 마치 회중들을 부러뜨리면서 끝내는 것과 같다. 분병 분잔

하는 동안 회중 찬송은 주관적, 개인적 헌신을 위해 침묵이나 찬양대의 합창, 오르간으로 조용히 반주하는 것이 더 선호된다. 성만찬 순서의 이 부분에서 회중 찬송에 의해 열정과 하나 됨을 고양시키는 것은 하나님의 자기주심을 기쁨으로 경축할 수 있는 가장 좋은 기회를 제공한다.

성직 수임식을 위한 개혁 지침

21. "성직수임, 혹은 안수식은 성령님의 은사를 부어주심을 간청하면서 드리는 기도의 상황에서 손을 얹어 안수하는 것이 중심을 이루어야 한다."

안수식에서 이러한 중심적인 행동은 중세시대 이래 목회의 도구를 부여하는 것과 같은 주변적인 행위에 의해서 모호하게 되어왔다. 안수식의 중심적인 말씀도 종종 역시 성령님의 부어주심을 간청하는 기도보다는 교훈적이고 명령적인 진술만 하는 경향이 있다. 오늘날 많은 교단에서 이렇게 안수식의 중심이 되는 기도의 유사한 형식을 회복해 가고 있다. 그것은 성만찬 기도와 상당 부분 병행을 이루고 있다. 리더십을 부여함에 있어서 하나님께서 과거에 행하신 일들이 기억되고, 현재에 역사하심을 기억하는 것은 지금 안수 받는 사람에게 필요한 선물을 간구할 수 있도록 해준다.

22. "다른 교단으로 교적을 옮기는 사람들이나 안수 사역을 감당할 수 있도록 사람을 세우는 경우에는 다시 안수를 하는 것은 행해져서는 안 된다."

개신교단 안에는 아주 많은 다양성이 있는데, 안수식이 행해지는 형태, 안수를 행하는 직분이나 제도의 이름, 안수를 행하는 사람들의 위치 등에 있어서 매우 다양하다. 어떤 경우에는 안수 받는 사람이 안수식 후에 그대로 평신도로 있는 경우도 있다. 어떤 경우에는 안수를 받으면 평신도가 성직자가 되기도 한다. 성직자가 다른 성직자들에 의해 안수 받을 때, 다른 교회에서 그들의 제도를 인식하는 방식도 개발되어야 한다. 성직자가 평신도에 의해서 안수를 받아야 하는 경우도 있는데, 이러한 제도도 많은 교회에서 받아들여지고 있다. 목사의 역할이 안수를 통해 주어지거나 안수 받는 것이 이러한 직분을 가져다준다고 생각한다면, 재안수에 대한 두려움 없이 안수할 수 있을 것이다. 가령 보험 세일즈맨이 되기 위해 실제적으로 목회직을 떠난 사람이 다시 교회 사역을 감당하기 위해 돌아왔다면 다시 안수할 필요가 없을 것이다. 그 사람의 지위가 공적으로 세일즈맨으로 인식되었다 할지라도 그리할 필요가 없을 것이다. 재세례와 같이 다시 안수하는 것은 하나님께서 그에게 주신 은사가 부족한 것으로 인식될 수 있기 때문이고, 이 교회에서 받은 안수는 다른 교회에서 받은 것보다 열등하다고 인식하는 것이 되기 때문이다. 세례와 안수는 지워질 수 없고 영속적인 것임을 인식하는 것이 그 특징을 보다 긍정적으로 이해하는 것이 된다. 안수 받음을 통해 감당하는 사역은 수행되는 선물이며, 축소될 수 없는 선물이다.

23. "성직 수임, 혹은 안수식은 언제나 평신도들과 새롭게 안수 받는 사람이 그 예식에 참석하여 공적으로 행해져야 한다."

안수식을 개인적으로 어느 누구를 높이거나 사적인 위신을 높여주기 위해 어떤 능력을 전달해 주는 것으로 생각하는 것은 잘못된 것이다. 안수식은 언제나 공동체 안에서 행해지는 예식이며, 이것은 섬김의 삶을 살기 위해 준비한 사람을 온 회중들 앞에 드러냄으로 이제 그가 이 섬김의 사역을 위해 세움 받았음을 가장 잘 드러내기 위함이다. 그러므로 안수를 받는 사람은 복음서의 말씀을 읽거나(집사), 성만찬 기도를 인도하는 일에 함께 참여하기 위한(장로) 새로운 책임을 수행할 수 있게 된다. 주님의 만찬은 성직 수임식에서 함께 주어져야 한다. 평신도나 성직자가 함께 그 성만찬에 참여하여야 한다.

혼인 예식에 대한 개혁 지침

24. "기독교 혼인 예식은 기독교의 결혼관에 대한 바른 이해를 갖게 하기 위해 적절한 교육과 상담의 시간을 갖지 않고서는 행해져서는 안 된다."

현재 모든 사람이 기독교 사회에서 현존하고 있는 결혼에 대해 동일한 이해를 가졌다고 추정할 수는 없다. 그러한 상담이나 교육을 위해 시간을 내고 싶어 하지 않는 사람은 그가 세례를 받았다 할지라도 그 커플이 아직 온전한 신자가 아닐 수 있음을 나타낸다. 그들은 자신들이 세례는 받았지만 그리스도인의 삶을 실천해야 한다고 강요하지 않는 세속적인 결혼 예식이 온전히 믿음 생활을 하지 않은 그들의 위선적인 삶을 감추어줄 수 있다고 생각할지 모른다. 동시에 교회로 하여금 기독교 예배의 형식으로 결혼 예식을 진행하도록 하지 않음으로 자유로움을 느낄 수 있게 할지도 모른다. 그러나 교회는 그러한 관계를 서둘러 궁색하게 만들어서는 안 된다.

25. "기독교 혼인예식은 예배의 형태로 계획되어야 한다."

기독교 신앙을 고백하지 않은 사람에게는 세속적 결혼 예식이 허락되어야 하는데, 이는 기독교의 결혼이 보다 분명하게 예배의 행위가 되게 하기 위해서이다. 찬송, 성경봉독, 설교 등 (그것은 이미 하나님께 드려졌다는 것을 전제로) 헌금을 제외한 예배의 통상적인 부분은 모두 포함되어야 한다. 함께 모인 회중들은 본질적으로 전에 이미 그들과 함께 성만찬을 받았음에도 불구하고 많은 그리스도인 신랑 신부에게 있어 성만찬은 가장 적절한 것이 될 것이다.

26. "그리스도인들에게 혼인서약은 서로에게 온전히 헌신하겠다는 일생의 지켜져야 할 약속이 되어야 한다."

서약하는 말이나 형태는 다양하지만 기독교 혼인예식은 "우리가 서로 사랑하는 한은…"이나 "더 좋은 사람을 만나기 전까지는…"이라는 조건으로 하는 것이 아니라 일생토록 지켜져야 할 서약을 바탕으로 한다. 결혼하는 두 사람이 증인들 앞에서 서로 교환하는 혼인서약은 하나님께서 보증인이 되시고 증인으로 활동하시는 언약(covenant)의 의미를 담고 있다. 이와 같이 혼인 서약은 조건적이지도 않고 취소될 수도 없는 것이다.

27. "결혼하는 두 사람은 결혼 예배의 예배자들로 행동해야 한다."

주례하는 목회자는 오직 교회의 이름으로 그들을 인도하고, 결혼 예식을 진행하며, 축복하기 위해 거기에 서 있다. 결혼하는 두 사람은 이러한 혼인 서약을 서로 교환함으로써 공적으로 남편과 아내가 되는 것이다. 아무도 그들을 남편과 아내로 선언할 수는 없다. 혼인 서약을 서로 교환함으로써 그들 두 사람이 서로에게 선언하는 것이다. 그들이 서약에 서로를 향해 가장 성실하게 서약한다면 서약하는 사람에게 중요한 의미를 제공하는 것이 된다.

28. "이혼을 위한 예식은 교회에서는 행해져서는 안 된다."

교회는 이혼의 고통을 겪고 있는 사람들에 모든 관심을 기울여야 한다. 인간의 죄성과 유한성이 이혼을 불가피하게 만드는 때에 인간 존재의 불완전한 본질을 인식하게 된다. 화해(고백)의 예전은 종종 모든 사람에게 가능한 예전임에는 틀림이 없다. 이미 경험한 사람들을 포함하여 결혼의 언약을 파기하려는 사람에게 그러한 화해의 자리는 필요하다. 그러한 자리는 하나님의 뜻은 저주하고 미워하는 것보다는 서로를 용서하는 것임을 상기할 수 있도록 해준다. 이혼은 죽음과 같이 불가피한 통과과정은 아니다. 이혼은 하나님의 자기 주심의 사건을 볼 수 없게 한다.

화해 예식을 위한 개혁 지침

29. "교회는 종종 화해를 위한 공적 예식을 가질 필요가 있다."

모든 그리스도인들은 죄를 고백하고, 용서의 선언을 듣는 공적인 예식을 필요로 한다. 모든 사람은 개인으로서 뿐만 아니라 함께 결탁하여 죄를 범하였다. 교회도 함께 범한 죄를 자백할 필요가 있다. 매주 공예배의 시작 부분에서 일반적으로 고백하는 것보다 더 깊이 음미하여 죄를 자백하고, 성급하게 제시되는 용서의 말씀보다 더욱 공감할 수 있게 용서의 말씀을 들어야 한다. 분기별로 행하는 화해의 예식은 (종종 많은 교회에서 성만찬을 행하는 때에 갖기도 한데) 하나님의 말씀과 대면할 수 있게 해주며, 우리들 스스로 자신을 내적으로 양심을 성찰하게 해주고, 우리의 죄악을 자백할 수 있도록 인도해 주며, 용서하시는 하나님의 뜻을 확인할 수 있게 해준다. 그러한 예배는 보다 자주 성만찬을 가질 수 있게 해주며, 참회의 보따리를 언제나 안고 다니는 것으로부터 자유롭게 한다.

30. "모든 그리스도인들은 참회하는 사람들에게 하나님의 이름으로 용서를 선언할 제사장 사역을 감당할 수 있어야 한다."

어떤 사람에게 무엇을 자백하는 것이 지혜로운지 아닌지는 때로 분명치 않을 때가 있다. 특히 그들의 이웃들이 비밀을 잘 지키지 못하는 입이 가벼운 사람일 경우에는 더욱 그렇다. 하나님의 용서를 선언하는 능력은 그리스도의 제사장직 안으로 들어가는 세례를 받았을 때 그리스도인들과 관련된 능력이 된다. 세례를 받는 순간 모든 그리스도인들은 서로를 향해 돌봄의 사역을 감당할 수 있도록 중요한 수단을 부여받는다.

치유 사역을 위한 개혁 지침

31. "치유를 위한 예배는 개인적으로 뿐만 아니라 공적인 예배로서 행해져야 한다."

목회는 단지 영적인 차원에서만 행해지는 것이 아니라 전인적인 차원과 관련을 갖는다. 이와 같이 치유하기를 원하시는 하나님의 뜻은 필요할 때 병실이나 가정에서 개인적인 심방 예배로서 뿐만 아니라 때때로 공적인 예배를 통해 나타날 수 있어야 한다. 치유 사역은 회개와 용서와 함께 일반적으로 흔히 행해진다. 모든 피조물을 위한 하나님의 사랑이 선포될 때 하나님의 말씀을 읽고 설교하는 것은 치유 사역의 절대로 필요한 부분이 될 것이다.

32. "치유를 위한 예배는 그것이 공적이든 사적이든 죄의 고백과 용서, 치유를 위한 기도, 그리고 실제적인 치유를 위한 행동의 순서를 포함해야 한다."

몸의 치유와 마음의 치유는 화해의 역사 가운데서 나타나게 된다. 기도는 하나님께 우리의 관심을 아뢴다는 점에서 뿐만 아니라 우리에 대한 하나님의 관심을 반영한다는 점에서 중요한 부분이다. 우리가 육체적 치유를 구할 때, 기름을 바르는 것이나 손뼉을 치는 것, 이마에 손을 얹어 안수를 하는 것과 같은 가시적 행동이 주어지는 것은 아주 적절한 것이 될 것이다. 종종 이것은 중병을 앓고 있는 사람의 경우에는 그가 인식할 수 있는 범위에서 행해져야 할 것이다.

기독교 장례를 위한 개혁 지침

33. "기독교 장례는 공적 예배의 행위가 되어야 한다."

일정하지 않은 특성을 가진 예식들이 비신자들을 위한 예배로서 주어질 수 있음에도 불구하고, 기독교 장례예식은 믿음의 공동체가 하나님을 예배하는 일이 중심을 이루는 형식으로 주어져야 한다. 기독교의 장례예식은 성만찬을 포함하여 정상적인 예배의 대부분의 특성을 포함하여 시행할 수 있다. 장례식장의 예배실과 같은 곳에서보다는 고인이 평생 동안 예배했던 예배실에서 장례예식을 드리는 것은 아주 의미 있는 일이다. 가능하다면 관이 이미 닫힌 경우를 제외하고는 고인의 몸을 볼 수 있게 하는 것이 좋다(역주-서구 교회의 장례 예식에서는 관 뚜껑을 열어놓고 평상복을 입고 누워있는 고인의 얼굴을 볼 수 있게 해놓은 상태에서 예식을 진행하기도 한다).

34. "기독교 장례 예식은 하나님의 신실하심에 강조를 두어야 한다."
성경의 강력한 약속의 말씀은 죽음에 직면한 자리에서도 충분히 신뢰할 수 있는 말씀이다. 죽음에 대한 교리에 대한 우리의 견해를 제시하는 것이 아니라 하나님의 신실하심에 대해 친히 제시하시는 말씀을 선포할 수 있어야 한다. 세속적인 시나 음악은 성경 본문이나 시편 말씀이 주는 강한 주장과는 크게 상관성이 없을 수 있다. 기도나 찬송에 회중들이 함께 참여하는 것은 하나님의 신실하심을 최고로 증언하는 것이 된다.

35. "기독교 장례식은 슬픔 가운데 있는 사람들을 돌보는 목회 사역의 긴 여정의 한 부분으로 주어져야 한다."
장례 예식을 통해 우리는 공동체의 한 복판에서 그들을 돌보는 사역을 감당한다. 공동체는 유가족들에게 다양한 방식으로 증언할 수 있어야 한다. 고인이 세상을 떠난 이후 유가족들을 돕는데 있어서 공동체가 그들의 슬픔을 진정으로 공감하고 이해하면서 그 역할을 감당하는 것은 중요하다. 장례식이 마친 후에도 오랜 시간 동안 공동체는 유가족들이 그들의 삶을 정상적으로 가질 수 있도록 도와줄 수 있어야 한다. 제성절(諸聖節; **All Saints' Day**)이나 다른 추모하는 날과 같은 기념일에도 공동체는 유가족들에 대한 위로의 사역을 계속해서 감당할 수 있어야 한다. 탄생으로부터 죽음의 순간까지 하나님께서는 믿음의 공동체를 통하여 행해지는 성례전 가운데 하나님 자신을 우리에게 주시는 역사를 계속하고 계신다.

성례전은 교회 예배의 표현이다.
동시에 이 예전은 하나님의 자기 주심의 수단이다.
참여자들이 진정으로 믿음 안에서 하나님을 예배할 때
하나님의 자기 주심은 시작되고 거룩한 연합은 더 깊어지게 된다.

7장
로마 가톨릭 교회의 응답

에드워드 J. 킬마틴(Edward J. Kilmartin),
예수회 신부

지난 몇 세기 동안 서구 기독교 신학자들은 각자의 교회 전통이 가르쳐 주는 교리적인 연구로부터 나와 성례전의 조직신학적 연구에 만족해 왔다. 로마 가톨릭 교회 신학자들에 의해 진행된 트렌트 종교회의 가르침에 매료되었던 것은 널리 알려진 사실이다. 루터교 신학자들은 성례전 신학의 기초로서 오직 믿음으로 의롭게 된다는 교리에 의존하여 그들의 이해를 제시한다. 칼빈주의자 전통을 따르는 신학자들은 칼빈의 교회론의 놀라운 넓이에 영향을 받는다. 그의 교회론은 예정론의 다소 비관적인 교리에 이끌리면서 가시적 교회와 불가시적 교회 사이를 날카롭게 구분한다. 현대 예전신학자들은 아주 다른 방침을 견지한다. 그들은 다음과 같은 질문을 제기한다. 예전 자체는 성례전의 의미에 대해 무엇을 말해야 하는가? 그 메시지는 성례전에 대한 이해를 광범위하게 넓힐 수 있도록 도와줄 통찰력을 어떤 부분에 제시해 주는가? 화이트 교수의 책은 이러한 예전신학적인 접근의 모범을 제시해 준다.

성례전에 대한 그의 분석은 이 주제에 대한 예전 신학 연구에 대한 보다 건실한 공헌을 이룩한 경향들과 조화를 이루면서 두 가지의 일반적 결론을 제시한다. 첫째, 모든 성례전 행동의 통일적인 개념은 다름 아닌 바로 자기 주심이다. 둘째, 개인적 성례전도 다양한 인간의 삶의 방식과 일치되게 다양하게 진행할 수 있다. 그러한 방식들을 통해 사람들은 하나님의 자기 주심을 표현하며, 예전 공동체성을 표현한다. 이러한 결론으로부터 수많은 흥미로운 신학적, 목회적 추론들이 형성되고 있다.

이러한 간단한 에세이가 가지는 한계는 전체에 대한 보다 상세한 응답을 제시하지 못한다는 점이다. 혹은 이러한 작업을 대체할 수 있는 부분에 대해서도 그리하지 못한다. 오히려 이것은 방법론적인 접근과 자기 주심의 모티프를 선택하여 진행되는 숙고에 대한 기록을 담고 있다. 화이트 교수는 "하나님이 성례전을 제정하신 용도를 살펴보면서 가장 만족할 만한 주제 요소"로 자기 주심을 이해한다.

I. 성례전: 자기 주심의 표현

성례전은 교회 예배의 표현이다. 동시에 이 예전은 하나님의 자기 주심의 수단임을 선언한다. 그러나 이 긍정적인 주장인 교회의 정확한 믿음은 그것을 행하는 공동체에 의해서 적절하게 되며 표현된다. 오직 참여자들이 진정으로 믿음 안에서 하나님을 예배할 때 하나님의 자기 주심은 시작되고 거룩한 연합을 더 깊어지게 만든다.

예전(liturgy)은 역시 하나님의 자기 주심은 인간적 커뮤니케이션의 수단인 상징적인 말씀과 행동을 통해 일어난다는 생각을 표현한다. 그러나 인간적 커뮤니케이션 수단을 통해 전달되는 하나님의 자기 주심은 동일한 수단을 통해 공동체의 자기 나눔과 어떻게 관련되는가를 명백하게 가르쳐 주지 않는다. 이러한 질문에 대한 신학적 숙고는 두 방향으로 진행된다. 예전이 성도들의 자기 드림 "과"(and) 하나님의 자기 주심을 포함한다고 말한다면 여기에서 "과"(and)를 어떻게 해석할 것인가의 문제가 제기된다.

서구 교부신학에서 이 "과"(and)는 상호의존의 관계성으로 표현할 수 있는 것으로 이해되었다. 예를 들어, 어거스틴은 그것을 이접적 접속사(disjunctive; 역주–but, yet, either~or와 같은 접속사)로 취급하지 않는다. 오히려 이 "과"(and)는 하나님의 구원 계획에 기초한 상호의존적 관계성을 나타내기 위해 사용한다. 그는 자주 거룩한 어머니 교회(sancta mater ecclesia)에 대해 언급한다. 그 어머니는 그의 자녀들을 자궁에 잉태, 출산(세례)하여 그들을 성만찬을 통해서 양육한다. 그리스도와 연합한 거룩한 교회는 성례전의 집례자가 되는데, 교회를 통하여 역사하시는 성령의 능력 때문에 집례할 수 있게 된다.

한편으로 서구 교부신학의 논증들은 성만찬의 집례자로서 거룩한 교회의 살아있는 유기체를 주장하는데, 그러한 논증은 서구교회에서 후기 신학적 발전에 의해 다소 불분명하게 되었다. 그러한 주장들은 구원의 기구로서의 교회와 하나님의 거룩한 백성들로서의 교회 사이에 개념적인 분리를 지원하는 경향을 가진다. 이러한 관점에서 성례전에서 인간의 자기 드림을 통하여 전달되는 하나님의 자기 주심의 개념은 그 배경에서 흐릿해진다. 이것의 하나의 결과는 하나님이 행하시는 예전적 예식과 공동체가 행하는 것 사이에 분명한 구분을 만들게 되었다.

개신교 종교개혁은 이러한 경향을 바꾸는데 있어서 소극적으로 행하였다. 종교개혁의 성만찬의 약한 교회론적 기초와 진정한 성례전을 수립하신 역사적 예수의 말씀에 대한 호소(appeal)는 성례전과 살아있는 유기체인 그리스도의 몸 사이의 친밀한 연결성을 보다 명백하게 하였다. 대중적인 19세기 미국 개신교 신학은 성경의 구두적 영감을 주장하는데, 그것은 역시 이러한 분리에 역시 공헌하게 된다. 이 신학에서 "성경의 책"(Book of the Bible)은 교회의 믿음의 변천으로부터 영향을 받지 않는 신적 기원의 수립이 되는 것으로 이해된다. 이러한 조망은 세례와 성만찬에 대한 전통적인 개신교의 이해와 상응하는 것이며, 또한 그 입장을 지지해 준다. 그것은 교회 "안에" 입교할 수 있게 하며, 역사적 예수의 말씀으로부터 기원되었으며 교회의 믿음에 대해 독립적으로 작용한다.

최근에 가톨릭과 개신교의 신학자들은 신약성경의 형성과 성례전의 기원에 있어서 교회의 역할을 강조해 왔다. 보다 일반적으로 성경과 성례전 가운데 나타나는 하나님의 자기 주심은 교회의 믿음의 실행에 의해 중재되는 것으로 묘사되었다. 신약성경과 성례전은 교회의 믿음의 삶을 통해 실재하게 되는 것으로 이해되었다. 조화되게 하나님의 말씀의 선포인 설교의 효력과 성례전의 실행은 설교자의 믿음의 삶과 성례전을 실행하는 공동체에 의해 어떤 부분은 결정되는 것으로 간주된다.

화이트 교수는 이러한 현대적 조망에 대해 동의하는 것으로 보인다. 이것은 예배의 신비적 차원의 경험의 질이 함께 모인 공동체의 참여의 질에 의존한다는 그의 견해를 설명해준다. 전체 교회의 믿음은 분명하게 성경을 읽고, 인정된 예전의 도입을 통해 객관적인 방식으로 분명하게 존재하도록 한다. 그러나 유형의 공동체가 충당하고 이 믿음을 드러내는 정도는 성례전적 사건(happening)의 효과성에 중요하게 공헌한다. 목회적 경험은 이것을 확증하며 보다 일반적인 신학적 명제에 대한 기초로써 역할하게 된다. 하나님은 그들이 믿음, 소망, 사랑 가운데서 서로에게 의사소통할 수 있게 될 때 인간 세상에 그들을 통하여 참여하신다. 이와 같이 성례전 실행에 있어서 거룩한 어머니 교회의 역할에 대한 어거스틴의 이해가 생각나게 하는 신학으로 우리는 인도된다.

공동체의 참여의 질에 대한 화이트 교수의 의견은 이러한 질문을 제기하게 한다. 즉, 그리스도인들은 예배(liturgy)를 어떻게 준비해야만 하는가? 예전의 구조와 그 표현의 풍부함은 분명히 참여의 질의 많은 부분에 있어 공헌한다. 그러나 참여자들이 그 자신의 실행에 가져오는 것은 중요하다. 예전을 준비하는 두 가지 방식은 예전에 있어서 가장 필수적인 요소가 되는데, 그것은 기도와 상징적 행동이다. 그것들은 그리스도의 이름으로 행해지는 사회적 행동이며, 개인적 기도의 이름으로 행해지는 것이기도 하다.

예전적 예배(liturgical worship)와 사회적 행동 사이에는 친밀한 연결성이 있다. 전자는 피조물이 하나님을 향한 개방성의 표현이며 예배자의 마음과 정신에 들어가시기 위해 하나님께서 사용하시는 수단이다. 이와 같이 기도의 목표는 창조의 목표와 상응하는데, 그것은 피조물에 대한 하나님의 자기 커뮤니케이션이다. 한 사람의 삶 속에서 하나님이 하나님 되게 하는 피조물의 이러한 개방성은 자기 본위와 자기 정당화로부터, 그리고 어떤 대가를 지불하고서라도 자기 자아를 보호하려는 관심으로부터 해방시키는 효과를 가진다. 그것은 무사무욕의 사랑 안에서 드러나게 되는 자신감이 생겨나게 한다. 결과적으로 인간 행동의 온전한 영역으로 하나님의 다가오심을 펼칠 수 있게 움직인다. 그리고 자신을 드림을 통해 세상에 하나님께서 보다 더 구체적으로 드러나실 수 있도록 공간을 제공하는 방향으로 움직이게 된다.

한편, 사회적 행동과 구조적이고 개인적으로 다른 사람을 돌보는 것은 예전적 기도를 다시 활성화시키는 원천이 될 수 있다. 누군가가 섬기는 사람이 타자로서 접근하게 된다면, 특히 오직 은혜로우신 초청에 의해 신성한 존엄성을 가졌고, 접근할 수 있다면, 이것은 우리가 전혀 차원이 다름의 원천이신 하나님을 인식할 수 있도록 인도해 줄 것이다. 더군다나 자기 주심은 다른 사람에게 그의 다름을 받아들일 수 있도록 영감을 갖게 하는데 이것은 하나님께 이 사람이 진정으로 단순화할 수 없는 가치를 지닌 "누구"라는 사실을 주장하기 위해 사용하시는 수단이 된다. 이러한 인간의 자기 나눔이 가지는 계시적 기능의 틀은 예수 그리스도의 삶 가운데서 발견된다. 그의 인간적 자기 나눔 가운데서 하늘 아버지는 사랑의 행동의 목표와 기초로서 자신을 드러내신다. 요한복음서는 다음과 같이 이 사실을 기록한다. "말씀이 육신이 되어 우리 가운데 거하시매 우리가 그 영광을 보니 아버지의 독생자의 영광이요, 은혜와 진리가 충만하더라 … 우리가 다 그의 충만한데서 받으니 은혜 위에 은혜러라." (요 1:14-16)

모든 인간의 자기 나눔의 기초와 목표로써 하나님의 자기 주심의 예전적 경험과 사회적 행동 가운데서 하나님의 자기 주심의 중재의 경험 사이의 상호 작용은 진정한 기독교의 공동 예배의 역동성과 세상에서 섬김의 역동성을 확증해 준다. 그러나 이러한 경험은 깊은 개인적 기도생활이 없이는 기대하기 어렵다. 이러한 주제에 있어서 우리는 초기 교부시대부터 현재에 이르기까지, 특히 중세 시대의 카르투지오 수도회 전통(Carthusian, 1086년 성 브루노가 프랑스에 세운 수도원—역주)의 영적 석의를 통하여 진행된 기독교 전통을 기억할 수 있다.

이러한 전통에서 예전 가운데서 일어나는 동일한 영적 사건은 참여적인 성경 읽기와 그리스도의 삶에 대한 명상을 단언할 수 있는 것은 당연한 것이 된다. 성경에 대한 명상과 예전에 대한 참여는 그리스도 안에서 하나님의 자기 주심의 신비에 참여할 수 있는 보충적인 방법으로 이해되었다. 그러한 자기 주심의 신비로부터 다른 사람에게 하나님의 자기 주심의 섬김의 삶을 살 수 있는 지식과 힘을 제공 받게 된다.

II. 신학의 자원으로서의 예전

예전과 신학 사이의 관계성은 두 가지의 전통적인 원리(axiom)에 의해 잘 표현 된다: 1. 기도의 법칙—믿음의 법칙; 2. 예전—신학의 자원. 이 두 가지 원리는 다른 방식으로 해석되어왔다. 모던니스트인 G. 티렐(G. Tyrrell)은 교회의 기도는 교회의 믿음의 수단과 규범이 된다고 주장하였다. 믿음에 대한 보다 고유한 표현으로서 그것은 모든 가르침의 정통성을 입증하는 기초(ground)로서 작용하게 된다. 종종 그 원리는 완전히 반대 방식으로 해석되기도 했다. 교회의 공식적인 교리는 기도의 법칙을 결정한다.

이 원리는 아퀴테인의 프로스퍼(Prosper of Aquitaine; 대략 463년 경의 인물)의 작품인 Capitula Coelelstini에 처음 나온다. 여기에서 그는 "기도의 법칙은 믿음의 법칙을 수립한다."고 기술한다. 이것은 불신자들을 위한 탄원의 기도의 사용에 대한 참조와 함께 주어졌다. 이러한 기도는 유사 펠라기안주의에 반대하여 은혜는 회개로 나아가기 위한 첫 번째 단계를 갖기 위해 모두에게 필요함을 증명한다. 그러나 프로스퍼가 교회의 믿음의 확신과 딤전 2:1-2에서 말씀하는 바울의 명령 위에 기도의 법칙을 세웠다는 것이 중요하다. 결론적으로 예전적 논의는 '신약 성경의 증언'과 '교회의 전통' 이 두 가지로 생생하게 모아진다.

교리적 가르침의 자원으로 예전을 사용하는 것은 오랜 역사를 가지고 있다. 수많은 예들을 우리는 교부들의 문서에서 찾아볼 수 있다. **Capitula Coelestini**와 같은 문서 외에 어거스틴의 문서에서도 찾을 수 있다. 그는 유아세례 실행에 대한 가르침에서 원죄에 대한 가르침을 지지하면서 이것을 언급하고 있다. 중세 시대에는 계속해서 예전이 교리적 가르침의 권위와 자원의 자리를 차지하였다. 그럼에도 불구하고 예전으로부터의 논의는 거의 사용되지 않았다. 19세기 중반을 지나 이어지는 기간에 조직신학은 일반적으로 이 자원에 대해서 등한히 했다. 그 이후에 교리적 입장을 위한 보조 자료 정도로 취급되게 되었다.

최근에 성례전 신학에 의해 예전의 재발견에 대해 종종 듣게 된다. 수많은 논문들이 이 주제에 대해 쓰여졌고, 조직신학의 하나의 자원으로써 예전의 가치에 대해 강조가 이루어지게 되었다. 그러나 이 주제에 대한 보다 통찰력 있는 연구는 예전의 증언(liturgical witness)에 대한 완전히 만족스러운 접근은 아직 발전되지 않고 있다는 사실을 재빠르게 지적하고 있다. 하나의 분명한 문제는 예배 예전의 내용

(liturgical text)이 교리적 진술을 포함하고 있고, 특별한 전통으로부터 나오는 신학으로부터 상호관계가 있는 상징(correlative signs)이 있는 곳에서 발생하게 된다. 다른 내용은 기본적으로 언어나 그 지역 교회가 가지고 있는 널리 인식되는 경건의 관습에 의해서 결정된다. 그런데 그러한 관습은 보편적인 성례전 신학을 위해 결정하기 어려운 가치를 가지고 있다.

긍정적인 측면에서 보면 학자들 사이에 예전이 가지고 있는 상징적 언어와 행위에 대한 모호함과 개방성은 성례전에 대한 새로운 조직신학에 공헌할 수 있는 많은 통찰력을 제공할 가능성을 가지고 있다는 점에 동의가 이루어지고 있다. 예전은 그 기도, 찬양, 상징적 행동 안에 교훈적인 재료(instructional ingredients)를 담고 있다. 그러나 이러한 교훈의 목적은 단지 교리적인 지식을 제공하기 위한 것이 아니라 행동하는 믿음을 깨우기 위한 것이다. 예전이 가지는 독자적인 표현에서 그것은 오직 신학적 암시(implication)에 대한 간접적인 정보를 제공해 준다. 그러나 단순히 조직신학을 위한 보조 자료의 원천으로 축소되어서는 안 된다. 거기에는 새로운 성례전 신학을 수립하는데 공헌할 수 있는 가능성과 특별히 다양한 기독교의 전통들 사이에서 에큐메니칼 대화에 크게 공헌한 가능성이 있다.

성례전 신학을 넘어서 교회들 사이의 에큐메니칼 대화는 다른 교파와 다른 교리적 위치 때문에 진행되지 못하고 여전히 수렁에 빠져 있다. 다양한 예전 전통은 보다 균등한 신학을 반영하는데, 이것은 이러한 막다른 골목으로부터 빠져나올 수 있도록 도와줄 수 있다. 많은 공통의 유산은 성례전을 실행하는 예전 가운데 숨어있는데, 새로운 신학적 방침(orientation)에 공헌할 수 있는 연결(articulation)을 요청한다. 이러한 모델을 성례전 가운데 표현되고 있는 자기 주심의 개념을 분석한 화이트 교수의 작업 가운데서 발견하게 된다. 신학화하는 이러한 방법을 통해 에큐메니칼 대화에 있어서 어떤 자리를 발견할 때까지 그리스도인들 사이의 가시적인 연합을 이루는데 있어서 존재하게 되는 많은 교리적 장벽은 제거될 수 있을 것이라고 기대해 볼 수 있다.

지속적인 연구를 위한 참고문헌

1. 성례전의 인간적 특성

Bailie, Donald, *Theology of the Sacraments,* New York: Scribner's, 1957.

Casel, Odo, *The Mystery of Christian Worship,* ed. Burkhard Neunheuser and trans. I. T. Hale, Westminster, Md.: Newman Press, 1962.

Cooke, Bernard J., *Christian Sacraments and Christian Personality,* New York: Holt, Rinehart and Winston, 1965.

Davies, J. G. ed., *Westminster Dictionary of Worship,* Philadelphia: The Westminster Press, 1979.

Eigo, Francis A., ed., *The Sacraments: God's Love and Mercy Actualized,* Villanova, Pa.: Villanova University Press, 1979.

Gelpi, Donald L., *Charism and Sacrament,* New York: Paulist Press, 1976.

Haring, Bernard, *The Sacraments and Your Everyday Life,* Liguoui, Mo.: Ligouri Publications, 1976.

Hatchett, Marion Joseph, *Sanctifying Life, Time, and Space,* New York: Seabury Press, 1976.

Hellwig, Monika, *The Meaning of the Sacraments,* Dayton: Pflaum/Standard, 1972.

Jenson, Robert W., *Visible Words: The Practice and Interpretation of Christian Sacraments,* Philadelphia: Fortress Press, 1978.

Jones, Cheslyn, Wainwright, Geoffrey, and Yarnold, Edward, eds., *The Study of Liturgy,* New York: Oxford University Press, 1978.

Leeming, Bernard, *Principles of Sacramental Theology,* London: Longmans Green Ltd., 1960.

McBrien, Richard P., *Catholicism,* Minneapolis: Winston Press Inc., 1980. 2 vols.

Powers, Joseph M., *Spirit and Sacrament: The Humanizing Experience,* New York: The Seabury Press, Inc., 1973.

Rahner, Karl, *The Church and the Sacraments,* New York: Herder & Herder, 1963.

Saliers, Don E., *The Soul in Paraphrase: Prayer and the Religious Affections,* New York: Seabury Press, 1980.

Schmemann, Alexander, *Introduction to Liturgical Theology,* Portland, Maine: American Orthodox Press, 1970.

Shaughnessy, James, ed., *The Roots of Ritual,* Grand Rapids: Wm. B. Eerdmans Publishing Co., 1973.

Taylor, Michael J., ed., *The Sacraments: Readings in Contemporary Theology,* Staten Island, N.Y.: Alba House, 1981.

Vaillancourt, Raymond, *Toward a Renewal of Sacramental Theology,* Collegeville, Minn.: Liturgical Press, 1979.

White, James F., *Christian Worship in Transition,* Nashville: Abingdon Press, 1976.

Worden, Thomas, ed., *Sacraments in Scripture, A Symposium,* London: Geoffrey Chapman, 1966.

Worgul, George S., *From Magic to Metaphor,* New York: Paulist Press, 1980.

2. 하나님의 선물인 세례

Beasley-Murray, G. R. *Baptism in the New Testament,* New York: St. Martins Press, 1961. London: Macmillan & Co., 1962.

Brand, Eugene L., *Baptism: A Pastoral Perspective,* Minneapolis: Augsburg Publishing House, 1975.

Cully, Kendig Brubaker, ed., *Confirmation: History, Doctrine, and Practice,* Greenwich, Conn.: The Seabury Press, Inc., 1962.

Davies, J. G., *The Architectural Setting for Baptism,* London: Barrie and Rockliff, 1962.

Eliade, Mircea, *Rites and Symbols of Initiation; The Mysteries of Birth and Re-birth,* New York: Harper & Row, 1965.

Fisher, John D. C. *Christian Initiation: Baptism in the Medieval West,* London: SPCK, 1965.

_____, *Christian Initiation: The Reformation Period,* London: SPCK, 1970.

_____, *Confirmation: Then and Now,* London: SPCK, 1978.

George, A. et al., *Baptism in the New Testament,* Baltimore: Helicon Press, 1964.

Gilmore, Alec, ed., *Christian Baptism,* Valley Forge, Pa.: Judson Press, 1959.

Kavanagh, Aidan, *The Shape of Baptism: The Rite of Christian Initiation,* New York: Pueblo Publishing Co., 1978.

Made, *Not Born,* Notre Dame: University of Notre Dame Press, 1976.

Mitchell, Leonel L., *Baptismal Anointing,* Notre Dame, Ind.: University of Notre Dame Press, 1977.

Neunheuser, Burkhard, *Baptism and Confirmation,* New York: Herder

& Herder, 1964.

Riley, Hugh, *Christian Initiation,* Studies in Christian Antiquity: vol. 17, Washington: The Catholic University of America Press, 1974.

Rite of Penance: Commentaries, Washington: Liturgical Conference, 1975-77. 3 vols.

Schnackenburg, Rudolf, *Baptism in the Thought of St. Paul,* New York: Herder and Herder, 1964.

Searle, Mark, *Christening: The Making of Christians,* Collegeville, Minn.: The Liturgical Press, 1980.

Stookey, Laurence H., *Baptism: Christ's Act in the Church,* Nashville: Abingdon Press, 1982.

Wainwright, Geoffrey, *Christian Initiation,* London: Lutterworth Press, 1969.

Whitaker, E. C., *Documents of the Baptismal Liturgy,* London: SPCK, 1970.

3. 하나님의 선물인 성만찬

Aulen, Gustaf, *Eucharist and Sacrifice,* Philadelphia: Muhlenberg Press,1958.

Bouyer, Louis, *Eucharist: Theology and Spirituality of the Eucharistic Prayer,* Notre Dame, Ind.: University of notre Dame Press, 1968.

Brilioth, Yngve Torgny, *Eucharistic Faith and Practice,* trans. by A. G. Herbert, New York and Toronto: Macmillan, 1930.

Buxton, R. F., *Eucharist and Institution Narrative: A Study in the Roman and Anglican Traditions of the Eucharist from the Eighth to the Twentieth Centuries,* London: Alcuin Club, 1976.

Church of England Doctrine Commission, *Thinking about the Eucharist,* London: SCM Press, 1972.

Clements, Ronald E. et al., *Eucharistic Theology then and Now,* London: SPCK, 1968. Naperville, Ill.: Alec R. Allenson, 1968.

COCU, *Word, Bread, Cup,* Cincinnati: Forward Movenebt, 1978.

Daly, Robert, *Christian Sacrifice,* Studies in Christian Antiquity, vol.18, Washington: The Catholic University of America Press, 1978.

Delorme, J. H. et al., *The Eucharist in the New Testament,* Baltimore: Helicon, 1964.

Dix, Gregory, *The Shape of the Liturgy,* Westminster, Eng.: Dacre, 1945.

Emminghaus, Johannes H., *The Eucharist: Essence, Form, Celebration,* Collegeville, Minn.: The Liturgical Press, 1978.

Guzie, Tad W., *Jesus and the Eucharist,* New York: Paulist Press, 1974.

Jasper, R. C. D., ed., *The Eucharist Today,* London: SPCK, 1974.

Jasper, R. C. D. and Cuming, G. J., eds., *Prayers of the Eucharist: Early and Reformed,* 2nd ed., New York: Oxford University Press, 1980.

Jeremias, Joachim, *Eucharistic Words of Jesus,* Philadelphia: Fortress Press, 1977.

Jungmann, Josef, *The Early Liturgy,* trans. Francis A. Brunner, Liturgical Studies, vol. 6, Notre Dame, Ind: University of Notre Dame Press, 1959.

_____, *The Mass of the Roman Rite,* New York: Benziger Brothers, 1950, 1951, 1952, 1955, 2 vols.

Klauser, Theodor, *A. Short History of the Western Liturgy,* London: Oxford University Press, 1969.

Marshall, I. Howard, *Last Supper and Lord's Supper,* Grand Rapids: Wm. B. Eerdmans Publishing Co., 1981.

Martimort, A. G., *The Church at Prayer: The Eucharist,* New York: Herder and Herder, 1968.

McKenna, John, *Eucharist and Holy Spirit: The Eucharistic Epiclesis in Twentieth Century Theology*(1900-1966), London: Alcuin Club, 1975.

Powers, J. M., *Eucharistic Theology,* New York: Herder & Herder, 1967.

Ratcliff, E. C., *Liturgical Studies,* London: SPCK, 1976.

Rordorf, Willy, et al., *The Eucharist of the Early Christians,* New York: Pueblo Publishing Co., 1978.

Ryan, John Barry, *The Eucharistic Prayer,* New York: Paulist Press, 1974.

Schillebeeckx, Edward, *The Eucharist,* New York: Sheed & Ward, 1968.

Spinks, Bryan, ed., *The Sacrifice of Praise: Studies on the Themes of Thanksgiving and Redemption in the Central Prayers of the Eucharistic and Baptismal Liturgies,* Rome: Edizioni Liturgiche, 1981.

Vagaggini, C., *The Canon of the Mass and Liturgical Reform,* London: Geoffrey Chapman, 1967.

Wainwright, Geoffrey, *Eucharist and Eschatology,* New York: Oxford University Press, 1981.

Watkins, Keith, *The Feast of Joy,* St. Louis: Bethany Press, 1977.

4. 사도적 성례전, 자연적 성례전

Anderson, Ray S., ed., *Theological Foundations for Ministry,* Grand Rapids: Wm. B. Eerdmans Publishing Co., 1978.

Bradshaw, Paul F., *The Anglican Ordinal,* London: SPCK, 1971.

Cooke, Bernard, *Ministry to Word and Sacraments: History and Theology,* Philadelphia: Fortress Press, 1980.

Cope Gilbert, ed., *Dying, Death, and Disposal,* London: SPCK, 1970.

Dwyer, Walter W., *The Churches' Handbook for Spiritual Healing,* New York: Ascension Press, 1962.

Irion, Paul E., *The Funeral: Vestige or Value?,* Nashville: Abingdon Press, 1966.

Kelsey, Morton T., *Healing and Christianity,* New York: Harper & Row, 1973.

Kilmartin, Edward J., *Church, Eucharist, and Priesthood,* New York: Paulist Press, 1981.

Knauber, Adolf, *Pastoral Theology of the Anointing of the Sick,* Collegeville, Minn.: The Liturgical Press, 1975.

McNeill, John T., *A History of the Cure of Souls,* New York: Harper & Row, 1977.

Porter, H. Boone, *Ordination Prayers of the Ancient Western Churches,* Naperville, Ill.: Alec R. Anderson, 1967.

Power, David, and Maldonado, Luis, eds., *Liturgy and Human Passage,* New York: Seabury Press, 1979.

Prayer Book Studies #20, *The Ordination of Bishops, Priests, and Deacons,* New York: Church Hymnal Corporation, 1970.

Rowell, Geoffrey, *The Liturgy of Christian Burial,* London: SPCK,

1977.

Rutherford, Richard, *The Death of a Christian: The Rite of Funerals,* New York: Pueblo Publishing Co., 1980.

Schillebeeckx, Edward, *Marriage: Human Reality and Saving Mystery,* New York: Sheed & Ward, 1965.

van Gennep, Arnold, *Rites of Passage,* London: Routledge & Kegan Paul, 1960.

Willimon, William H., *Worship as Pastoral Care,* Nashville: Abingdon Press, 1979.

5. 성례전과 공의

Avila, Rafael, *Worship and Politics,* trans. Alan Neely, Maryknoll, NY: Orbis Books, 1981.

Balasuriya, Tissa, *The Eucharist and Human Liberation,* Maryknoll, NY: Orbis Books, 1979.

Bonino, Jose Miguez, *Doing Theology in a Revolutionary Situation,* Philadelphia: Fortress press, 1975.

Cone, James H., *Black Theology and Black Power,* New York: The Seabury Press, 1969.

Emswiler, Sharon Neufer and Tom Emswiler, *Wholeness in Worship,* San Francisco: Harper & Row, 1980.

Guti'errez, Gustavo, *A Theology of Liberation,* Maryknoll, NY: Orbis Books, 1973.

Hill, Edmund, *Prayer, Praise, and Politics,* London: Sheed & Ward, 1973.

Ogden, Shubert M., *Faith and Freedom: Toward a Theology of*

Liberation, Nashville: Abingdon Press, 1979.

Sawicki, Marianne, *Faith and Sexism,* New York: The Seabury Press, 1979.

Schmidt, Herman and Power, David, eds., *Politics and Liturgy,* Concilium vol. 92, New York: The Crossroad Publishing Co., 1974.

Segundo, Juan Luis, *The Sacraments Today,* trans. John Drury, Maryknoll, N. Y.: Orbis Books, 1974.

Watkins, Keith, *Faithful & Fair: Transcending Sexist Language in Worship,* Nashville: Abingdon Press, 1981.

7. 성례전 실행의 개혁

Hanson, Anthony, Church, *Sacraments and Ministry,* London: Mowbrays, 1975.

Hardin, H. Grady, *The Leadership of Worship,* Nashville: Abingdon Press,1980.

Hovda, Robert W. Strong, *Loving & Wise: Presiding in Liturgy,* Washington: Liturgical Conference, 1976.

Mitchell, Leonel, *Liturgical Change: How Much Do We Need?,* New York: The Seabury Press, 1975.

Senn, Frank, *The Pastor As Worship Leader: A Manual for Corporate Worship,* Minneapolis, Minn.: Augsburg Publishing House, 1977.

White, James F., *New Forms of Worship,* Nashville: Abingdon Press, 1971.

Winstone, Harold, ed., *Pastoral Liturgy: A Symposium,* London: Collins, 1975.

Word and Table. rev. ed., Nashville: Abingdon Press, 1980.